"最后一公里"城市更新

以上海轨交站点周边城市更新为例

Last Mile Urban Renovation

Assess The Urban Renewal Around The Shanghai Rail Station

查 君 陈雪玮 黄莎莎 编著

中国建筑工业出版社

图书在版编目（CIP）数据

"最后一公里"城市更新：以上海轨交站点周边城
市更新为例 = Last Mile Urban Renovation Assess
The Urban Renewal Around The Shanghai Rail Station/
查君，陈雪玮，黄莎莎编著 .—北京：中国建筑工业出
版社，2022.9
ISBN 978-7-112-27812-1

Ⅰ . ①最… Ⅱ . ①查… ②陈… ③黄… Ⅲ . ①地下铁
道车站—工程设计—研究—上海 Ⅳ . ① U231.4

中国版本图书馆 CIP 数据核字（2022）第 157177 号

责任编辑：滕云飞
责任校对：董 楠

"最后一公里"城市更新
以上海轨交站点周边城市更新为例

Last Mile Urban Renovation Assess The Urban Renewal Around The Shanghai Rail Station

查 君 陈雪玮 黄莎莎 编著
*
中国建筑工业出版社出版、发行（北京海淀三里河路9号）
各地新华书店、建筑书店经销
北京雅盈中佳图文设计公司制版
北京市密东印刷有限公司印刷
*
开本：787毫米×1092毫米 1/16 印张：$16\frac{3}{4}$ 字数：399千字
2022年10月第一版 2022年10月第一次印刷
定价：88.00元
ISBN 978-7-112-27812-1
（39824）

编委会

序

一

随着轨交系统的持续发展，城市更新进入以人为本的精明增长的时代，轨交站点周边地区的开发设计以及可持续管理运营成为亟需探讨的问题。目前，轨交站点周边的开发存在 TOD 理念强但应用弱，欠缺管控工具且管控难度大，管控内容未能覆盖全要素全生命周期等问题。因此，如何在实现紧凑集约的空间发展的同时落实"人民城市"的要求，如何开展"最后一公里"城市更新的工作，目前上海轨交站点周边的开发与再开发的现状如何等问题亟需得到回应。

步行系统是城市公共空间的重要组成部分，是功能网络和空间网络集聚的城市中心区域展开活动的重要载体。特别是作为国际大都市的上海，在以 TOD 大型基础交通设施改造为主导的城市更新，通过围绕大型交通设施的节点区域开展高强度、功能混合的紧凑的城市开发模式下，交通节点功能辐射的范围与交通节点周围步行系统的建设标准以及有效衔接程度密切相关；即城市交通节点开发效率依赖于城市毛细血管的发达程度——步行系统。因此，关于城市重要交通节点周边步行系统的更新对提升空间品质、提高空间利用效率的城市更新目标来说至关重要。如何搭建空间贯通和高品质的步行系统，充分发挥步行系统的交通作用、经济作用、社会作用和环境作用，如何梳理步行系统，提高连续步行的长度，丰富步行环境功能和提高步行环境品质，是上海以建设卓越城市为目标进行发展，保障城市更新的进程和成果所亟待解决的重要问题。

《"最后一公里"城市更新》对上海典型轨交站点周边更新的实践进行了系统化的分析，总结出一套应对"最后一公里"城市更新的方法。从梳理贯通站内流线，拓展站域连续步行范围，到丰富"最后一公里"功能业态，提高步行范围内的空间品质，这是对"人民城市"精细化城市设计的一次实验性探索，同时也是规划设计领域的一次创新实践。同时，"最后一公里"城市更新的成败，不仅局限于规划设计，还应在建设实施和管理运营等各阶段细节上做到整体管控。因此，本书在大量项目基础上提出依托 TOD 更新单元的规划管控机制，加强各阶段、各要素的统筹协调，形成合力，精准探索轨交站点周边地区城市更新的开发建设管理创新模式。相信本书的出版，将为上海乃至全国轨交站点周边的再开发、再利用提供弥足珍贵的理论指导、操作引领和实施借鉴作用。

2022 年 1 月

序
二

　　"十四五"规划的实施，标志着我国已进入高质量发展的新阶段，中国特色的新型城镇化，将深入推进以人为核心的新型城镇化战略，实现特色化发展，完善城市的宜居宜业功能，使更多的人民群众享有更高品质的城市生活。为此，我们必须转变城市发展方式，推进新型城市建设模式。"十四五"规划明确提出，要"推行功能复合、立体开发、公交导向的集约紧凑型发展模式，统筹地上地下空间利用,增加绿化节点和公共开敞空间""优先发展城市公共交通，建设自行车道、步道等慢行网络……"。同时，要提高城市治理水平，推动城市管理手段、管理模式、管理理念的创新，精准高效地满足群众需求。

　　近些年，以公交为导向的开发（TOD）理念，得到了广泛的认同与响应，公共交通特别是轨道交通得到了长足的发展，为优化城市发展格局，提高土地使用效率，提高功能复合度，优化业态配置，强化公共交通服务，减少对小汽车的依赖提供了基础性条件。我们注意到，在以公共交通为导向的发展模式推进过程中，也存在一些带有倾向性的问题，其中之一是过度关注线网布局、运行效率、TOD 综合体及轨交站点站体的设计，而忽视了轨交站点至目的地之间的空白空间，忽视了步行者的需求和人行的舒适度。这不能不说是城市交通中的短板，必须引起高度关注并切实解决。

　　上海积极践行 TOD 理念，大力发展以轨道为主体的公共交通，政府及相关部门在指导性文件中明确提出"以公交为导向城市空间开发模式"，把轨道交通站点周边地区作为城市更新中提高土地利用效率、进行空间优化的重要对象，并通过城市设计构建成网络的慢行系统和公共开放空间体系，营造便捷低碳的生活方式。这既是城市精细管理的题中之意，更是在城市更新中坚持"人民城市"理念和以人为中心目标的具体体现，将为解决世界级超大城市出行难和过分依赖私家汽车所带来的诸多弊端提供实践经验。当下，上海已有 700 多 km 轨道运营线路和 400 多座站点，规划轨道线网到 2030 年将达到 1600 多 km。这一庞大高效的出行系统，对支撑城市圈的产业升级、资源配置、物业流动、便捷通勤将发挥重要作用。上海在发展轨道网络过程中，整合站城一体，实行综合开发，以动态调整、持续优化的理念，提出解决好"最后一公里"的城市更新概念，以站点为节点将干线与慢行体系和步行系统联结起来，实现轨道与步行的有效对接，形成"站口"与"门口"的接驳。这"最后一公里"看似细枝末节，实则是 TOD 中的"民生密码"，只有营造出良好的步行环境，让居民有惬意的出行体验，群众才会选择轨道交通，公交导向才会产生机制性的引导作用，让城市走向高品质，"让生活更美好"，居民才能有更多的获得感、幸福感和安全感。

华东建筑设计研究院有限公司立足上海，在综合交通枢纽、站城一体、城市更新等领域有着大量实践及理论研究，完成了华润万象城吴中路停车场上盖、万科徐泾车辆基地上盖、新鸿基莘庄地铁车站上盖等一系列重大站城一体开发项目，对于轨道交通站点以及周边的规划设计有丰富的经验，基于多年来在大量设计实践结合理论研究的基础上，华东建筑设计研究总院作为主编单位编写了上海市工程建设规范《城市轨道交通上盖建筑设计标准》，为上海乃至全国的站城一体建筑项目更加"便捷、高效、安全、智慧"做好技术保障和可持续发展奠定了扎实的基础。正是这些理论、实践和经验，集合而成为《最后一公里城市更新》一书。

《"最后一公里"城市更新》一书，基于步行优先的设计理念，聚焦轨交站点周边最后一公里的步行范围，通过对上海轨交站点周边更新案例的对比研判，特别是针对各站点及其周边交通系统、功能业态及空间品质进行了深入剖析，并创新性提出最后一公里更新单元的理念及相应政策措施和保障机制。其综合性的研究视角和系统化的研究思路，对"人民城市"指导下的城市更新思路、维度和方法都具有积极的启发意义。它既拓展了站城一体化设计理论的人本导向，也具有较强的针对性和可操作性，当为业界所喜爱和欢迎。

我国城镇化率在 2021 年底已达 64.72%，已处于高速发展的中后期，城市发展将转向以存量更新为主，国家提出"实施城市更新行动""最后一公里城市更新"是城市更新的重要组成部分，对全面提升城市品质、实现"双碳"目标、塑造特色城市，都将起到重要作用。然而我们对"最后一公里城市更新"的认识还有待提高，其理论研究和实践经验，也有待于深化、完善和加强。本书的出版发行将会引起规划、建筑、交通、园林景观等专业人员对这一课题的广泛关注、深入研究和探索实践，最后一公里城市更新将会以更高的品质，融入新时代的现代化城市。

宋吉华

2022 年 3 月 30 日

序

三

　　收到《"最后一公里"城市更新》一书的书稿，立刻被其吸引。之所以对此书兴趣浓厚，是因为所讨论的问题对于将 TOD 建设推向普遍性行动具有重要的意义。

　　TOD（Transit-Oriented-Development）作为以公共交通为导向的开发模式，是已被广泛接受的理念。尽管如此，在城市建成区基于 TOD 理念的城市更新，并没有真正形成一种广泛的行动。目前受到关注的地铁车站上盖物业建设，虽然是一种有效的方式，但具有建设条件的毕竟是少数项目，仅此难以推动城市更新过程中贯彻 TOD 理念的普遍行动。而将"最后一公里""轨交站点周边"和"城市更新"三个技术概念联系在一起，则适合我国国情给予 TOD 理念的一种系统性的行动概念。

　　本书从慢行系统、政策引导、标准指引、管控方法等四个方面对国内外成果进行了系统的梳理，对上海市轨道车站周边情况进行了深入系统的调查分析，从最后一公里的交通组织、步行可达功能的复合构建、最后一公里的空间品质优化提升，以及相关技术标准体系等角度进行了实践经验的总结，详细剖析了部分项目的规划设计方案，并探讨了轨道站点周边城市更新的机制问题，形成了系统性的研究成果，具有重要的理论意义和应用价值。

　　伴随规划理念的变化、规划体制的变革、建设思想的转变，引导人的空间活动模式和出行方式的转变，成为实现可持续发展目标必须完成的任务。大规模的轨道建设虽然能够促进城市居民出行方式的转变，但要从根本上扭转空间活动对小汽车的依赖性，还必须将轨道交通建设与周边用地开发紧密结合。在城市更新过程中进一步改造轨道站点的步行可达性和周边空间品质，在城市中形成机动性与魅力空间的网络化融合，是一个值得高度关注的对策领域。相信本书对于推动这方面的行动将发挥重要的作用。

城市建设与城市交通是一个问题导向的研究领域，作为规划设计单位基于自身经验系统展开相关研究，能够有效地突破传统知识生产方式的束缚，更好地适应本领域跨学科、综合性的发展需求。希望能够看到更多的一线技术单位在这方面的努力结出硕果，也相信相关学科建设能够从中汲取更多创新养分。

杨东援

2022 年 3 月

序
四

　　随着新型城镇化的深入推进，上海在大环境和城市自身经济与社会发展需求的相互作用之下，逐渐建立起体制完善的内涵式、渐进式有机城市更新。在积极承担国家战略职能、建设现代化国际大都市与贯彻"人民城市"重要理念的多重作用下，上海展现出以目标导向、需求导向、社会主导和区域更新等为特点的重点发展趋势，以此实现城市更新"重现风貌、重塑功能，提升品质、提升价值"的重点目标。所以，在关注城市快速的、大尺度的"新陈代谢"活动之外，规划和设计的重点逐步转向更有温度、更精细化的存量发展。

　　随着上海城市轨道交通建设的快速发展，轨道交通站点与城市融合问题也逐渐凸显，这主要表现在人从出站后到目的地之间不便利不可达，以及站点本身与城市产生的物理意义上的隔离。公共交通站点，特别是轨道交通站点，往往是人流最密集的地方，很多重要站点每天的吞吐量都达到 200 万人次。因此如何做到快速疏散人流，如何消解交通站点对城市的割裂作用，是很多学者和设计师们不断探讨和尝试的方向。"站城一体""站城融合"等理念的提出，本质上是为缝合城市空间和功能提供可行策略。

　　《"最后一公里"城市更新》从人的视角出发，试图为城市解决缝合轨道交通站点和城市空间提供新的视角和思路；提出"最后一公里"概念，以轨道交通站点为圆心半径约为 500m 的范围，并重点关注人从轨交站点出来直至目的地的最后一公里范围内的行走体验，以及由步行系统更新带动的区域更新。首先，基于"人民城市"的思考，本书提出高效便捷、安全舒适、活力多元、个性包容的最后一公里发展目标，围绕站点层、系统层、功能层和空间层几个工作基面展开分析，为后续研究提供了框架基础。其次，本书提出了"最后一公里更新单元"的区域开发思路，从人本需求出发，为高效组织城市空间活动系统提供了一种新的空间结构表述方式，也为片区发展模式、生活方式、空间活动模式等多方面实现城市的转型提供了方向。

华东建筑设计研究院有限公司凭借深厚的开发建设咨询与综合设计实力，确立了其在站城一体综合开发项目的国内领先地位。通过综合交通枢纽、站城一体城市设计、地下空间、城市更新等多类型的项目经验积累，及全过程跟踪项目进程，华东院在最后一公里范围内的城市更新项目中有非常丰富的经验积累，提供了宝贵的素材。

好的城市更新要以人为本，是要在发展的同时，更要尊重历史发展的脉络，要方便于人的出行，使街区更具有活力，并充满生活气息。《"最后一公里"城市更新》一书的问世，给我们一线的实践者提供非常好的参考素材和实践案例，也希望它能激发更多的研究和思考，共同促进我国城市更新实践的转型。

2022 年 1 月

目 录

1

最后一公里城市更新源起

1.1 城市更新背景

1.1.1 城市紧凑集约的空间发展要求

据联合国经济社会事务部、世界人口网数据：截至 2020 年底，全球 230 个国家人口总数为 75 亿多，城市约居住 55% 左右的人口；预计到 2050 年，全球人口总量将超过 90 亿，届时将有约 68% 的人口居住在城市。由于城市资源的有限性，集约紧凑化的城市发展模式既是现实环境的需求，也是实现可持续发展的重要途径[1]，对现代经济基础较为薄弱的新兴国家尤为如此[2]。紧凑集约的城市发展模式可通过集聚效应，使城市中心影响力持续放大，进而提供更优质和更多样化的本地服务，并改善包括医疗、教育、公众设施和公共交通等基础设施。

近年来，国内各类文件的出台均提出城市开发建设集约紧凑布局的导向。上海市《关于加强容积率管理全面推进土地资源高质量利用的实施细则（2020 版）》中，明确本市"实现城市健康可持续发展"的目标，并提出以"提高土地利用效率，优化用地布局结构"为指导思想。2020 年 8 月住建部发布《关于在实施城市更新行动中防止大拆大建问题的通知》，制定一系列关于拆除、增建的新规定：原则上城市更新单元（片区）或项目内拆除建筑面积不应大于现状总建筑面积的 20%；城市更新单元（片区）或项目内拆建比不应大于 2。《通知》提出固有拆建模式已逐渐被淘汰，并再次强调存量发展的模式应向集约紧凑的城市布局寻求"破题"。除此之外，2021 年 9 月住房和城乡建设部公布《关于加强超高层建筑规划建设管理的通知（征求意见稿）》，提出要从严控制建筑高度，城区常住人口 300 万以上城市严格限制新建 250m 以上超高层建筑，不得新建 500m 以上超高层建筑。高度的限制要求城市不能再一味地提高建筑高度，而应从如何更集约高效地开发利用城市土地和空间资源角度，探讨可持续的城市更新。

打造集约紧凑的城市功能布局，要求城市发展应疏密有致，在重要节点特别是围绕轨交站点周边的发展，应得到充分重视，而这一趋势也在出台的各细则文件中得到体现。2015 年《上海市城市更新规划土地实施细则》中对不同类型的土地分别进行了引导，提出"轨道交通站点周边地区被认为应以公共交通为导向，提高土地使用效率，提升功能复合度，优化功能业态配置，强化交通服务"。2016 版《上海市控制性详细规划技术准则》中倡导"以公共交通为导向的城市空间发展模式，适度提高轨道交通站点周边的土地开发强度"，且将交通枢纽地区划分为城市发展重点地区。《关于加强容积率管理全面推进土地资源高质量利用的实施细则（2020 版）》中同样对轨交站点周边的区域进行了重点关注，鼓励"通过城市设计进一步加强片区建设向站点集聚，实现土地效率的最大化，并鼓励构建立体化、成网络的慢行系统和公共开放空间体系，营造便捷低碳的生活方式"。而在针对主城区的开发强度管控中，交通枢纽地区已被视作重点区域，《实施细则》指出，"城市主中心、副中心和轨道交通站点 600m 服务范围内可采用所在强度区的特定强度"，对新城和新市镇进行开发强度管控时，轨道交通站点 600m 服务范围内的土地也是同样可根据需求按特定强度开发。

所以在强调"可持续发展"大背景下，城市紧凑开发已得到政策层面的多重支持，轨交站点周边区域更是上海城市更新中需要提升土地使用效率、进行空间优化的重点对象之一。

1.1.2 "人民城市"理念引导的社会发展要求

2019 年习近平总书记在上海考察时指出，人民城市人民建、人民城市为人民。在城市的建设活动中，一定要贯彻以人为中心的核心发展思想，合理安排生活、生产和生态空间，努力扩大公共空间，让老百姓有休闲、建设、娱乐的地方，让城市成为足以让老百姓宜居宜业的乐园，要把最好的资源留给人民。2020 年 6 月，中国共产党上海市第十一届委员会第九次全体会议明确了，建立一个"人民城市"是上海现阶段及未来一段时间的发展目标，并对加快建设具有世界影响力的社会主义现代化国际大都市做出了全面部署[3]。

首先，"人民城市"的理念提出进一步为城市更新指明了方向，即所有的城市更新与再更新，应着力于满足人的基本需求，便利人的日常生活，提高人的生活质量、幸福感以及归属感，维护生活在这座城市里的人的自信和自豪感。因此，城市更新项目，应从满足人的切身利益做起，关注人的日常需求和情感需求。这就要求城市更新工作将最好的资源服务于人民，把人本价值视为推动城市发展的核心力量，作为改进城市服务、革新城市管理、更新城市空间的重要标尺，贯穿城市规划、建设、管理和生产、生活、生态全过程全维度。除此之外，城市更新还应着力于提升供给质量和空间效率，挖掘并活用城市的各种资源，让人们享受更为充实的精神文化生活。对于中心城区，应着力提升城市空间的功能品质，优化资源配置；对于郊区，应在提升其资源容量的基础上，着力提高郊区新城的宜居性和吸引力，打造人性化城市、人文化气息、人情味生活，把更多公共空间、绿色空间留给人民。

其次，"人民城市"是这个时代赋予城市更新的新范式。当前我国社会的主要矛盾存在于人民日益增长的美好生活需要和不平衡不充分的发展之间，城市的规划管理者一直在从城市建设和发展层面出发，思考如何应对当前矛盾的方法；而今"人民城市"目标的制定也为寻求矛盾的解决提供了契机。党的十九大提出，"把人民对美好生活的向往作为奋斗目标，依靠人民创造历史伟业"的这一精神要求，在城市规划建设管理中，应问需于民、问计于民、问效于民，增强人民在城市发展中的获得感、幸福感和安全感。"人民城市"也将着力解决这种不平衡不充分。现阶段在"人民城市"理念的引导下，除城市中央活力区、中央商务区、核心轨交枢纽等城市重点区域的发展外，人们的日常生活问题也日渐受到重视，例如"老、小、旧、远"、日常公共空间及活动缺失等。对居民而言，每日通勤中从轨交站点到居住社区、办公场所，或是其他目的地的"最后一公里"，是人民与城市关系最为密切的区域。这一区域内行走的便利性、功能的丰富度、步行的空间品质，都能让人切实感受到城市的温度，培养出对城市的归属认同感。因此，轨交站点周边"最后一公里"区域也成为了近来城市更新的重点关注对象之一，应通过持续更新完善最日常的服务体系，激活城市中细枝末节的空间，才能有助于实现"人民城市"的最终目标。

1.1.3 精细化发展的城市管理要求

我国城市更新内涵进入到强调以人为中心和高质量发展的转型期，强调城市综合治理和社区自身发展。而从制度体系来看，国家及地方的城市更新政策逐步趋于完善、系统和全面，"十四五"规划颁布以后，城市更新势必将进一步向高质量、精细化的内涵式发展方向推进。

2014 年 2 月，习近平总书记在对推进北京发展和管理工作尤其强调要健全城市管理体制，提高城市管理水平，尤其要加强市政设施运行管理、交通管理、环境管理、应急管理等四大方面，推进城市管理目标、方法、模式现代化[4]。城市的可持续发展提出了城市治理转型的要求，精细化管理是超大城市生命体治理转型的战略选择[5]。2021 年，上海启动第二轮城市管理精细化三年行动计划，从城市最集中、感受最强烈、期盼最迫切的问题入手，推出一批可观可感的精细化管理项目，并发挥平台作用，解决跨区域、跨部门、跨层级的城市管理问题，加快推进破解城市治理难题的智能应用场景开发、应用和迭代升级，不断提高市民的获得感、幸福感、安全感。同年 6 月颁布《关于开展建设项目规划实施平台管理工作的指导意见》以及《上海市建设项目规划实施平台管理工作规则》，提出了关于提升城市精细化管理水平、优化营商环境的要求，建设项目规划实施平台管理，强调整合开发、设计、建设、运营和管理的综合力量，协同工作，从而充分发挥实施主体的能动性，实现项目建设的全生命周期管控。

精细化管理不只是制度化、标准化，也不是单一机械地追求城市的整齐划一的秩序，而是秉持开放包容和人文自由的价值观，精准地掌控城市生命体的整体或局部，最终实现人与人以及人与城市的良性发展和和谐共处。以上海市"一江一河"贯通的环境精细化管理为例，黄浦江两岸结合区域功能转型持续推进公共空间南拓北延，多策并举推动沿线居民小区临河空间的开放共享，实现中心城段滨水空间全面贯通开放；黄浦江两岸加快新建改建一批驿站设施，形成游客、市民共享的服务设施体系，推动滨江高等级公共配套设施集聚，打造标志性空间节点。苏州河两岸推动"一带十景"滨河空间提升改造，并发挥沿线可开放地块。通过有序、规范、引导等方式倡导滨水区的共建、共治、共享。充分鼓励社会公众在滨水区域开展文化节庆、旅游、运动、休闲娱乐、教育、展示、科普类等公益性的公共活动，"一江一河"的城市更新及精细化管理充分激发首发经济、夜间经济、体验经济等新商业业态的兴盛[6]。

城市是生命体、有机体，上海作为超大城市，人口总量和建筑规模更庞大，生命体征更复杂，全面推动空间和服务的提量提质，需要对现有的管控方式进行优化提升。城市治理，需要以系统性思维强化整体协同，以全周期管理提升空间质量。为促进城市的持续更新和自我迭代，城市更新项目应树立全生命周期的意识，在更新流程和方式上，不断优化改善，以精细化的态度，确保城市更新的各专业、各环节、各维度可以更高效且可持续地进行。

近年来，为促进轨道交通进一步发挥社会效益与经济效益，避免土地资源的无序浪费，整合站点片区资源、实现站城融合、站城一体化发展等已成为现下的发展趋势。处于"存量提质"城市更新阶段的老城区，轨道站点往往成为引领存量空间转型与提质、实现地区复兴的触媒。由于现状条件复杂，轨道站点周边区域的更新更为复杂，存量用地优化、空间与功能融合、交通衔接、人文风貌展现、公共空间品质提升等方面提出了更高的要求；同时土地权属的复杂化和开发主体的多元化增加了片区更新建设的难度。因此，如要实现站点周边"最后一公里"区域的优化提升、满足居民日常需求、提升空间及服务的质量，必须以精细化设计为基础，通过多主体、多专业的协作，促进政策创新，确保城市各领域、各环节、各方面运行在全生命周期的顺畅运作，全面推动项目的落实和完善[7]。

1.2　最后一公里的更新意义

城市更新的政策背景和发展趋势都证明了针对最后一公里城市更新的研究在当下是十分必要的。传统的 TOD 开发模式，即以公共交通为导向的发展模式，引导靠近公共交通站点进行高密度混合集约开发；而与传统理论的关注点和方法不同的是，本书建议进一步明确这个定义，将距离公共交通站点步行 10～15 分钟距离的地区或社区包含进来，也即通常被理解为"最后一公里"。从人民的日常生活角度来看，目前人流量极大的轨交站点周边仍存在许多不足，诸如从轨道交通站点出来直至目的地之间存在短途交通的空白点、步行空间环境品质无法满足行人需求等，这也是本书着重解决的"最后一公里"问题。此外，最后一公里范围内的良好步行环境还有利于当地社区社会资本的形成和社区居民的交往，而以完善的系统以及品质的空间所构成的步行系统构建所带动的片区更新，为轨道交通站点周边的城市更新，提供新的视角和思路。因此，最后一公里的城市更新，是以步行系统适应性更新为主要触发点的全方位空间要素更新和区域整体价值提升，以满足人们对品质生活的需求，实现城市空间格局的优化，完善区域空间的综合开发。

对于最后一公里城市更新的定义在此做出明确定义。首先，本书研究范围只针对以轨交站点为起点的周边范围；"一公里"的地理意义，是即轨道交通站点为圆心，半径约为 500m，步行 10～15 分钟的影响区范围；"最后一公里"，是指人从轨交站点出发，到达目的地的最后一段距离，本研究着重考虑影响区范围内的城市更新。其次，"城市更新"，轨道交通站点周边存在新建和更新两种模式，本研究仅考虑更新模式。最后，"最后一公里的城市更新"，秉持"人民城市"的理念，关注人从轨交站点出来直至目的地的最后一公里范围内的行走体验，以及由步行系统更新带动的区域更新。

1.2.1　最后一公里的重要性

（1）优化空间格局

对于上海这一中国特大城市而言，人口稠密、土地资源稀缺、交通拥堵、能源压力较大等都是不可回避的城市问题。而随着城市总人口数突破 2400 万，上海拥有世界范围内线路总长度最长的轨道交通系统，截至 2018 年底，上海地铁营运线路 16 条，共设车站 415 座，运营总里程 705km。预计到 2030 年，轨道线网总长度将达到 1642km，其中地铁线路 1055km，市域铁路 587km。在轨道交通线网规划（2015—2040 年）中，上海轨道交通系统将构建三个层次

"1000km"：1000km 市郊铁路（如国家铁路）、1000km 城市轨道交通和 1000km 中运量公交系统（如有轨电车、BRT）。铁路与轨道交通的发展将支撑和引导上海及其大都市圈的产业升级、便捷通勤、资源配置等，对城市空间组织和经济中心的发展具有重要意义[8]。

最后一公里城市更新有利于推动交通枢纽站点与城市空间的一体化发展，从而进一步优化城市格局。在轨交沿线拓展住宅、学校、主题公园等高质量高密度开发，可以推进沿线各个重要站点的周边地区的区域更新，从而有力推动新一轮的城市更新，即以轨道交通站点为中心的区域复合开发。通过重组再生轨道交通站点周边的资源、提高土地开发强度、混合功能开发、聚集公共设施、提升集群化发展程度，沿轨道交通站点区域线性聚集城市人口，以点带线，以线促面，从而促进城市全域更新提升，使交通枢纽地区的城市空间呈现明显的立体复合特征，以实现城市空间格局的优化。以交通枢纽为核心的区域更新响应了人民对于便捷出行、高品质公共服务的需求，也给城市更新带来了前所未有的发展机遇。

空间拓展、粘合的过程，是轨道交通站点、立体商业和周边公共设施空间整合的过程，且在一定时期内区域的基本结构和形态秩序将处于动态调整之中。以枢纽为核心的、可达性呈梯级分布的圈层式结构引导城市商业服务功能重构，通过轨交站点生成空间网络以连通各地块，使区域整体开发成为可能。通过建立多地块联系，达到公共服务功能在空间上的集约和区域交通联系的增强，如上海徐家汇站的"徐家汇中心"项目和南京新街口站的"德基中心"项目。而从种种案例中也可以看出，慢行系统作为中介要素，不仅是城市空间系统的一部分，而且具有"粘合作用"能够对车行网络对城市空间的"分割作用"进行消解，甚至渗透到建筑内部空间之中，实现城市空间与建筑空间的融合，交通功能与生活功能的协同，轨道发展与经济发展的共生。[9]

（2）高效集约出行

经历了城市开发建设的持续高速增长后，中国城市已步入"存量"更新时代，城市主城区内未开发的"空白"地区几乎不可见。过去十余年的城市开发主要是基于汽车主导的交通模式，与正在成长的轨道交通系统关联较弱，汽车交通的"点对点"连接模式在最大程度上压缩了出行过程中的步行环节，车行系统在很长一段时期内挤压了步行系统的规划和建设，使步行系统成为道路系统的"衍生品"，造就了以"大马路""大街区"为主要特征的粗放式空间结构。特别是在那些一直作为城市中心的地区，城市主干道路往往形成繁忙、复杂的交叉节点，城市空间"象限化"、步行系统"碎片化"现象普遍存在。

低密度和单一的用地功能造成了高度的汽车依赖，而国内外的诸多理论和研究提出了公共交通为导向的城市开发模式（TOD）是缓解问题的策略之一。围绕公共交通，特别是轨道交通站点周边，通过创建相对高密度、混合不同土地用途、提供优质交通服务和行人友好设计的城市形态，在周边激发更多出行并鼓励更多步行和公交出行。无论是基于铁路还是非铁路，公交导向型发展的核心是在公交站点周围创建一个适合步行的社区，该社区环境友好、经济活跃且社会公平，而步行和使地方适合步行是可持续更新的核心组成部分，是城市人民持续永久的空间需求。

最后一公里城市更新，通过优化轨道交通站点周边土地及空间利用效率和功能配置，有利于提高交通枢纽地区人流的集散与换乘效率，从而进一步促进高效集约的出行。而交通换乘功能是交通枢纽地区的首要功能，步行空间的布局和构成决定了集散和换乘的动线模式，它与公共交通设施、商业服务设施、道路系统和公共场所的连接关系和整合程度，直接影响到空间可达距离和路线选择。基于人流源头和目的地进行最后一公里空间系统的结构性更新，合理配置路径和节点的空间分布模式，对于引导集散秩序、缩短换乘时间、缓解人车冲突、实现高效连通具有重要意义。例如，上海徐家汇地区的大规模空间再生与轨交区域更新密不可分。轨交 1 号线通车激发周边区域在交通、功能方面的更新改造，促使区域的商业规模从原来的 4.5 万 m^2 猛增到 60 万 m^2，服务 80 万人次的日常活动，成为上海强势崛起的核心商圈。区域更新充分利用站点地下空间条件，发展辐射周边地块的地下慢行系统，直通周边楼宇的地下层，提升站点地区功能设施的通达性和步行友好环境，使得轨道交通与区域整体相互间客流互补，以便捷高效的换乘系统提高人流出行的效率，得以支持交通枢纽地区大规模人流的集散。

（3）品质生活需求

最后一公里城市更新有利于维持交通枢纽站域的空间活力与社会发展，以满足人们对于品质生活的追求。轨交站点的最后一公里，是社会公共领域中一个具有代表性的空间，是社会公共生活共生共融的重要"舞台"。轨交枢纽地区多元的公共生活需求与有限的开放空间资源之间的矛盾，是导致城市中心活力不足的主要因素。基于步行者的多层次需求，并结合地铁枢纽地区城市环境的高密度特性，营造一系列生态化和个性化的步行活动场所，是最后一公里城市更新的核心目标之一。以伦敦金丝雀码头为例，这一更新区域以两个轨交站点为核心营造全步行网络，立体化衔接站点区域的各类功能，作为 CBD 开发建设的码头区，集中了商业、办公、酒店等设施，轻轨线和朱比诺线分别以高架和地铁形式通过，多层面的步行网路由南北两条东西向的主要地下街和 3 层通高的公园下地铁站厅组成，南北 2 条地下街沿东西向展开，直接联系地上的多栋办公楼宇、平台公园、广场和地铁站，立体的全步行体系赋予区域紧密的功能协作环境，使更新区成功崛起。

在上海，轨交站点的步行影响区域内，出发地或目的地与站点之间的行程主要依靠步行完成，在新的流动模式下步行系统不再是可以被忽略的环节，而高品质的步行空间更是影响人的行走体验。枢纽地区的"交通换乘中心"和"公共活动中心"的双中心职能使其成为城市中步行活动强度最高的区域之一。轨交枢纽对城市发展的带动作用是建立在"步行可达性"基础上的，因此步行系统是枢纽地区高质、高效、可持续发展的关键要素。这一点在站城协同发展阶段的东京、大阪、香港、新加坡等亚洲高密度城市的大量实践中可以得到验证，其高效的步行空间网络正是与枢纽地区特殊的建成环境和多元的步行需求相适应的结果。并且，适宜步行的街区是低碳生活的基石，不仅有益于人们（尤其是老年人）的身心健康，也有益于市民主观幸福感的提升，是品质生活的基本保障。然而，在当下的城市建设中，针对轨道交通或主要公共交通站点周边的行人友好的城市规划设计仍有不足。

1.2.2　重要载体：步行系统

轨道交通站点最后一公里区域，具有城市空间格局优化、高效集约出行，以及品质生活需求的重要意义，而其区域的构建和更新也都指出了步行系统的重要意义。通过规划引导周边市民使用轨道公交低碳出行的同时，步行系统是市民通往轨道站点最基本和最重要的接驳、过渡，以及连接空间。在以大型基础交通设施建设或改造为导向，通过围绕大型交通设施的节点区域开展高强度、功能混合的紧凑城市开发模式下，交通节点功能辐射范围与交通节点周围步行系统的建设标准以及有效衔接程度密切相关；换言之，轨道交通节点周边地区开发效率依赖于城市毛细血管的发达程度——步行系统。

步行系统是城市中心城区框架的最佳载体。它在承载人文活动，展示城市形象，促进文化交流，提升空间品质，聚集中心人气，组织内外交通方面具有优势。作为城市公共空间的重要组成部分，步行系统的功能可以体现在如下几个方面：首先，步行系统作为构建多维交通体系的重要组成部分，可分解交通密集区域的交通压力，缓解城市中心区交通拥堵的情况。通过重新梳理城市步行系统，强化人车分流的步行空间格局，营造安全、舒适的出行环境。其次，其经济作用体现在有效地将分散的商业设施和其他服务设施积聚到一起，形成休闲、娱乐、购物以及交通站点汇集的场所，使城市各种功能融为一体，在有限空间里实现高密度高效率的发展，创造更多商业价值，促进地区繁荣。第三，其社会作用体现在将人从机动车交通的紧张状态中疏解出来，为人们提供更多的公共休闲空间，供人们进行散步、观光、购物、游憩、交谈、运动等各种活动；为人提供了活跃的交往空间，增进人与人的融合与交流。最后，步行系统在环境层面引导人们选择公共交通出行，更多地选择步行方式出行，减少城市机动车带来的尾气和噪声污染；有助于营造丰富、立体的城市景观，提高城市整体的空间环境质量，重塑城市风貌，创造良好的出行环境，有效支持双碳目标的实现。

作为支持轨道交通站点最后一公里城市更新的重要载体，步行系统从站内空间、换乘空间、站域联通区域这三个空间层面出发，刺激并带动区域的整体更新。首先，在站内空间内，布局合理、流线顺畅的步行流线，将有利于站内人流的迅速疏散和流动，高效出行。其次是轨道交通站点与其他交通方式的换乘空间，例如其他公共交通、出租车、私家车、自行车等交通工具，而安全舒适、便捷通畅的步行流线，将进一步提高人的分流效率，促进高效率的疏散。最后是与轨道交通站点相联通的城市空间，通过平整、顺畅、连续、通达的步行系统，将出行或者到达目的地以及城市空间与轨道交通站点紧密联系起来，进一步拓展与轨道交通站点紧密联系的范围。

随着城市生活日趋多样化和高度复合，单一的活动目的与方式已经不复存在，作为城市社会生活载体的各种城市空间也在向着多样统一、高效综合的方向发展。因此，城市步行系统对于最后一公里城市更新的效益，也应以一种更全面的方式去解读，作为城市的毛细血管，是关切人民直至最后一公里的最直接体现。

1.2.3　核心原则：以人为本，步行优先

在"人民城市"的核心理念引导下，最后一公里城市更新需要遵循"为人民"的指导思想，以"以人为本"的核心原则，着重关注人在最后一公里范围内的行为体验，力求通过城市公共空间，城市自然生态系统，基础设施与服务，城市建筑，以及街巷道路体系等城市元素的重新塑造整合，实现城市对人的行为意愿的充分尊重和满足。将以人为本的概念融入到城市更新空间营造里，即通过丰富的城市设计语言刻画城市独特的自然人文内涵，引导并培育使用者的行为习惯，从而促进城市发展方式与居民形成良好互动，实现城市发展的良性循环，提升城市服务水平和宜居宜业的城市活力。而这也对最后一公里的城市更新提出更高的要求；在"人民城市"的核心理念引导下的最后一公里更新中，为实现"以人为本"的核心原则，需要在空间布局上真正实现"步行优先"。具体而言，"步行优先"的重要意义在于：

第一、步行优先是全球可持续发展的必要环节。步行优先的城市建设，能够减少机动车出行，减轻道路拥堵，达到减少碳排放的目的。尽管有各种各样的技术手段，步行优先仍然是一种应对能源紧缺及气候变化、减少污染及噪声、增加安全性及流动性的，便宜、可操作、重要的途径。

第二、步行优先可以体现社会公平。步行是很多人生活的必须组成部分，步行系统能够满足社会各个阶层的使用需要，最弱势的群体从步行体系建设中的获益最大。尽管中低阶层无法参与规划编制过程，决策者仍应把步行看作基本的人权，予以尊重。

第三、步行优先是健康城市的支撑网络。步行能够便宜、方便、愉快地降低人们肥胖的危险，促进身体健康，世界卫生组织也建议通过每天步行的方式取代一些药物治疗。相关研究表明，同等的金钱，投入步行体系的建设远比投入其他地方对人的健康状况更有帮助。

第四、步行优先是提升城市空间品质，吸引人才和游客，提升城市竞争力的重要因子。商人、游客、投资商、人力资源都是宜居的城市空间的直接消费者；而良好的步行空间不仅能够使城市更加宜居，还能提升城市档次，吸引更多人才，推动城市建设，吸引消费和投资，促进经济的发展。

第五、步行优先是"以人为本"的最后一公里更新的核心体现。从轨道交通站点出站后，在衔接其他交通方式的过程空间中，强化以"步行优先"为核心理念搭建步行系统，优先将最优空间资源分配给行人和步行空间，优先满足行人和步行空间的需求，从而得以实现"以人为本"的核心原则和发展目标。

轨交站点周边的发展是城市功能网络和空间网络的几何或逻辑中心节点，是城市中用地开发强度最高的区域，功能多样，服务范围广，涉及的人群总量庞大，构成复杂。这些特征决定了在最后一公里有限的空间中，活动空间与交通空间的矛盾突出，人行与车行，抵达与过境交通的矛盾突出。而"以人为本，步行优先"的原则，将具有针对性地对最后一公里的城市更新工作提出要求，通过对站内空间及站外步行联通区域的贯通和空间品质的提升，带动最后一公里的区域更新。

1.2.4　目标愿景：高效便捷、安全舒适、活力多元、个性包容

（1）站内换乘高效便捷

最后一公里的更新首先应满足轨道交通站点站内的交通组织便利。通过合理组织站内流线，付费区与非付费区空间的合理组织，遵循无缝换乘及公交优先的原则，满足站内换乘和步行有流线的高效便捷。

轨交站点作为城市核心区及交通系统中的重要节点，承载城市空间新的增长核，支持站内换乘及周边多种交通方式的换乘，有较强的人流集聚性。《城市轨道沿线地区规划设计导则》中提出"有效控制和保障与轨道相关的路外交通换乘设施的功能空间"；在站点层面考虑"整合轨道出入口和周边建筑及公共空间用地，塑造人车分行、全天候、无障碍的交通枢纽换乘环境"。因此，站内交通组织工作的便捷有序、高效疏散是首要考虑要素。站内交通组织中应充分考虑换乘流线布局，妥善分离换乘流线和进出站流线；应注重轨交站点周边交通组织的高效性，实现人流的快速集散，通过交通流线体系使人群在站域内能快速完成转换活动，并与周边其他公共交通、慢行系统衔接顺畅。如图1.1所示的徐家汇站点站内换乘空间。

（2）站外步行安全舒适

基于"以人为本、慢行优先"的核心原则，轨交站点周边的交通组织着重提高慢行系统，特别是步行系统构建，打造以站点为中心的连续、安全的步行网络，提高连续步行覆盖比例，充分发挥轨道对周边区域综合开发物业的带动作用。"最后一公里"城市更新对交通组织方式的优化是构建完善城市公共交通体系的重要一环，影响着市民对出行方式的选择以及日常生活的便捷程度和效率，是"最后一公里"构建的系统骨架。

在国家政策方面，慢行系统的建设也受到了相当程度的重视。国务院发布的《国务院关于加强城市基础设施建设的意见》（国发〔2013〕36号）明确提出："城市交通要树立行人优先的理念"，应加强"城市步行和自行车交通系统建设"。《国务院关于深入推进新型城镇化建设的若干意见》（国发〔2016〕8号）提出："加快城市综合交通网络建设"，应加强"推进城市轨道交通系统和自行车等慢行交通系统建设"。《国务院办公厅关于促进全域旅游发展的指导意见》（国办发〔2018〕15号）也明确提出："构建畅达便捷交通网络"，推进城市绿道、骑行专线、登山步道、慢行系统、交通驿站等旅游休闲设施建设。《城市轨道沿线地区规划设计导则》中提出"在轨道影响区塑造以人为本、步行、自行车优先的交通环境，保障支路网及人行通道的密度与连通性"。由此可以看出，轨交站点周边的交通组织特别是慢行系统、换乘系统以及交通设施的布局是交通组织的重点。与此同时，诸多学术研究，在探讨站城融合、站城一体化发展中，也强调了步行系统连通周边地块，促进站点和城区融合、一体化发展的重要作用。

随着紧凑城市的发展趋势，轨道交通站点周边的慢行系统如何实现立体化、高效化、便捷化已成为其设计的重点。站点周边交通组织应充分考虑附近车辆的流动性因素，做好安全性控制，做到人车分流，妥善处理人流、车流等不同流线之间的冲突问题，并可采用计算机仿真技术，对枢纽高峰时段的紧急疏散能力进行测试，确保交通组织方案满足安全标准要求。通过空中廊

图 1.1　徐家汇站内换乘
资料来源：笔者自摄

图 1.2　徐家汇站外连通步行
资料来源：笔者自摄

桥、地面步行系统、地下通廊等方式，将轨道交通站点与周边地块直接连通，在保证安全行走的基础上，向舒适愉悦的目标努力，例如 24 小时无风雨等。徐家汇站点站外廊桥系统和停车设施如图 1.2 所示。

（3）更新单元活力多元

作为城市公共空间的重要组成部分，"最后一公里"的慢行系统也是功能网络和空间网络集聚的城市中心区域展开活动的重要载体，提倡以慢行系统为骨架，混合多元的功能，以激发不同功能互为促进互为价值链，并根据区域定位和周边需求，适度提高建设用地的开发强度，从而充分利用交通优势提高土地使用价值，促使最后一公里生活多维度、多元化发展。

多元混合的空间交互可满足人们对生活和环境多元化、多样性的追求。在轨交站点周边最后一公里，将各功能和活动进行有机混合，例如居住、工作和本地零售商业等，则很多日常出行都可保证是在步行可达的范围之内。同时，不同用地功能的高峰使用时间不一，促使街道长时间保持活力和安全。其次，功能的多样化有效促进步行和骑行的出行方式，营造一个有活力的宜居环境。不同年龄、性别、收入和其他人口构成特征的人群可在公共场所内安全互动交流。同时，多样化的住房选择使不同收入的群体更有可能在工作地点附近居住，同时防止社会隔离的出现，防止依赖公共交通出行的低收入人群置于服务设施较差的城市边缘地区。因此，高峰和一般时段进出城的通勤交通从而更有可能趋于相对平衡，钟摆交通的现象将会减少，公交系统和运营更高效。

最后一公里的开发和再开发，需要在步行可达范围内践行紧凑集约的开发模式，要为未来城市的发展配备足够高速、高效、连通、可靠的公共交通服务，减少对于机动车的过分依赖。紧凑集约的城市开发能促进地区聚集人气、朝气蓬勃、活跃热闹，成为令人向往的居住地，同时也可以推动商业零售业的蓬勃发展，并支持活力多元服务及娱乐设施，如图 1.3 所示为南京西路站点周边丰富的商业休闲空间。同时，全球多个大城市深受喜爱的社区案例表明，高密度的居住环境同样是极具吸引力的。需要考虑的是如何以可负担的成本来推广城市高密度开发的优势，调动资源建设适宜的设施和服务。同时，紧凑性也是实现便捷，提高空间效率的必要组成部分和特征。

图 1.3　南京西路站外商业空间
资料来源：笔者自摄

图 1.4　东昌路站点周边街角花园
资料来源：笔者自摄

紧凑型城市区域，出行距离缩短，各行为活动间的耗时耗能更少，所需建设的大量昂贵基础设施更少，整体耗资也可以大幅度降低；且通过良好的步行系统连接公交站点或轨交站点，提高城市空间的整合度。

（4）空间品质个性包容

提升城市的空间品质是城市更新的根本目的之一。针对轨交站点周边最后一公里区域内，积极探索在高强度开发的同时，探讨结合场站周边景观、用地条件设计，依托轨道站场和慢行系统，营造高品质城市公共公益空间。

首先，针对贯通的步行系统所搭建的最后一公里骨架，应构建完整的高品质公共空间系统。作为城市生活与交通空间的组成部分，"最后一公里"在设计时要统筹考虑多方面因素，协调轨道交通站点内外交通流线、各功能空间、业态布局、公共设施等方面的协同运作，共同构建一个动态、完整的体系。

其次，根据所在区域的民族、历史、文化、环境等特点，打造具有在地化特色的个性化空间，塑造具有自己特色的城市形象。在构建既实现城市公共空间的整体有序的同时，又确保其在不同时间不同地点的特色，利用城市自身的自然条件和文化积淀进行再创造，凸现地方特色成为城市公共空间设计，从而塑造城市凝聚力，提升人民的城市认同感。

空间的高品质也体现在其考虑不同年龄、性别、种族的人的不同需求，可以满足不同人在不同时间段均可以使用的具有包容性的空间。空间的设计细节应符合人性化的原则，注重休息设施和遮阳、避雨设施的设计，强调其连续性和舒适性，与步行系统及商业、休闲、交通设施等联系方便，为所有行人（包括残障人士）提供安全、舒适、连续的全天候公共通道。通过精细化且以人为本的设计，提高公共空间的使用，提升城市空间的活力。如图 1.4 所示为东昌路站点周边，通过街角花园重新塑造街角的剩余空间。

1.3 最后一公里的更新基础

针对最后一公里城市更新的导则引导和规划标准，国内外的诸多标准及管控指标多是依据 TOD 及其圈层理论衍生而来，聚焦轨道交通站点，强调圈层布局结构，注重围绕轨道交通站点高强度高密度开发。

1.3.1 政策基础及发展引导

国内外通过制定一系列相关政策，明确其重要性并鼓励、引导轨道交通站点周边区域的城市更新。

大哥本哈根都市区发展战略以交通发展为引导的城市格局建立，形成长期发展并且不断动态更新自我更迭的城市发展策略。1947 年第一版《手指规划》明确提出，城市发展应沿着"五指"结构，从主城中心向郊区延伸，并利用楔形绿地进行分割；1973 年，规划确立城市交通廊道作为城市结构骨架，持续强化城市主体功能结构沿着"五指"方向的发展；1989 年，规划进一步强调并鼓励沿着轨道交通廊道进行城市开发，特别是在交通站点附近进行密集及大规模城市开发；2013 年，更新一版的规划强调由于限制城市无序扩张和蔓延的政策，需要以更精明和集约的方式，要求城市发展沿交通廊道的高密度高强度开发；2017 更新版，更加明确了关于沿着城市主要交通廊道发展的规划设计内容，区分站点能级，划分影响范围（图 1.5），针对不同区位的不同站点予以用地功能、办公、居住、公服强度以及停车不同的定量控制和引导，从图 1.6 也可以看出，公共事务、保险公司、工程咨询等公司，随着距离轨交站点的距离增加而数量减少。同时，提倡步行和骑行体系的完善，沿轨交廊道高密度的发展是为强调更加高效的城市运作效率和更加友好的人居环境，减少对私家车的依赖。

纽约通过设立"特别交通土地利用开发区"，旨在促进和保护公众健康、安全、基本福利和舒适。该总目标包括以下具体目的：首先，特别开发区内的发展项目须提供通往地下交通或其他地铁设

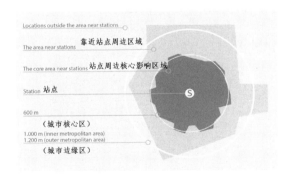

图 1.5 站点影响区图示
资料来源：The Finger Plan. A Strategy for the Development of the Great Copenhagen Area, 2015

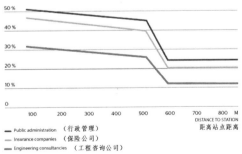

图 1.6 城市服务功能与站点之间的关系
资料来源：The Finger Plan. A Strategy for the Development of the Great Copenhagen Area, 2015

施的通道，以尽量减少公共人行道上的行走的人与通往地下交通系统之间的人群之间的流线冲突；其次，鼓励提供足够的地下行人循环系统，以缓解交通枢纽附近城市街道的挤塞情况；第三，确保有足够的光线和空气进入地铁夹层或地下交通系统的车站区域及其他有关设施，以提高地下空间的能见度和安全性；第四，通过推广并大量设置行人所需的设施，以保存并加强区域内现有的社区特色；第五，协调特区内土地利用的现状和未来之间的关系；最后，促进该特区内土地的最适当利用，从而保护土地和建筑物的价值，保护城市的税收收入。

东京的城市再开发也通过政策引导的方式鼓励围绕轨交站点的城市再开发。《东京都市开发诸制度运用方针》中，首先明确围绕轨交站点周边区域再开发的重要性，鼓励在轨交站域开发中打造功能和空间高度集约的多层次结构；其次，鼓励围绕轨道交通站点进行分区控制，细分开发及政策适用区，制定不同区域的开发目标及立体开发措施；最后，提出围绕轨道交通站点进行城市整体开发，以城市发达的铁路系统为依托，以车站为中心，应对站前广场及周边功能进行复合化更新与整治，并引导在站点与周边地块之间建立地上地下多层次步行网络。

近年来，国家政策层面不断明确并强调轨道交通站点周边土地利用及开发，通过一系列法规和政策，提出了轨道交通站点周边土地综合集约利用的重要性。通过提出政策法规，优化土地利用机制，完善规划要求，一方面提高轨交沿线及轨交站点周边土地开发的强度和基础配套的丰富度，另一方面对优化城市格局，提升土地价值，实现在城市存量更新的背景下集约发展的可持续性，起到推动作用。

2012年10月国务院印发《关于城市优先发展公共交通的指导意见》，明确提出了加强公共交通用地综合开发，要求从控规层面与城市综合交通规划和公共交通规划相互衔接，优先保障交通设施用地的开发；加强监管力度，保障回收土地供应于公共交通基础设施；对新建公共交通设施用地的地上、地下空间，按照市场化原则实施土地综合开发，收益用于公共交通基础设施建设和弥补运营亏损的战略举措，将城市轨道交通的物业发展提升为国家政策层面。[10]

2014年7月，国务院办公厅印发《关于支持铁路建设实施土地综合开发的意见》，针对铁路用地及站场毗邻区域土地综合开发利用提出了一系列实施原则和指导措施，鼓励新建铁路站场实施土地综合开发，完善土地综合开发配套政策的同时，加强土地综合开发的监管和协调，这些都为轨道物业的发展带来了新的契机。"实施铁路用地及站场毗邻区域土地综合开发利用，是加快铁路投融资体制改革和铁路建设的重要举措，是促进新型城镇化发展和节约集约用地的有力抓手"。[11]

2014年11月，国务院发布《关于创新重点领域投融资机制鼓励社会投资的指导意见》提出，"鼓励按照多式衔接、立体开发、功能融合、节约集约"的原则，对城市轨道交通站点周边、车辆段上盖进行土地综合开发，吸引社会资本参与城市轨道交通建设"。计划通过推动铁路投融资体制的改革，鼓励社会资本的参与，扩大资金规模，以开发收益动态持续支持铁路发展。[12]

2018年7月，国务院办公厅发布《进一步加强城市轨道交通规划建设管理意见》，针对部分城市对城市轨道交通发展的客观规律认识不足，对实际需求和自身实力把握不到位，存在规划过度超前、建设规模过于集中、资金落实不到位等问题，提出完善规划管理规定，规范项目审批，强化项目建设和运营资金保障，严控项目风险，完善规划和项目监管体系，以促进我国城市轨道交通保持有序发展。[13]

基于国家宏观指导方针的提出，各地方在不断探讨并完善轨交站点周边土地利用开发的机制和模式，以切实落实国家宏观指导方针的同时，针对土地进一步集约化开发利用，优化城市空间格局，提高轨道交通站点周边的土地开发利用，进行动态持续的探讨。

其他城市出台 TOD 相关政策详见表 1.1。

各地出台 TOD 相关政策　　　　　　　　　　　　　　　　　　表 1.1

城市	出台时间	政策名称	政策要点
上海	2014.04	《关于推进上海市轨道交通站及周边土地综合开发利用的实施意见》（2016.10 进一步完善）	对轨交物业及土地综合开发提出了相关指导
深圳	2010	《深圳市轨道交通条例（征求意见稿）》	进一步推行地铁上盖物业开发建设
	2013.05	《深圳市国有土地使用权作价出资暂行办法》	确定国有土地使用权作价出资在市地铁集团有限公司、市机场有限公司、市特区建设发展集团有限公司先行先试
广州	2009	《广州市推进轨道交通沿线土地和物业开发方案》	明确"地铁＋物业"开发体系
	2017.03	《广州市轨道交通场站综合体建设及周边土地综合开发实施细则（试行）的通知》	为沿线土地开发提供政策支持
宁波	2011.08	《轨道交通专项土地储备制度》	轨道交通专项土地储备范围为轨道站点 500m 半径范围内用地，并以此赋予轨道公司综合开发经营轨道沿线土地的权力
武汉	2014.10	《市人民政府关于支持地铁建设的土地资源筹集意见和方案的批复》	明确中心城区和新城区轨道站点周边的土地资源共计 16896 亩用于地铁新中心和地铁小镇建设
	2016.12	《市人民政府办公厅关于加强轨道交通场站及周边土地综合开发利用工作的通知》	明确了轨道交通场站及周边土地综合开发的目标、原则及适用范围，对于规划建设统筹、土地供应方式、建设审批流程、成本及收益管理等方面进行了规范
贵阳	2014.05	《贵阳市城市轨道交通国有土地使用权作价出资暂行办法》	明确作价出资暂行办法只对贵阳市城市轨道交通有限公司先行先试
南京	2015.10	《关于推进南京市轨道交通场站及周边土地综合开发利用的实施意见》	将地铁车站周边地块开发收益纳为地铁建设资金，地铁站本身将打造成区域商业配套中心
青岛	2016.10	《青岛市轨道交通土地资源开发利用管理办法》	对土地规划控制范围、土地开发核心区和特定区的设置、土地利用专项规划的编制、综合开发项目整体规划设计、沿线土地开发整理以及土地使用权出让收益归集管理等方面进行规定
南宁	2016.11	《南宁市城市轨道交通综合开发建设用地使用权作价出资管理暂行办法》	为规范轨道交通用地管理，促进南宁市轨道交通项目建设提供了政策依据
兰州	2015.03	《关于兰州市轨道交通沿线土地以作价入股方式进行配置的规定》	对兰州市轨道交通沿线土地以作价入股方式配置做出相关规定
南京	2015.10	《关于进一步推进南京市轨道交通场站及周边土地综合开发利用的实施意见》	要求将地铁车站周边地块开发收益纳为土地建设资金，地铁站本身将打造成区域商业配套中心

城市	出台时间	政策名称	政策要点
东莞	2018.01	《关于创新体制机制加快轨道交通建设发展的若干意见》	突出轨道交通在中心城区的通勤作用，改变传统的财政直接投资模式，突出"以地筹资"和TOD综合开发
	2018.02	《东莞市轨道交通建设投融资管理办法》	更新轨道交通建设投融资实施模式，明确"以地筹资"方式
	2018.02	《轨道交通场站地区规划管理办法》	明确轨道交通场站地区土地开发总体要求
	2018.07	《东莞市轨道交通站场周边土地综合开发及站场综合体建设实施细则》	对开展轨道交通站场周边土地储备规划、土地储备、综合开发等做出规定
成都	2017	《成都市轨道交通专项资金筹措方案》	确立了成都轨道交通建设资金筹集方案
	2017	《成都市人民政府关于轨道交通场站综合开发的实施意见》	确立了TOD综合开发的相关实施方案
	2019.01	《成都市轨道交通场站综合开发实施细则》	为TOD综合开发提供了具体操作层面的实施办法
天津	2019.1	《关于推进天津市轨道交通站及周边土地综合开发利用实施意见（试行）》	明确了综合开发的开发范围、开发方式、开发成本及收益用途等
杭州	2018.06	《杭州市城市轨道交通地上地下空间综合开发土地供应实施办法》	明确了综合开发的原则、对供地方式、规模控制、建设周期、保障措施等给予优化和细化
佛山	2018.05	《佛山市顺德区轨道交通站场用地及周边综合开发土地供应模式的实施意见》	明确了综合开发的开发范围、开发方式、开发成本及收益用途等

资料来源：笔者总结

1.3.2 规划规范及标准指引

《公交导向发展评价标准》（以下简称《TOD标准》）本着"以人为本"的核心原则和目标，提供了一套评价 TOD 开发项目的方法论，针对步行、自行车、连接、公共交通、混合、密集、紧凑、转变提出具体的发展原则、目标以及指标。针对每一个评价因子给予评分细则、计算方法、数据来源，以及研究范围；通过详述评价方法来指导对 TOD 项目开发的评估。主要是用于评价城市扩张中的开发项目，这影响着投资决策、协调规划、土地利用与设计指标、与其他城市发展过程和框架等各主要方面；同时也可用于评估现状公共交通站点周边区域，让规划者和利益相关方能了解现状土地利用特征，并了解地块存在的机遇与挑战。

世界银行于 2015 年发布了《世界银行报告：TOD 实施资源与工具书》（以下简称《工具书》），通过汇集各个国家和组织的知识资源，全过程解析 TOD 概念，目标是为城市规划工作者、交通规划者、政府领导者、学者、其他利益相关者提供一套支持 TOD 开发和实施的工具包，包含关于每个主题领域要实现的目标、解决方案以及实践案例。基于目标，《工具书》汇集了土地利用、交通规划、城市设计、城市更新、房地产开发、土地交易、土地价值获取和基础设施建设等全要素，旨在创造一个有关于 TOD 的资源库，重述 TOD 的核心理念，细化设计需求和实施机制；创建一组新的工具包和检查列表，以帮助政府工作人员、设计专业者、开发商，以及公众，更好地了解 TOD 机制，并参与到项目中来。《工具书》制定了一套标准化的 TOD 规划原则和设计导则，并设计了一套完整的 TOD 分区控制性规划模板。

除此之外，欧美各城市也纷纷出台了相应规范和导则，指导轨道交通站点区域的城市开发与再开发。《美国轨道交通街道设计导则》《华盛顿轨道交通站点周边区域规划指引》《湾区 TOD 发展指引》《多伦多公共交通毗邻地区开发建设导则》《圣地亚哥 TOD 设计导则》《盐湖城轨道交通站点周边区域开发导则》等指引和导则，强调轨交站点周边地区开发建设重要性的同时，对各要素分类、分级、分层的全生命周期管控提出了要求。

我国及各地市学习国外城市轨道交通场站及周边区域发展经验，结合自身特色，陆续编制各规划设计或实施导则，将城市自身对轨道交通发展及其导向的城市发展内涵和外延的理解，融入到自身城市发展战略框架体系中，针对不同需求和要求提炼为技术指南指导项目的实施落地。这些导则的实验性提出，试图延伸 TOD 内涵及理念外延，强化轨道交通站点及其周边城市区域的开发，规范化公交站点、周边城市土地利用、核心及次级区域、空间设计、换乘衔接、站点周边住房等要素，注重每个要素的规划设计和各要素间的协调统筹，选定与各要素相关联的指标，并建立指标的量化体系和评定方法，对实施成效进行后评估。

2015 年 12 月住房城乡建设部印发《城市轨道沿线地区规划设计导则》（建规函〔2015〕276 号），为进一步加强和改进城市轨道沿线地区规划设计工作，推进轨道交通与沿线地区地上与地下整体发展，促进轨道交通建设与城市发展相协调，提高轨道交通运营效益提供了规划指导。

其他城市也逐步制定了相关规划及导则，用来指导轨道交通站点场站及周边区域的城市开发，详见表 1.2。

TOD 各地导则汇总   表 1.2

城市（地区）	出台时间	政策名称	政策要点
珠三角	2011.11	《珠三角城际轨道站场 TOD 发展总体规划纲要》	以定量和定性相结合的方式对土地使用、交通组织、城市设计提出分级指引要求；并全面考虑开发机制构建及支持政策制定
北京	2015.01	《北京城市总体规划（2004 年–2020 年）》	明确交通发展政策，发挥交通对城市空间结构调整的带动和引导作用，根据城市总体布局，积极推广以公共交通为导向的城市开发模式（TOD），以期优化土地资源配置，有效实施城市总体规划，保障首都协调发展
	2017.09	《北京城市总体规划（2016 年–2035 年）》	加强主要功能区和大型居住组团之间的交通联系，推进公共交通导向的城市发展（TOD）模式，围绕交通廊道和大容量公交换乘节点，强化居住用地投放与就业岗位集中，建设能够就近工作、居住、生活的城市组团；旨在逐步完善城市主要功能区、大型居住组团之间的公共交通网络，提高服务水平，缩短通勤时间
上海	2014.06	《上海市轨道交通车辆基地综合开发建设管理导则》	创新了轨道物业开发的审批机制和建设方式
长沙	2017.12	《长沙市轨道交通站点周边市政基础设施建设控制导则（试行）》	对轨道交通站点周边的市政基础设施布局予以控制，对各附属建筑、设施等予以系统化引导
成都	2018.11	《成都市轨道交通场站综合开发专项规划》	构建轨交站点综合开发分级体系，对以站点为中心，一般站点半径 500m，换乘站点半径 800m 以及车辆基地周边综合开发范围内的土地资源进行梳理，充分预留综合开发资源

城市 （地区）	出台时间	政策名称	政策要点
成都	2018.11	《成都市轨道交通场站一体化城市设计导则》	主要包括功能定位与产业发展、用地布局、城市形态、开敞空间、地下空间利用、慢行系统、交通接驳系统等，为站点规划工作提供详细指引
郑州	2018.06	《郑州市人民政府办公厅关于印发郑州市轨道交通段（场）及沿线站点毗邻区域土地综合开发建设导则（试行）的通知》	明确轨道交通段（场）建设开发流程、综合开发规划、建筑规范、交通规划布局设计、市政设施规定等
西安	2019.2	《西安轨道交通与城市融合设计导则》	对轨交站点与周边城市功能的融合进行引导和控制，并初步涉及设计导则的效用和管理机制

资料来源：笔者总结

1.3.3　总结及启示

（1）分区分类讨论

针对站点所位于城市的不同区位，各类导则和规范均对站点进行分类，依据不同的城市环境和区域发展阶段，进行分类讨论，因地制宜。

《工具书》根据项目所处城市区位，以及城市开发属性做出了分类，根据不同的项目区位和类型，分析其机遇和挑战，明确项目主要焦点，并予以不同的管控政策要求。首先，根据项目在所处地区周边开发属性，分为未开发地区，郊区和都市区：未开发地区是指城市周边涉及城市化的区域；郊区是指城市外围缺乏开发的土地，往往分布有低密度的居住以及公共交通服务；最后是都市，也就是中心城区，往往是指人口密集、开发密集的区域，但缺乏开放的公共空间和设施。针对未开发地区，其机遇在于地价较低，财政资源较多，有机会对站点周边社区进行新的规划，有机会建设大容量的基础设施体系等；但同时其面临的挑战包括项目成型实践较长，未来生活在该片区的人口结构和构成尚属未知，在项目初期阶段实现职住平衡、产城融合的可能性较小，同时由于通往中心城区的公共交通系统并不发达，其相对吸引投资的能力较弱。第二种类型是位于城市郊区区域，该区域可用于开发的比例较高，并且有机会在一定程度上进行城市更新，改善低密度社区的可达性，同时该区域一般地价较低；与此同时该区域所面临的挑战在于其区域密度较低，且多数处于无序扩张的发展模式，用地较为单一，且连通性较差，所以机动车优先级往往高于公共交通和慢行。最后是位于中心城区都市区域的站点，其优势在于一般位于城市的主要交通廊道和中心城区附近，且由于市区中心高密度发展因此公共交通分担率较高，且有机会对周边地区进行更新甚至重新开发，以改善区域可达性和丰富度；与此同时位于中心城区的挑战在于，土地所有权的多样化带来错综复杂的开发不一致等问题。例如对于步行活动的限制等，且现有很多用地类型不支持布置交通属性的功能。

《圣地亚哥TOD设计导则》同样将轨道交通站点开发环境分为三类（图1.7）。首先是可更新用地，也即完全建成区，指城市更新条件较成熟，有条件更新用地功能和交通设施：随着土地价值的提高，现状用地可更新以更集约；TOD发展以现状更新为契机和基础来创造更加良好的人居环境，同时也应注意与现状用地的契合。其次是发展中用地，也即开发周边有建成区，但没有完全建成，仍有发展空间和潜力：与周边建成区虽有道路相连，但街道空间、商业等并不完善，仍有大量土地和空间建设住宅、商业、公交枢纽等。第三种则是新开发地区，也就是有大片未开发用地，或者已规划用地但未进行开发：这些土地有潜力打造一个或多个TOD开发片区，并以此扩大城市的边界，但TOD的开发注意新建用地的环境限制、地形条件等。

目前，国内各大城市逐步开展轨交站点及其周边影响区设计导则的制定。通过导则的控制，进一步强调轨交站点周边地区开发的重要性，同时也针对轨交站点周边重要区域的城市开发与再开发，提出相应的精细化管控方法。例如，《城市轨道沿线地区规划设计导则》也在城市层面考虑了城市建成区和新区规划，针对片区开发所处的不同区位，提出轨交站点及其周边区域开发建设的定位以及目标。

（2）分级分层引导

目前，大多数的导则制定与国际管控方式类似，沿用了TOD圈层理念（图1.8），采用了更加系统的分级分层管控的方式，即依托站点所处城市区位或线网等级进行站点分级，依托轨道交通站点划分圈层。

《圣地亚哥TOD设计导则》将TOD分为两种能级，城市级和居住区级。城市级TOD一般位于城市主干道网络上，结合巴士、轻轨等公共交通线路站点，有发展高密度商业和居住的潜力；居住区级TOD则位于公交线路支线网络，距离轻轨站或快速巴士站或临近居住区不到三英里，注重住宅和居住区级商业。

住建部于2015年11月颁布的《城市轨道沿线地区规划设计导则》（简称《规划设计导则》）提出分层分类分级引导的方式，从城市层面、线路层面以及站点层面三个层次，两层轨道线网等级；六类站点类型，进行分层引导，设定各层级引导目标；以及根据距离轨道交

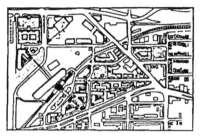

可更新用地
Redevelopable Site

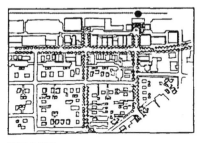

发展中用地
Urbanizing Site

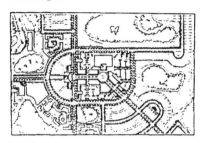

新开发地区
New Growth Area

图1.7 三类TOD开发环境
资料来源：《圣地亚哥TOD设计导则》

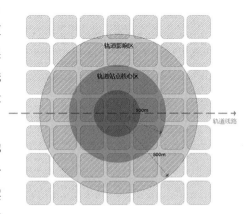

图1.8 TOD圈层理念图示
资料来源：笔者自绘

通站点距离划分影响区。

　　首先,《规划设计导则》划分城市层面、线路层面以及站点层面三个层级。在城市层面,对轨道交通系统的廊道和换乘枢纽地区进行引导,协调轨道交通廊道与城市结构、道路结构与主要枢纽的关系,强化公共交通支撑和引导城市土地使用的开发模式,为城市总体规划、分区规划的编制、调整,以及城市相关宏观政策的制定提供参考依据;线路层面,确定轨道沿线片区与站点周边地区的功能定位、建设规模、交通设施及其他公共设施的设置要求、公共空间系统的引导要求等,为相关地区城市控制性详细规划的编制和调整提供参考依据;第三个层次也就是站点层面,确立轨道站点与周边物业发展、交通换乘空间及城市空间的立体对接关系,对站点出入口、步行系统的设置提出详细引导要求,相关引导要求纳入控制性详细规划,并作为土地出让时的附加条件,为相关修建性详细规划的编制提供引导。

　　其次,城市轨道站点的用地功能应与其交通服务范围及服务水平相匹配;城市公共交通服务水平高的轨道枢纽站和重要站点,应作为城市各级核心商业商务服务中心。因此,《规划设计导则》将站点分为如下六类(表 1.3)。

六类站点总结　　　　　　　　　　　　　　　　　　　　　　　　　　　　表 1.3

站点类型名称	功能
枢纽站（A 类）	依托高铁站等大型对外交通设施设置的轨道站点,是城市内外交通转换的重要节点,也是城镇群范围内以公共交通支撑和引导城市发展的重要节点
中心站（B 类）	承担城市级中心或副中心功能的轨道站点,原则上为多条轨道交通线路的交汇站
组团站（C 类）	承担组团级公共服务中心功能的轨道站点,为多条轨道交通线路交汇站或轨道交通与城市公交枢纽的重要换乘节点
特殊控制站（D 类）	指位于历史街区、风景名胜区、生态敏感区等特殊区域,应采取特殊控制要求的站点
端头站（E 类）	指轨道交通线路的起终点站,应根据实际需要结合车辆段、公交枢纽等功能设置,并可作为城市郊区型社区的公共服务中心和公共交通换乘中心
一般站（F 类）	指上述站点以外的轨道站点

资料来源:《城市轨道沿线地区规划设计导则》,住建部,2015.11

　　最后,根据站点距离的不同,以及与周边开发的关联程度,设定轨道站点核心区和轨道影响区。其中,轨道站点核心区是指距离站点 300 ～ 500m,与站点建筑和公共空间直接相连的街坊与开发地块;轨道影响区则是指距离站点 500 ～ 800m,步行约 15 分钟可以到达站点入口,与轨道功能紧密关联的地区。在轨道站点未确定位置时,可采用线路两侧各 500 ～ 800m 作为轨道影响区范围。

　　《成都市轨道交通场站一体化城市设计导则》(简称《城市设计导则》)通过综合考虑站点周边城市功能、服务人口与服务范围、对产业园区和特色镇的支撑作用、在轨道网络中的通达条件、周边可利用土地条件等主要因素,将综合开发站点分为四级(表 1.4),在具体制定功能产业、一体化城市设计及其他相关服务时,针对不同等级的站点予以不同强度的控制。

　　其次,《城市设计导则》根据站点周边综合开发圈层布局规律,将轨交站点周边划分为核心区、影响区和辐射区,并根据不同等级的站点划分不同的半径。

四级综合开发站点 表 1.4

城市级	城市功能中心及城市综合交通枢纽，分布于总规中确定的城市主中心及综合型副中心
片区级	城市主中心或次中心以及现代服务业及先进制造业产业园区的综合服务中心，服务半径为 3 ~ 5km，服务面积约 30 ~ 50km²，服务人口约 20 ~ 30 万人
组团级	居住区级的公共服务中心或特色镇中心，以及农业类型产业园区的综合服务中心，服务半径为 2 ~ 3km，服务面积约 10 ~ 25km²，服务人口约 5 ~ 10 万人
一般站点	除以上的其他站点

资料来源：《成都市轨道交通场站一体化城市设计导则》2018.3

　　《珠江三角洲城镇群协调发展规划》（简称《协调发展规划》）的空间格局、中心体系和功能引导，通过借鉴国外都市区域轨道交通系统引导区域城镇分工协作的规律和培育功能节点的经验，结合珠三角城际轨道网络的具体条件和沿线城镇规划意图，依托城际轨道站场 TOD 发展，培育区域级、城市级、片区级的多种功能节点，强化区域功能网络体系。根据珠三角 TOD 的总体部署及方针，《协调发展规划》进一步针对区域级、城市级、片区级的特征和类型进行了细分。同时，《协调发展规划》提出，圈层式布局，明确轨交站点周边分为协调区和核心区，并以珠三角城际轨道交通站点周边 800m 半径为基础，依据控制性详细规划的路网骨架及站场周边实际可开发用地潜力，结合现状山体、水体等自然因素，分别确定范围，并要求对核心区进行适当的深化设计。

　　其他导则规范关于站点分类圈层划分的总结详见表 1.5。

　　（3）全生命周期管控

　　国外诸多导则和标准更为强调全生命周期管控，从开发建设，到管理运营，予以全生命周期的引导；而关注项目全生命周期的引导，是国内相关规划和导则所欠缺的。

　　《工具书》根据 TOD 项目开发的流程，制定了知识产品框架。TOD 框架总共由五个部分构成，分别是评估（帮助确定城市对于 TOD 项目开发的准备程度，评估技术、房地产条件和交通质量等）、赋能（强调城市在 TOD 项目推进的过程中的推动政策和沟通机制、治理建议）、规划设计（侧重针对不同类型的 TOD 项目制定具体的方案和优先级）、金融（房地产融资、基础设施投资、私营机构在 TOD 中的作用角色等），以及实施（实现 TOD 项目所需的各种干预措施，从项目优先级、能力建设、监测等方面共同构建的实施保障机制）。通过梳理项目全过程管控，并辅以分类分区要求引导，《工具书》旨在创造一个具有包容性和弹性的工具包，用以协调人口经济密度、提高交通运输能力和交通可达性；提高通勤效率，创造紧凑社区；确保公共交通高质、可达综合的发展。

　　《湾区 TOD 发展指引》通过明确责权主题的工作内容、TOD 项目开发建设流程、实施细则等来明确 TOD 项目实施落地细节，从全过程角度视角，制定阶段计划并明确实施路径，具体体现在如下四个方面：明确湾区交通部门、政府规划部门、开发商、社区以及其他参与方的权责；明确 TOD 项目从四个步骤，通过控制项目开展的流程来规范项目进程；明确实施细则，为 TOD 项目的实施提供保障；明确融资途径，通过各种优惠政策来引导对 TOD 项目的投资支持。总体

	站点类型		分类标准	圈层划分
城市轨道 TOD 综合开发项目通用技术规范	枢纽型、中心型、社区型		根据站点所处区位，城市中心、次中心、社区中心能级及交通服务水平	仅针对用地范围线距离城市轨道站站台中心点最短距离小于等于 500m 的开发项目
城市轨道交通站点周边地区设施空间规划设计导则	综合枢纽、枢纽、一般站	居住型、商办型、产业型、交通型、特殊型、综合型	根据站点所处区位、交通功能以及站点周边的规划用地性质	距离城市轨道交通站点中心约 300~500m
住建部城市轨道沿线地区规划设计导则	枢纽站、中心站、组团站、一般站、端头站、特殊控制站		根据站点周边功能定位对服务规模的需求，城市公共交通服务水平	300m、500m、800m
成都市轨道交通场站一体化城市设计导则	城市级 / 片区级、组团级、一般站点		周边城市功能、服务人口与服务范围、周边可利用土地条件	城市级 / 片区级：300m，500m，800m；组团级：200m，400m，800m；一般站点：100m，300m，500m
西安轨道交通与城市融合设计导则	高架线、地下线		是否为高架站点	—
珠三角城际轨道站场 TOD 发展总体规划纲要	区域级 / 次区域级综合中心	城市级 / 次城市级中心 / 片区级社区型	城市空间格局、珠三角城际轨道网络、沿线城镇规划意图	—
	区域级专一功能中心	片区级产业型		
	区域级交通枢纽	片区级旅游型		
波士顿 TOD 发展指引	区域中心、城市中心、社区 / 城镇中心		站点所处区位	—
圣地亚哥 TOD 设计导则	城市级居住区级	可更新用地、发展中用地、新开发用地	站点所紧邻城市道路级别，以及开发环境	—

资料来源：笔者总结

来看，湾区通过从整体宏观调控的视角，来保证 TOD 模式的可实施性和可落地性。

除此之外，导则对 TOD 的项目对影响区和站区的效益提出近期和远期目标。具体从完善的社区、可持续发展、客运量、价值创造、交通选择、保障性 / 公平平等几个方面，对 TOD 站点及周边的发展构建后评估机制，设定评估因子，在了解基准线（现状）的条件下，提出 2025 年（近期）、2040（远期）规划的目标，以及评估单位。制定详细且具体的评估方式和目标，有利于对站点周边的土地开发利用进行及时的反馈和调整。

（4）全过程保障机制

通过对比也可看出，国内诸多最后一公里城市更新项目在全过程管控及保障机制上尚有缺失，主要表现在政策法规不完善以及组织构架不清晰，资金投资不明确，技术能力较薄弱，监管评估较松散。

政策法规不完善。具体来说，政策法规并不完善主要体现在三个方面。首先奖励机制特别是容积率奖励及转移机制尚处初期尝试阶段，制度体系尚未完善，未有广泛措施，多数转移机制针对旧城改造、历史保护等。目前，现有的容积率奖励政策与容积率管理相关规定存在矛盾，控规编制一般根据给定上限，缺少针对性，而容积率奖励带来的变化则会对刚性界定的给定容积率带来挑战；且容积率奖励增加的公共空间、公益服务难以统计，开放空间界定不一，奖励机制难以有效实施；缺乏规划交易的法律基础和监管机构，开发商注重自身利益，享受容积率奖励，而不提供开放空间和公益服务。其次政策法规的弹性空间尚不明确，未能做到因地制宜，制定具有弹性和个性的指标规则。最后是欠缺一套容积率等规范突破审定的规范程序（原容积率上限叠加奖励容积率，若项目容积率仍高于限定容积率综合，称之为规范突破）。

组织构架不清晰。针对 TOD 影响区的统一建设和更新依赖一套完整的组织构架作为支撑和引导；然而目前针对上海 TOD 影响区范围内的城市更新，缺乏明确的组织机构以全维度保障更新项目的实施。这主要体现在三个方面：首先，缺乏针对 TOD 影响区更新工作的统一管控小组，而这将导致项目落实层面的混乱与低效。其次，缺乏多主体协商机制，将会导致协调反馈的双向机制难以构建，总体统筹工作与实施落实工作的脱节，以及各主体之间信息的不对等和差错，从而导致项目推进效率低下。最后，对多部门合作机制的构建缺乏关注，将会导致管理主体和项目落实之间的错位，过程管理的缺失等问题，从全域全局来看，不利于城市 TOD 影响区的城市更新推进。

投融资模式陈旧。TOD 项目一般位于城市交通的优势且具有发展潜力的地段，项目价值高，规模体量大，投资规模自然也是相较于一般的项目而言高出许多，投资规模上百亿的项目不在少数，并且施工时间一般都在 5 年左右，这也意味着 TOD 项目的前期投入远远超过一般项目。这一类型的项目，不仅仅是轨道加物业的简单叠加，更是强调两者之间的协调和融合性发展，但更重要的则是轨交站点与周边区域的统一发展。因此，这就对开发商资金实力、融资能力、开发运营经验等都提出了更高的要求。随着国家和各城市对于 TOD 模式的推崇以及对轨交站点周边区域开发的重视，融资需求也越来越迫切，在客观条件上来说，亟需引入社会资本，实现多元化融资模式。结合轨交站点周边开发投资额度大、经营风险大、公益性和外部性等特点，单纯靠政府投资难以解决庞大的项目资金问题。因此，为可持续化支持项目的高效运行，亟须解决政府和企业发展中的投融资模式，这无论是对城市轨道交通领域或是对城市进一步落实 TOD 发展模式，都是非常必要的环节。

技术能力较薄弱。在制定并实施 TOD 项目前，缺乏前期研究，特别是缺少对项目各参与方的能力构建。TOD 项目的同时开发，规划设计理念，后期运营及管理，均需要专业技术和人员的能力支持；作为项目统筹，需要搭建明确的能力框架。但就实际项目而言，首先在项目前期，缺乏对项目参与各技术主体的明确，其次缺乏对相应主体技术能力和财政能力的评估，制度建立、专业能力等方面对各主体技术能力进行评估；第三，缺乏对于短板和薄弱环节的应对和准备措施；第四缺乏制定各阶段工作计划和目标，未能区分优先级和工作次序，导致重复做功以致效率低下。

监管评估较松散。首先，缺乏项目后评估框架和体系。回答该项目是如何影响生活的这一问题，需要依赖对实施目标和项目产出的评价，以定性和定量相结合的方式，基于定期手机的数据进行规划流程的反思，项目效果的检测，以及项目影响的评估。缺乏评估框架则会导致对于项目进程的检测和管控，对于项目结果的缺乏反思和持续完善。其次，缺乏监督评估的内容框架，尚未形成一套较全面的评估项目实施情况的指标体系，进行全面评估。最后缺乏过程管控，项目如何分解任务，阶段目标如何制定等问题，并未在项目前期得到制定和规范，以致后续实施保障阶段无法进行全面监管评估，导致项目质量低下。

1.4 研究必要性

总体来说，国内外导则标准针对轨道交通站点周边区域的开发建设都进行了科学性和系统性的分类管控和引导，本书希望针对轨交站点周边"最后一公里"范围内的城市更新，秉承"以人为本、步行优先"的理念，以满足市民在交通、交往、日常生活等多方面需求为优先，注重日常的运营维护，创造高品质的公共空间，为最后一公里城市更新提出一条新的视角、途径和思路，关切人民直至"高效便捷、安全舒适、活力多元、个性包容"的"最后一公里"。

基于上述国内外针对公共交通站点周边的土地综合利用开发经验来看，大量的政策和导则均采用分类分级分层的方式，对站点周边的综合土地开发进行控制。因此，本书首先聚焦城市更新项目所处的分区分类，然后考虑其所在的城市功能区位及所处公共活动中心体系的定位所带来的要求。对于上海全域来说，即主要考虑 2035 城市总体规划中提出的"城市主中心（中央活动区）—城市副中心—地区中心—社区中心"四级公共活动中心体系对于最后一公里开发与再开发的影响，并将选择研究如下五类站点：（1）区域级交通枢纽。依靠高铁站、机场等大型对外交通设施设置的轨道站点，这些站点是城市内外交通转换的重要节点，同时也是城镇群范围内以公共交通支撑和引导城市发展的重要节点。近年来，区域级交通枢纽周边地块随着交通枢纽的不断更新和能级提升，也在不同程度上对功能用地进行改造优化。因此，区域级交通枢纽周边步行范围内的功能布局、交通结构、空间品质可作为一个类别进行讨论。（2）主城主中心站点。在公共活动中心体系中明确规定，城市主中心为全球城市功能的核心承载区，金融、商务、商业、文化、休闲、旅游等功能高度融合，因此位于城市主中心的轨交枢纽周边地区的开发则应是主城主中心的能级制高点。（3）主城副中心站点。主城副中心即面向主城乃至所有区域的公共活动中心，同时承担面向国际的特定职能，因此其位于主城副中心的站点也应承担高度积聚的公共活动及公共服务职能。其周边地区的更新与再更新如何进一步促进主城副中心的能级，完善公共服务设施体系，提供高品质的人居环境，是值得探讨的另一种情况。（4）新城中心站点。新城中心也属于城市副中心，但由于位于新城区域，其轨交站点周边的土地利用和开发与主城区内略有不同，因此另作一类进行探讨。新城中心不仅具有均衡城市发展的职能，同时需要承接长三角其他城市的综合服务功能，因而位于新城中心站点的设计应更具有综合性和弹性，以承接长三角一体化所带来的人口及服务的积聚。（5）片区级中心镇。面向所处片区的公共活动中心，其轨交站点周边的土地利用及开发应根据当地人口规模和发展，以实现公共服务与就业均衡布局，设置地区中心，用以服务周边，因而本类站点目前的更新原则应以积聚功能服务为基本点，以提供更高品质的服务为目标。

其次，国内外诸多导则针对轨道交通站点周边区域的规划标准及管控指标，多是依据 TOD

及其圈层理论，因而仍聚焦于轨道交通、圈层布局等传统关注点，缺乏针对最后一公里这一特定空间特定范围的具有针对性的研究。因而，基于"以人为本、步行优先"的核心思想，本书希望为最后一公里城市更新提供一套新的设计逻辑，以行人的视角和需求为引导，通过优化轨道交通站点到目的地之间的空间体验和服务需求，以步行系统构建来带动整个区域的更新和再更新。轨道交通站点内部的便捷流线，由站点延伸的步行可达范围，区域内步行系统所串联的多样化城市功能和服务，以及高品质的公共空间，以满足行人从轨道交通站点出发直至目的地的最后一公里的需求为目标，引导区域整体更新。

最后，针对全过程保障机制的不完整和不系统，本书也应予以一定的回应和政策建议，应构建系统性的开发管理机制，制定最后一公里城市更新项目的开发建设管理流程，明确责权主体在参与最后一公里城市更新项目中的义务和责任，以保障城市更新的有序进行。

2

认知轨交站点周边区域
发展现状

2.1 现状调研内容概述

2.1.1 上海轨交建设现状

从 1993 年上海开通地铁 1 号线至今已经有 28 年，截至 2021 年，上海地铁已达全路网 19 条线路、459 座车站、总长 772km 的规模。参考《2020 年上海市综合交通运行年报》，上海轨道全网（含磁浮）12 月工作日最高客流达 1200 万乘次，是超大型客运规模的城市地铁系统。而分布在上海地铁沿线共有 400 多座地铁站，它们周边一公里的区域，正逐渐成为承载交通、商业、娱乐休闲、居住、办公等多种功能的城市综合体，地铁站及其周边成为服务市民的重要切入口。

参考对上海地铁站周边一公里的居住人口数量、基础商业设施与企业集聚度这三个最有代表性指标的相关研究成果，办公活力随着城市区位的外移衰减最快，这与其依赖企业间协同和人际交流的特质相符。除了张江与漕河泾等知名产业园区集聚地外，从上海市中心向外五到六站，产业氛围已不足核心区的 20%。居住活力的外延明显更大。随着地铁线向外走，我们能不断地遇见居住人群密度的"小高峰"。市中心 15 ~ 25 分钟通勤圈内地铁站点的平均居住密度并不低于城市最核心地带——花几十分钟通勤早已是常见的城市人生活方式，多条地铁线路末端 5 站的平均居住人群密度并不比花木路、上海科技馆等内环内地铁站点少。商业的繁荣则依赖于"人气"。从数据上看，商业资源更像一个"滞后变量"，商业资源丰富的站点往往已经获得了办公或居住人群聚集。

从图 2.1 可以看出，上海市人口与就业重心均位于传统认识中的市中心，即人民广场站的西南方，而就业重心比人口重心更偏向西南方。在市域范围内，工作岗位分布比居住人口有更明显的向心性，越靠近市中心越明显，而居住人口的分布相对更为平缓。在轨道交通服务范围内，居住人口与就业岗位密度在轨道交通站点周边的分布曲线相比整个市域范围更为平缓，表明轨道交通系统确实可以让城市更为扁平化，这也说明两者之间存在耦合关联。在距离城市及中心 15km 的范围内，随着离开城市中心距离的增加，就业岗位密度的衰减明显。轨道交通的建设有利于在城市发展中，人口与就业岗位在空间分布方面的调节，但与国际大都市相比生产性服务类经济活动的向心聚集度还较低。

图 2.1 上海地铁站一公里范围内居住、商业活力、企业数量复合程度的集聚分布

数据来源：新一线城市研究所（https://www.datayica.com）

2.1.2　调研站点确定原则

为了从上海 400 多个站点中选定调研对象，本次研究以站点综合客流量、站点周边空间集聚度、城市四级公共活动中心体系作为三项基本原则，从多个角度进行整理归纳。

（1）综合客流量

站点综合客流量是站点使用率最直接的量化表现，按进出站人次计算，本次调研重点关注客流量排名靠前的地铁站点。通常情况下越繁华、人口规模越大的地段站点客流量越大，换乘站点也因其站点功能特殊性往往吸引大量客流（图 2.2）。上海地铁 2 号线是上海所有地铁线中客流量最大的线路，连接浦东机场、虹桥火车站和虹桥机场三大交通枢纽，经过许多热门站点，包括磁浮转乘站龙阳路、景观道路世纪大道、高楼林立陆家嘴和标志性商业中心人民广场等。根据轨道交通 2021 年 1 月月报统计结果，日均客流前 10 的地铁站点中有 7 个是 2 号线途经站点。1 号线、8 号线和 9 号线也是上海地铁运营的主干线路。

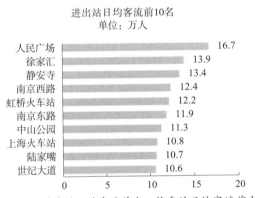

图 2.2　进出站日均客流前十、换乘站日均客流前十
资料来源：上海交通指挥中心运行分析

（2）空间集聚度

地铁站周边通常融合了交通、商业、居住、办公、生活服务、文化以及一系列丰富的公共空间等功能。伴随着轨道交通的快速发展，城市空间结构在向外扩散的同时在地铁沿线形成了新的集聚形态，呈现出围绕站点自发组织的空间特征和相关效应。周边地区空间集聚度反映了轨道交通对城市空间发展带动作用的发挥程度，也直观地体现了站点活力。因此，本研究综合考虑人口数量、基础商业设施数量及规模与企业集聚对站点周边空间集聚度指标进行分级，选取集聚度高的站点重点分析。

（3）城市公共活动中心体系

城市的发展不应是"摊大饼"的模式，而是一个循序渐进的过程，逐步形成"网络化、多中心、组团式、集约式"的空间布局。高密度的轨道交通网络在重塑城市空间的发展阶段中起到了关键性的作用，与土地开发利用相互影响、相互制约，而城市公共活动中心是构成城市空间的基本节点要素，表现为城市公共服务功能在空间上的集聚，包括了零售用途、商务办公等功能。从作用机理角度来看，轨交站点布局有助于提升节点的交通区位优势、平衡中心节点，反过来中心节点又为轨道交通带来了客流量，两者相辅相成。因此在选取站点时将城市公共活动中心体系纳入考虑因素中是有必要的。根据《上海市总体规划（2017-2035年）》，上海市设置了四个层级，分别是城市主中心（中央活动区）、城市副中心、地区中心和社区中心。

2.1.3 调研站点基本概况

首先，依据上海交通指挥中心运行日均客流量统计可以得出排名前十的地铁站分别是人民广场、徐家汇、静安寺、南京西路、虹桥火车站、南京东路、上海火车站、陆家嘴、中山公园和陕西南路。另外，研究对象世纪大道、龙阳路、汉中路、东方体育中心和老西门4个站点均为换乘站的日均客流量前10。

其次，根据城市四级公共活动中心体系分类，江湾-五角场、嘉定新城、莘庄位于城市副中心，唐镇、御桥均属地区中心，临平路则为社区中心。同时，除了中心点之外，研究还对一般站进行了调研，以龙耀路（紧邻滨江建设组团）、汶水路（紧邻大型停车和体育中心）与凌兆新村（紧邻城市开发组团）为例。最后，结合深入走访、数据收集及数据分析基础上，确定以下25个站点为本次主要研究对象，并展开调研（图2.3，表2.1）。

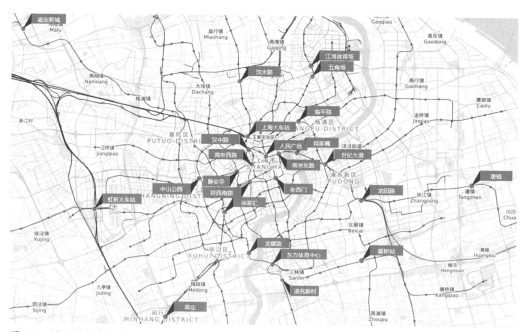

图 2.3 调研站点选取图示
资料来源：笔者自绘

25 个轨道调研站点选择　　　　　表 2.1

1	陆家嘴	6	汉中路	11	江湾体育场	16	陕西南路	21	人民广场
2	徐家汇	7	唐镇	12	东方体育中心	17	汶水路	22	静安寺
3	虹桥火车站	8	莘庄	13	龙耀路	18	御桥	23	上海火车站
4	嘉定新城	9	龙阳路	14	老西门	19	中山公园	24	临平路
5	五角场	10	南京西路	15	世纪大道	20	南京东路	25	凌兆新村

资料来源：笔者自绘

2.2　站点 – 系统 – 功能 – 空间的四层分析

调研针对站点周边 500m 为半径的范围开展；采用定量和定性相结合的方式进行；其中一部分数据来源于赢商大数据。选择运用赢商大数据的原因首先是其经过数年的发展，已逐渐成为零售商业领域非常具有影响力的行业大数据平台，并且其合作伙伴涉及万达、保利、瑞安、万科等"2019 中国房地产上市公司百强企业"中的 78 家、前 30 强的 29 家，数据来源广且可信度相对较高。另一部分数据来源于研究组的实地调研，调研从 2019 年 5 月至 2021 年 6 月开展，尽量做到全季节覆盖，以便对站点做出综合评价。

2.2.1　站点层：站内流线

站内步行流线主要从站内换乘流线与地下过街流线两个维度进行评估。

从站内换乘流线的调查结果来看，部分地铁站点受建设时序影响，换乘流线较长，换乘空间出现一定的绕行，不利于高峰时期人流的迅速疏解。例如南京西路站，2 号线、12 号线、13 号线三条线路在该站相会，换乘需要步行走出站厅至路面层，通过站外慢行系统进行换乘，这对于亟须快速换乘的乘客及不熟悉路况的乘客来说，换乘感受相对混乱。同时，对于部分站点而言，标识系统的不明确和不清晰也同样会导致人流疏解的低效。例如老西门站，10 号线换乘 8 号线的通道并非在站厅层进行换乘，而在地铁层通过唯一通道直接转入 8 号线换乘空间，而空间指示牌的歧义则导致很多乘客在站厅层辗转，在客流高峰时期对快速疏解人流产生了一定程度的阻碍。

另外，在地下通行流线部分，本次研究通过对调研涉及的 25 个站点地下步行流线进行梳理并针对它们的特征分成通行便利和通行不畅两大类，并以站内步行是否需要通过地铁付费区为判断标准。首先，对于唐镇、龙耀路、徐家汇、老西门、莘庄、虹桥火车站、人民广场、嘉定新城、五角场、江湾体育场、凌兆新村、东方体育中心、汉中路与上海火车站这 14 个站点，行人可以在站厅层自由通行，无须经过地铁付费区即可完成过街需求。而其余 11 个站点内部设计欠佳，可归纳为如下几类原因：（1）以陆家嘴站为例，1 号口和地铁进出站闸机直接对应，行人从 1 号口进入地下只能选择进站或回到地面；同时，一旦从该闸机出站只能从 1 号口上到地面而不能从地下区域步行前往其他出口，这种现象一定程度上阻碍了行人的站内通行，中山公园站存在类似的问题。（2）部分换乘站点，由于多条地铁线路汇聚，不同线路间距离较远，各线路出口之间不能直接互通。例如南京东路站，2号线的1、3、4号口之间可自由通行，10号线的5、6、7号口之间也可自由通行，但如果行人打算从1、3、4号口前往5、6、7号口则必须经过地铁付费区，阻碍了部分通行。（3）站点单侧互通，在付费区两侧存在多个出口，但若行人需要从一侧出口经地铁站内步行前往另一侧出口，则必须经过付费区，有时不能作为过街通道使用，这一类站点以世纪大道、临平路为代表（表2.2）。

25个站点站内步行流线 表2.2

序号	名称	地铁线路	地下通行示意图			是否经过付费区	描述
			▨ 非付费区 ▨ 付费区 ■ 站内流线				
1	陆家嘴	2号线				是	可自由通行，1号口除外
2	唐镇	2号线				否	无需经过付费区，可自由通行
3	龙耀路	11号线				否	无需经过付费区，可自由通行
4	中山公园	2号线 3号线 4号线				是	可自由通行，8号口除外
5	徐家汇	1号线 9号线 11号线				否	无需经过付费区，可自由通行
6	莘庄	1号线 5号线				否	无需经过付费区，可自由通行

序号	名称	地铁线路	地下通行示意图	是否经过付费区	描述
			▨ 非付费区　▨ 付费区　▬ 站内流线		
7	老西门	8号线 10号线		否	无需经过付费区，可自由通行
8	南京东路	2号线 10号线		是	不同线路出入口间须经过地铁付费区
9	虹桥火车站	2号线 10号线 17号线		否	站外区域可自由通行
10	龙阳路	2号线 7号线 16号线		是	不同线路出入口间须经过地铁付费区
11	世纪大道	2号线 4号线 6号线 9号线		是	A、B厅间通行须经过地铁付费区
12	人民广场	1号线 2号线 8号线		否	无需经过付费区，可自由通行

序号	名称	地铁线路	地下通行示意图			是否经过付费区	描述
			▨ 非付费区	▨ 付费区	▬ 站内流线		
13	嘉定新城	11 号线				否	无需经过付费区，可自由通行
14	南京西路	2 号线 12 号线 13 号线	站外空间			是	不同线路出入口间须经过地铁付费区
15	陕西南路	1 号线 10 号线 12 号线				是	不同线路出入口间须经过地铁付费区
16	静安寺	2 号线 7 号线				是	不同线路出入口间须经过地铁付费区
17	五角场	10 号线				否	无需经过付费区，可自由通行
18	江湾体育场	11 号线				否	无需经过付费区，可自由通行
19	汶水路	1 号线				是	仅单侧互通

续表

序号	名称	地铁线路	地下通行示意图	是否经过付费区	描述
			▨ 非付费区　▨ 付费区　▬ 站内流线		
20	上海火车站	1号线3号线4号线		否	无需经过付费区，可自由通行
21	汉中路	1号线12号线13号线		否	无需经过付费区，可自由通行
22	东方体育中心	6号线8号线11号线		否	无需经过付费区，可自由通行
23	御桥	11号线18号线		是	不同线路出入口间须经过地铁付费区
24	临平路	4号线		是	仅单侧互通
25	凌兆新村	8号线		否	无需经过付费区，可自由通行

资料来源：笔者自绘

2.2.2 系统层：可达范围

针对最后一公里的步行可达范围计算，研究首先对各站点一公里范围内步行网络绘制，绘制中参考要素包括：一公里范围内及周边影响区域道路两侧人行道、一公里范围内及周边影响区域室内公共道路、一公里范围内及周边影响区域高架以及地下公共通道。对绘制的步行网络进行相关校正后，运用 arcgis 网络分析工具进行可达性计算，以期从步行实际可达性入手，探讨各站点步行可达范围与实际连续步行距离。

其中，在连续步行距离的确定中，研究划定当地面过街的等候时间在行人可接受范围内，且过街安全、步行空间品质有所保障，即可认为步行连续。参考由上海市市政工程管理处及同济大学交通运输工程学院于 2007 年编写的《上海市中心城步行交通规划研究》中，对不同人群过街偏好及可忍耐的等待时长进行了调研："在Ⅱ级主干路、Ⅰ级主干路、次干路（交通性支路）上，市民可以接受的红灯时间分别为：66 ～ 121 秒、64 ～ 108 秒、46 ～ 87 秒"。由于主干路侧重交通性功能，道路红线一般较宽，多需于道路中央设置安全岛供行人二次过街，干扰步行连续性。次干路、支路的行人过街距离相对缩短，更易保障步行连续性。因此，本书设定行人可接受的过街等候时间时，参考次干路（交通性支路）的调研数据，当等候时间不大于 45 秒时，即认为步行连续性未被打断。对于地面行人过街连续性，若行人过街等候时间不大于 45 秒，不需二次过街，有明晰的过街斑马线或指引标识，步行空间铺装、卫生良好，不受非机动车、机动车的干扰，即认为步行连续。从表 2.3 结果可以看出，研究案例站点普遍步行可达范围与街区尺度较为匹配，居住街区尺度集中在 150 ～ 250m，商业街区尺度 100 ～ 150m 的街区普遍步行范围与连续步行距离较高。其中街区尺度较为不适宜的站点包括：中山公园、莘庄与汶水路等。

25 个轨道站点 15 分钟步行可达范围计算结果　　　　　　　　　表 2.3

名称	3/5/10/15 分钟可达范围		步行距离（m）	15 分钟连续步行距离	步行距离（m）	连续步行占比
	▬3 分钟 ▬5 分钟 ▬10 分钟 ▬15 分钟			▬ 步行距离 ▬ 连续步行距离		
陆家嘴			58764		43495	74%
唐镇			27806		10467	38%

名称	3/5/10/15 分钟可达范围		步行距离（m）	15 分钟连续步行距离	步行距离（m）	连续步行占比
	▬3 分钟 ▬5 分钟 ▬10 分钟 ▬15 分钟			▬ 步行距离 ▬ 连续步行距离		
龙耀路			30367		18604	61%
中山公园			45818		31268	68%
莘庄			54877		20505	37%
老西门			74487		70715	94%
南京东路与人民广场			94445		63719	67%

名称	3/5/10/15 分钟可达范围		步行距离（m）	15 分钟连续步行距离	步行距离（m）	连续步行占比
	▬3分钟 ▬5分钟 ▬10分钟 ▬15分钟			▬ 步行距离 ▬ 连续步行距离		
虹桥火车站			48957		20200	41%
龙阳路			42467		20684	49%
世纪大道			66041		26519	40%
徐家汇			57361		27136	51%
南京西路			53209		21492	39%

续表

名称	3/5/10/15 分钟可达范围		步行距离（m）	15 分钟连续步行距离	步行距离（m）	连续步行占比
	▰3分钟 ▰5分钟 ▰10分钟 ▰15分钟			▰ 步行距离 ▰ 连续步行距离		
陕西南路			62093		59404	95%
静安寺			57760		45998	80%
五角场与江湾体育场			91610		68323	75%
汶水路			25943		20383	78%
上海火车站与汉中路			77393		32099	42%

名称	3/5/10/15 分钟可达范围		步行距离（m）	15 分钟连续步行距离	步行距离（m）	连续步行占比
	▬3 分钟 ▬5 分钟 ▬10 分钟 ▬15 分钟			▬ 步行距离 ▬ 连续步行距离		
东方体育中心			31950		10576	33%
御桥			33257		23509	71%
临平路			53372		36414	68%
凌兆新村			22126		12882	58%

资料来源：笔者自绘

通过对各站点 15 分钟内连续步行长度和连续步行距离的对比（图 2.4），可以发现步行可达范围与连续度均较高的站点包括陕西南路、老西门、五角场与江湾体育场等站点，这类站点步行连续度高主要依赖于小街区密路网的城市街区尺度。而对于御桥和汶水路这类型站点在连续度的指标上却表现明显高于其他站点，这主要是源于这两个站点所直接相连的地块面积较大。例如御桥站，与地铁站出口直接相连的是大型居住区、商业以及学校。由于地块尺度较大，因此 15 分钟内连续步行的比例高，且连续步行地块的面积比例高。

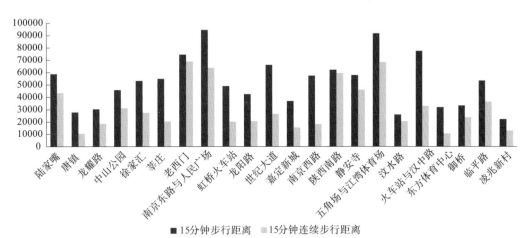

图 2.4 25 个轨道站点 15 分钟步行距离与连续步行距离
资料来源：笔者自绘

除这两个类型之外，陆家嘴站点的综合表现最好，15 分钟内连续步行比例达到 74%，这主要源于陆家嘴较为完整且成体系的空中连廊规划，虽然陆家嘴站点的出入口仅有 6 个，但其较为完整的空中廊桥改善了陆家嘴地区的交通出行。陆家嘴二层连廊由环形天桥、东方浮庭、世纪天桥以及世纪连廊四部分组成，连接了国金中心二层，沿金茂大厦北侧顺延向东，最后顺着环球金融中心到达陆家嘴路。步行桥建成后将周边的商业空间、游憩空间很好地进行了整合和完善，并且俨然已成为一处城市观光胜地。在提高步行连续度的同时，也很好地塑造了城市景观。

同样，徐家汇站点在通过架设空中廊桥之后，连续步行路径比例以及连续步行地块的覆盖率得到了明显的提升。位于徐家汇中心二层的 10 余条空中大平台将与徐家汇连廊整体连通，形成完整的商圈连廊网络。在空中廊桥架设之前，徐家汇站点 15 分钟步行圈内连续步行比例为 38%，而在廊桥架设之后，15 分钟步行圈内连续步行比例提高为 51%。由此可见，通过完善架设空中廊道的方式，连接各地块，进一步提高站点出来最后一公里的连续步行的长度。与此同时，对于一些换乘站点，特别是人流量非常大的站点，例如世纪大道、龙阳路，虽然作为 3 号线、4 号线换乘，是城市重要的交通枢纽，但站点出来的步行体验却不佳。世纪大道、龙阳路的 15 分钟步行距离虽然整体较高，其中世纪大道 15 分钟步行圈内道路总长达到 66041m，排名靠前，但连续步行比例世纪大道、龙阳路分别为 40%、49%，低于同级别站点，从步行空间层面来看，整体步行可达范围受地块分割严重。

2.2.3 功能层：功能业态

（1）功能业态整体评价

针对轨交周边最后一公里的功能业态，研究从集约度、多样性与便利度等多个维度进行了功能业态的分析。首先，从公共服务设施集约程度来说，调研首先考虑功能业态中各类型设施的规模数量，包括：商业配套（购物中心、餐饮、便利店、酒店、休闲娱乐场所、已开业购物中心商业面积、未来 3 年内开业购物中心数量、未来 3 年内开业购物中心商业面积）；教育配套（幼儿园、小学、中学）；周边其他配套（周边住宅总数、周边写字楼总数、周边教育机构总数）等。并在收集到服务设施总量基础上，针对开发强度分区、中心集聚程度出发进行公共功能积聚程度与强度差异化分区等方面的综合评价。调研结果详见图 2.5。

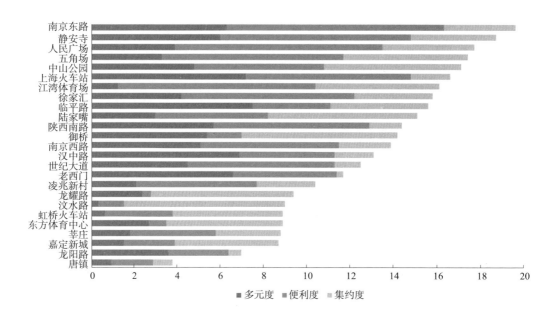

排名	站点名称	综合得分	排名	站点名称	综合得分	排名	站点名称	综合得分	排名	站点名称	综合得分	排名	站点名称	综合得分
1	南京东路	19.6	6	上海火车站	16.6	11	陕西南路	14.4	16	老西门	11.7	21	莘庄	8.9
2	静安寺	18.7	7	江湾体育场	16.1	12	御桥	14.2	17	凌兆新村	10.4	22	嘉定新城	8.8
3	人民广场	17.7	8	临平路	15.8	13	南京西路	13.9	18	龙耀路	9.4	23	东方体育中心	8.7
4	五角场	17.4	9	徐家汇	15.6	14	汉中路	13.1	19	汶水路	9	24	龙阳路	7
5	中山公园	17.1	10	陆家嘴	15.1	15	世纪大道	12.5	20	虹桥火车站	8.9	25	唐镇	3.8

图 2.5　25 个轨道站点整体功能业态评价

资料来源：笔者自绘

首先，从功能业态多元程度来说，调研评估了各轨道站点非居住功能用地混合程度与站点周边商业设施类型，应用多样性测度（DIV）对特定分段节点的所有可到达评分活动的平衡度与多样性进行评价。并对各个站点周边购物中心门店各业态占比统计对比，得出各站点业态特征。其次，从便利度这一服务水平指标出发对城市公共功能业态进行公共类功能服务水平与居住类服务水平分析，加入整体步行空间连续性这一品质指标，得出轨道交通周边业态布局与服务水平的耦合关系。

通过对 25 个站点的综合评价，经过打分（其中集约度因子占比 0.4，多元度因子占比 0.3，便利度因子占比 0.3），得出各站点排名和总分。总体而言，调查结果显示轨道站点周边功能业态的服务水平高低与土地利用集约水平、整体多样性服务水平均具有密切的关系。功能业态布局具有指导土地利用的潜在能力，越高能级站点周边功能业态越集约与复合（图 2.5），例如，排名靠前的南京东路、人民广场、静安寺、五角场等作为主城中心的核心节点，均是功能业态较为多元的区域，这几个站点区域无论是可达性、服务水平、用地类型多样性以及总的开放规模均较高。同样，考虑到用地功能多样性的负面影响，龙阳路、嘉定新城、东方体育中心等地区性节点评分则较低，一方面是由于较低的步行空间连通度，更重要的是功能业态较为单一导致整体功能业态复合性不足。

（2）子项一：集约度评价

从 25 个收集到的轨道交通站点开发强度评价整体来看，轨交站点最后一公里的开发呈现出较为明显的中心集聚特点，其中 77% 的站点呈现明显的强度差异化分区布局。同时，围绕站点周边的非居住功能用地也呈现较高的混合程度（图 2.6）。围绕轨交站点周边，非居住功能，例如商业、办公等，混合程度较高的站点比例为 41%，例如徐家汇、老西门、南京东路、人民广场等城市主中心和副中心的重要节点，均大致呈现出非居住功能的高比例混合；而另有 14%，例如东方体育中心、莘庄、龙耀路因尚未开发完全、城市功能定位等原因，以居住功能偏多，而未能或暂时未能植入更丰富的非居住功能。

从轨交站点整体功能业态规模来看（图 2.6），收集到的商业设施数据排名靠前的站点为南京东路、人民广场等传统地区性中心，这部分区域站点周边整体开发更加成熟，业态服务水平高。而次于上述集约水平的轨交站点包括，南京西路、江湾体育场、徐家汇、世纪大道等区域性城市中心，这部分站点业态不如前一梯队集约，但整体消费水平仍较高，是轨交站点中的地区中心，而陆家嘴等城市核心区排名却相对靠后，也可从侧面反映出作为办公功能为主的区域，在商业集约度中影响力并不强。

从轨道交通站点周边开发强度的差异化分区来看，调研站点中 77% 的站点周边布局做到强度差异化安排，靠近轨交站点的用地以高强度的方式进行开发建设，而随着

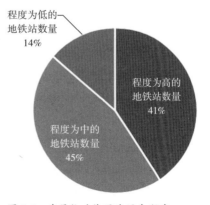

图 2.6　非居住功能用地混合程度
资料来源：笔者自绘

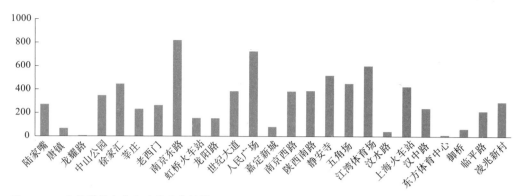

图 2.7　25 个轨道站点整体功能业态规模
资料来源：笔者自绘

轨交站点的距离越远，城市开发的强度随之降低。另有 23% 的站点并未形成开发强度向站点集聚的特点，例如汶水路，由于周边布有大型停车场、静安体育中心等，且与高架相交，以交通功能为主，因而围绕站点周边最后一公里的用地开发强度不高，且未能形成中心集聚的特点。又如虹桥火车站，作为区域枢纽，由于限高 45m 的要求，其周边开发较为均质化展开，因此未能实现围绕站点的强度集聚。

从轨道交通站点周边公共功能业态规模来看（图 2.7），46% 的站点公共功能集聚程度较高，例如徐家汇、世纪大道、南京西路等公共服务中心；而 9% 的站点集聚程度较低，例如莘庄、龙耀路。45% 的站点公共功能的集聚程度处于中等，例如嘉定新城、唐镇等作为城市副中心、地区中心，其公共功能的能力应进一步提高，且作为公共服务重要节点中心，应提高其公共服务配套的数量、种类和质量，为地区的开发和生活在周边的居民，予以更好的辐射和服务。对于陆家嘴站点周边的公共功能评估也属于中等，主要源于陆家嘴周边用地功能的单一性，以办公和商业为主，且可变化空间较少，未能嵌入更加丰富的公共服务功能，这也是未来陆家嘴可以持续更新的方向。更多的服务功能，将为片区带来更加多样化的人群，这也将有效提高片区的活力，有利于陆家嘴地区的可持续发展和更新。

（3）子项二：多样性评价

对于轨道站点最后一公里周边区域功能业态的多样性描述，不仅需要考虑站点周边的业态数量，还需考虑站点周边的业态类型，多样性测度（DIV）则是一个相对合适的测度指标。多样性度量特定分段节点的所有可到达评分活动的平衡度。大量的研究表明，集中开展多种多样的活动可以提高城市的活力和可持续性，减少交通消耗，同时获得更高的社会凝聚力。多样性测度方法有很多种，其中"熵"指数是最为广泛接受和常用的土地利用组合表征指标。"熵"一般用来量化某一地区土地利用的均匀性，与多样性呈负相关。因此，本次研究站点最后一公里周边区域功能业态层面的多样性表达为：

$$\text{DIV} = -\sum_{k=1}^{k} P_k \cdot \frac{\ln(P_k)}{\ln(K)}$$

其中，对于轨道站点最后一公里周边区域这一研究对象，P_k= 轨道站点最后一公里周边区域被分析街道中发现的第 K 个功能类别的激活功能节点占总数的比例；K 代表轨道站点最后一公里周边区域街道中考虑的激活功能节点的总类型；对于功能业态类型，P_k 代表被分析轨道站点最后一公里周边区域街道中发现的第 K 个功能类别的签到数占用地功能业态总数的比例；K 代表轨道站点最后一公里周边区域街道中考虑的业态总类型。

从结果中可以看出对于部分以商业购物为主要功能的站点，其多样性与站点功能业态基本一致，这类站点包括：南京东路、老西门、静安寺等。而部分多样性较高站点，在规模上则并不突出，这类站点包括：临平路、御桥等。同样存在部分在规模上较大，但多样性排名不高的站点，这类代表站点有陆家嘴站，考虑到陆家嘴作为区域办公中心，其商业购物多样性较低也可作为合理解释。其中作为交通站点的上海火车站，由于地处城市核心区，周边商业活力较高，而对于同样是火车站与枢纽的虹桥火车站则多样性均较低，这也可以从一方面反映出专业性交通站点在城市功能业态布局上相对单一，虽然站点客流量大，但商业多样性低，侧重于交通功能。

另外，从非居住功能用地比例来看，轨交站点最后一公里的开发呈现出较为明显的中心集聚特点（图 2.8）。围绕轨交站点周边，非居住功能，例如商业、办公等，混合程度较高的站点比例为 41%，例如徐家汇、老西门、南京东路、人民广场等城市主中心和副中心的重要节点，均大致呈现出高非居住功能的混合；而另有 14%，例如东方体育中心、莘庄、龙耀路因尚未开发完全、城市功能定位等原因，以居住功能偏多，而未能或暂时未能植入更丰富的非居住功能。通过对站点周边购物中心门店各业态占比统计可以得出，平均来看，占比最高的是服装、精品和其他零售，占据购物中心门店的 47.61%；餐饮其次，占据购物中心门店的 33.39%；另外，占比第三高的为儿童亲子类业态，平均为 7.6%；占比最少的为百货、超市和专业卖场，仅占据 0.65%。

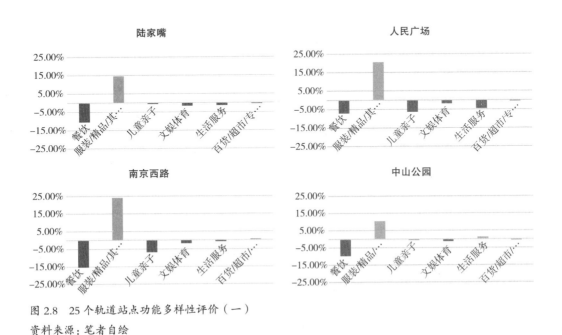

图 2.8 25 个轨道站点功能多样性评价（一）

资料来源：笔者自绘

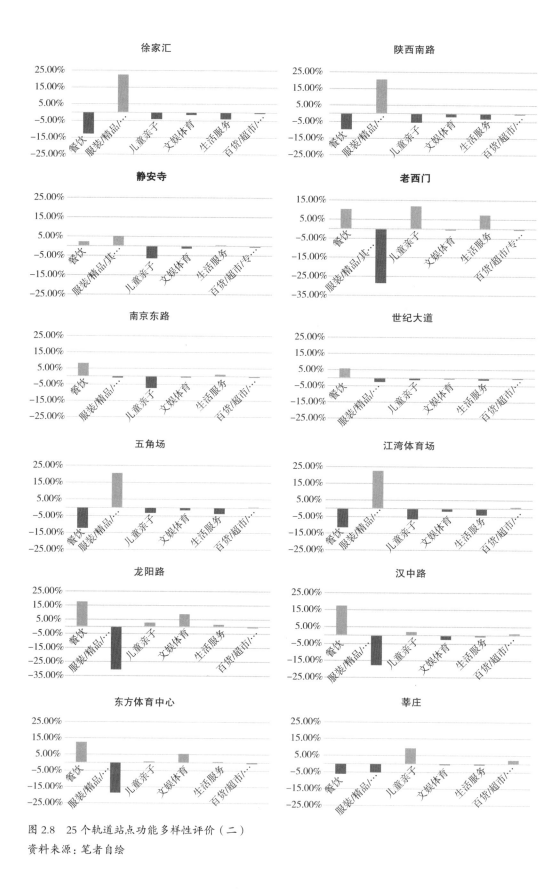

图 2.8　25 个轨道站点功能多样性评价（二）

资料来源：笔者自绘

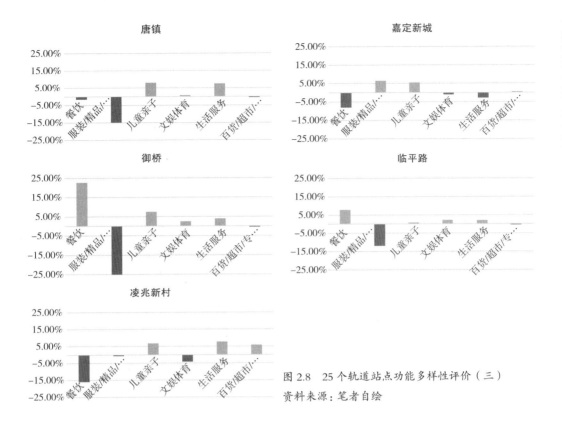

图 2.8　25 个轨道站点功能多样性评价（三）

资料来源：笔者自绘

最后，从城市公共活动中心体系出发对各个站点具体商业活动设施进行对比（图 2.9）。从结果来看，一般站点周边各项服务水平较为平均，多样性差异不明显，例如唐镇、御桥等作为地区中心，其各项服务较为平均，特别是儿童亲子、文娱体育、生活服务等，而精品、服装和其他零售的占比相对较少，远低于平均水平。唐镇作为地区中心，结合唐镇地铁站点布置的商业为满足来往人的基本需求而设置，因而在提供基本的餐饮服务以外，在儿童亲子和生活服务等基本服务方面也是予以了更多的考虑，为周边社区提供日常必需的服务配套。反观以五角场—江湾体育场为核心的城市副中心，以及徐家汇、南京西路、人民广场等遍布于中央活力区的主中心节点，其服务于日常生活的亲子、文娱体育和生活服务反而较少，而精品和零售的比例较多。由此可以看出，位于轨交站点周边购物中心的功能业态的布局，应结合轨交站点周边的定位和需求，特别是片区所处城市公共活动体系的布局：位于主城中心的站点周边的购物中心业态多偏向于高能级的需求，例如高端零售等；而位于新城中心或是地区中心附近的购物中心，业态多以服务居民的基本需求为主，例如文娱体育、儿童亲子、生活服务等。

（4）子项三：便利度评价

研究还对站点周边的商业配套做了横向对比分析，以期从便利度上对站点周边服务水平进行评价（图 2.10）。从数据来看，南京东路周边遍布的商业配套数量，无论是餐饮、酒店还是便利店和休闲娱乐场所都稳居所有调研站点中的第一，这也与南京东路特殊的地理区位紧密相关，不仅位于主城主中心，更是著名的旅游胜地，且区域内写字楼总数也位于全部调研站点的第一，因

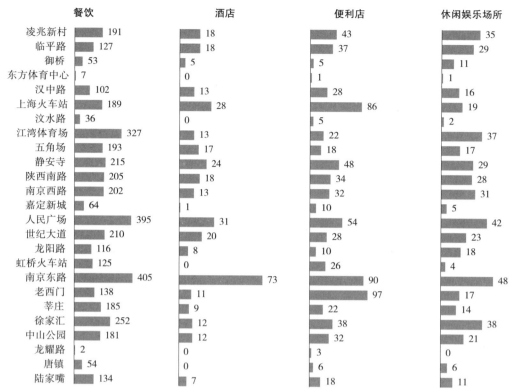

图 2.9　25 个轨道站点商业配套对比

资料来源：笔者自绘

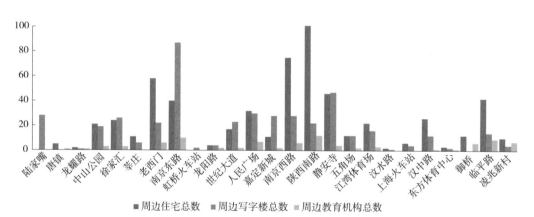

图 2.10　25 个轨道站点周边其他配套对比

资料来源：笔者自绘

而其对于旅游者的需求，上班族的需求，生活居民的需求等都要有必要的考虑，这也直接导致南京东路站点附近的零售商业数量非常多，种类非常丰富。特别是在经过了南京东路东拓项目之后，对于南京东路延长段的业态和功能都进行了进一步的更新，做到了种类齐全，业态新颖，不仅注入了新的活力，更是做到了传统业态的保护和推陈出新。其次是人民广场站点，其周边的商业配套也是非常齐全，可以说是通过南京路的延续，将南京东路和人民广场两个站点相连，为更多商业配套的布局提供了多种可能性。

结合连续步行比例来看，这些站点 15 分钟圈层内的连续步行长度也相对拥有较高的比例，例如徐家汇 15 分钟连续步行长度所占比例达到 38.2%，五角场—江湾体育场也达到了 33.7%，更新过后的人民广场南京东路连续步行比例也提高到了 25.1%。与此同时，反观一些周边商业配套较少的站点，例如龙阳路、唐镇等，其连续步行比例也相应较低，分别为 11.0% 和 10.7%。由此可以推测，轨交站点出行最后一公里，连续步行系统的打造，将会积极作用于零售的分布，而精品零售的布局，也会促进连续步行系统的进一步完善。

最后，从站点周边的住宅、写字楼、教育机构的数量的统计结果来看（图 2.10），特征较明显的主城中心的核心站点周边分布有更多的服务设施，而位于新城新市镇的区域，公共服务设施的集聚明显呈现劣势。例如陕西南路站点，作为中央活动区内的站点但并非主中心站点，其周边住宅数量和教育机构总数在调研的 25 个站点中居首，而其周边的写字楼数量却相对较低的规律符合其站点及站点周边的功能定位，结合其周边分布的餐饮、酒店、便利店、休闲娱乐场所等数量较为平均可以看出，陕西南站及周边最后一公里的功能服务积聚，且多为服务于周边社区和居民的公共服务设施。而南京西路作为中央活动区最主要的主中心，其写字楼数量居所有调研站点之首，且教育机构的数量也偏多，住宅总数虽排名前五，但相较于其他主城主中心而言，住宅数量仍相对较高。同时，结合周边零售业态分布和数量等可以看出，南京东路站点周边的功能业态布局，不仅仅是服务于在站点周边工作的上班族，也是服务于来往游客，及生活在周边的社区居民。陆家嘴作为金融中心，其周边基本上并未分布住宅和教育设施，由于地块尺度过大，因而写字楼总数不多，但从其单一分布的功能可以基本看出陆家嘴作为金融中心的特点；与此同时，通过和其他商业业态对比，也可以看出陆家嘴除办公功能之外，其功能业态相对单一，缺少更多丰富生活的功能业态。反观新城新市镇的表现，特别是嘉定新城和唐镇可以看出，相较于发展较为完善和成熟的主城中心，其周边分布的教育、住宅和写字楼都相对较少。

2.2.4 空间层：空间品质

（1）空间品质整体评价（图 2.11）

针对轨交周边最后一公里的空间设计，从四维基面的角度进行了全面的分析，并针对每个评估因子从 4 个等级进行评估，包括：城市界面、城市地面、城市顶面与城市端面。

从城市界面来看，调研首先考虑建筑退界，片区退界是否丰富具有层次，退界关系是否明显；城市界面是否积极、多元且充满活力；是否拥有具有活力的商业外摆；大多数建筑界面是否经过设计呈现出丰富的效果；建筑色彩是否经过设计，是否经过统一协调处理；商业界面是否连续，具有一定规模或影响力，是否可以激发丰富有活力的城市公共活动；建筑底层是否通透，是否有局部建筑首层做通透处理，底层活力被激发；连续建筑界面是否具有一定的透视率，是否巧妙利用玻璃等具有通透性的材质，鼓励室内外视线和活动的丰富沟通；最后考虑建筑界面是否设置有遮阴设施，是否考虑构建连续舒适安全的步行环境。

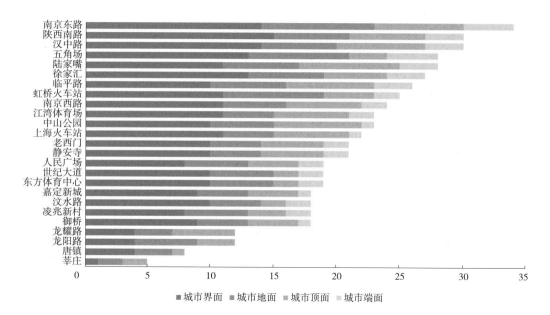

图例: ■ 城市界面 ■ 城市地面 ■ 城市顶面 ■ 城市端面

排名	站点名称	综合得分	排名	站点名称	综合得分	排名	站点名称	综合得分	排名	站点名称	综合得分	排名	站点名称	综合得分
1	南京东路	34	6	徐家汇	27	11	中山公园	23	16	世纪大道	19	21	凌兆新村	18
2	陕西南路	30	7	临平路	26	12	上海火车站	22	17	东方体育中心	19	22	龙耀路	12
3	汉中路	30	8	虹桥火车站	25	13	老西门	21	18	嘉定新城	18	23	龙阳路	12
4	陆家嘴	28	9	南京西路	24	14	静安寺	21	19	御桥	18	24	唐镇	8
5	五角场	28	10	江湾体育场	23	15	人民广场	19	20	汶水路	18	25	莘庄	5

图 2.11　25 个轨道站点功能整体空间品质评价

资料来源：笔者自绘

从城市地面来看，调研首先评估了建筑前区空间，是否考虑利用下沉广场或其他开敞空间的形式，提高前区空间的公共性和开放性；下沉广场设计，是否有结合丰富的业态和商业外摆，提高下沉广场空间的活力；地面步行铺装是否利用了防滑且可渗透式的铺装，以做到基本的行走安全；街道设施，包括路灯、座椅、标识牌、景观小品等是否齐全，做到步行空间的丰富；绿化种植是否有考虑，是否形成一定规模；市政设施是否集约设置。

从城市顶面来看，调研首先针对地下空间，评估地下步行道的采光情况，是否借助自然采光或是全部依赖空间内部照明；步行道的净高，人行走是否会感到压抑；地下空间照明是否全覆盖，且照明是否考虑一定的灯管设计以凸显本地特色；从地面层探讨，首先考察建筑天际线是否有景观设计，是否具有美感；街道照明是否全覆盖全考虑；绿化种植是否形成绿穹。从城市端面角度来看，是否有明确的视觉廊，形成明显的轴线感和尺度适宜的空间感；其次是否具有明显的地表建筑或构筑物，以彰显明确具有特色的地域特征。从整体来看，南京东路、江湾体育场、世纪大道、南京西路、陕西南路的分数较为靠前且接近。南京东路、南京西路、陕西南路作为主城主中心的核心节点，特别是近两年的更新项目逐步落成实施，空间品质层面都得到了大幅提升。

从单个站点评价结果来看，南京东路作为整体空间设计综合评分最高的站点，成因主要包括以下几点：（1）东拓项目完工后，其空间界面品质得到了很大的提升，建筑立面、风貌、色彩等都做了一定程度的统一，商业界面也相对连续统一；（2）由于东拓项目的完成，打造了具有一定标志性意义的轴线，视觉通廊直接指向外滩和陆家嘴，走在南京东路上具有较好的视觉指向性和场所感。但与此同时，南京东路及附近的绿化种植却相对较少，从一方面来说，缺乏遮阴设施，绿化不成规模，难以形成绿穹；但从另一方面解释来说，南京东路特别是在节假日时期，承载了大量的人流，途经步行街，向外滩集中，因而如若步行街上设施过多，在承载超大人流的情况下将会产生一定的阻碍。

其次，五角场作为城市副中心，在最后一公里的空间设计中评分靠前，其内部原因也很值得分析。首先，五角场与江湾体育场通过地下步行街区相连，周边片区多个地下站点共同构成了城市重要的副中心节点，轨交最后一公里空间营造的成功首先来源于直接连通五角场的地下步行系统。通过地下空间的一体化高强度开发，已经形成了一个规模巨大且布局复杂的地下步行街区。从五角场站点开始，地下步行街区连通了两个地铁站，五角场的各大商业，太平洋森活天地地下街，以及创智天地下沉广场，并向大学路、政民路方向延伸。地下步行街区以商业为主，且多为餐饮和零售，为周边工作的上班族提供日常必需的公共服务。创智天地大学路街区非常成功的街区空间营造，沿街布满酒吧、咖啡厅、餐馆等百余家商户，待夜幕降临，沿街商铺渐次亮起星星点点的灯管，另有一番有别白天热闹的繁华在这里呈现。从空间上来说，为契合大学路24小时街区的理念，无论是建筑立面设计、建筑风貌、建筑色彩等都经过细致的设计，且建筑界面多采用玻璃材质，使建筑内外的活动可以沟通和交流，相辅相成。街道家具齐全，无论是路灯、指示牌，还是景观小品、标识牌等都富有创智天地的特色。街道景观种植等也非常丰富，形成了遮阴的绿穹，坐在咖啡小店的人们，可以一边享受着荫凉和微风，一边观赏户外的活动。

而从评估结果较低站点分析来看，莘庄作为整体空间设计综合评分最低的站点，成因主要包括：①过境铁路分隔站点与周边业态，导致空间可达性较低，过境铁路也从一定程度影响周边空间品质；②莘庄周边南北广场均在施工，导致现阶段整体空间品质降低，施工造成的影响也使得步行体验变得糟糕。从现阶段莘庄建设来看，作为传统轨道线路1号线的起始，与轨道5号线的换乘站，莘庄站点周边建设周期长，历史遗留问题多，空间品质提升不能在一片空地上拔地新建。因此在未来对站点周边的空间品质提升，不能仅仅依靠新建站点综合体，而同样需要考虑周边老旧小区的沿街面改造。

另外，龙阳路与唐镇在评估结果中仅高于莘庄，其评价结果过低也值得探究。以唐镇为例，唐镇作为近年来新市镇强有力的发展核心，其在空间营造上却是极为不足的。首先，唐镇地铁站出来连续步行的街区仅局限于站点本身这一个街区，虽然设置有空中廊桥和地下通道，但仅限于地铁站点所在地块，并未与周边地块进行无障碍衔接。且距离站点15分钟步行范围之内，除了两个商业综合体之外，其余用地基本为住宅和未开发用地，片区并未整体考虑临街界面，对建筑风貌、色彩、立面等也都没有经过仔细的推敲和协调。作为新市镇的主要节点，除了政策上的偏向和规划上的重视外，还应在空间品质方面做出进一步的提升，以高品质的公共空间支撑起符合新市镇节点区域能级的功能。

（2）子项一：街道界面评价（图2.12）

研究通过对各站点建筑退界、积极的城市界面、户外商业设施、建筑立面设计、建筑风貌、建筑色彩、商业界面连续度、建筑底层通透率、建筑透视率（与外界有视觉联系）与建筑界面遮阴设施等多个维度的分析，综合得出轨交周边最后一公里轨交站点的空间界面评价。从调研结果可以看出，空间界面评价较好站点包括：陕西南路、汉中路、世纪大道、陆家嘴、徐家汇等站点。而龙阳路、龙耀路、莘庄等街道界面设计较差。

以街道界面设计中排名靠前的陕西南路为例，进行空间设计整体分析。陕西南路作为上海重要活动区的又一重要节点，其空间品质，特别是人行走在节点周边的体验较好。结合上文所分析的陕西南路站点周边的业态和功能分布可以看出，站点周边多分布服务于居民和游客的商业零售及公共服务设施。且空间尺度适宜，结合淮海中路，以及与淮海中路相交的瑞金一路、茂名南路、陕西南路、襄阳北路等，街道宽度约为10m；沿街店铺连续，且均为较独特的精品小店，店面设计富有创意，业态丰富且新颖，增加了沿街步行的愉悦性。同时，由于街道尺度适宜，沿街种植的树木得以形成绿荫，为街道空间营造了良好的空间氛围，阳光明媚的下午，斑驳的树影洒下，投射在地面上，为街道空间增添了不一样的趣味。

而从街道界面这一设计要素来看，陕西南路设计较好的街道界面要素包括：一、建筑立面设计，新建建筑的立面经过设计，呈现出丰富的立面效果；二、户外商业设施，拥有具有活力的商业界面且数量较多，部分用地空间较大的区段设有商业外摆；三、建筑退界，建筑退界丰富，退界层次丰富，片区退界关系明显；四、商业界面连续，商业界面连续且具有一定规模，片区公共性得到提升，公共互动丰富且多样；五、建筑色彩，单体建筑经过设计，整体较为协调。而在街道空间设计较差要素则包括：一、基本没考虑建筑界面遮荫设施；二、设计范围内建筑底层通透率较低等。

（3）子项二：街道地面评价（图2.13）

研究通过对各站点建筑前区、下沉广场设计、地面步行铺装是否为防滑可渗透式铺装、街道家具（路灯、座椅、标识牌、景观小品等）、绿化种植、市政设施是否集约设置等多个维度进行评价，综合得出轨交周边最后一公里轨交站点的街道地面评价。从调研结果可以看出，街道地面评价较好站点包括：世纪大道、南京东路、虹桥火车站、陆家嘴、徐家汇等站点。而唐镇、龙耀路、莘庄等街道地面设计较差。

以街道界面设计中排名靠前的世纪大道为例，进行街道地面设计分析。世纪大道作为中国第一座四线换乘枢纽站，世纪大道站的变迁也见证了上海轨道交通建设由线到网的发展进程。而从站点周边区域地面设计来看，世纪大道设计较好的街道地面要素包括：①下沉广场设计，世纪汇下沉广场，业态丰富，有商业外摆；②地面铺装，地面步行铺装为防滑可渗透式铺装；③建筑前区空间设计，考虑建筑前区设计，局部形成下沉广场或其他广场空间，整体前区空间公共性和开

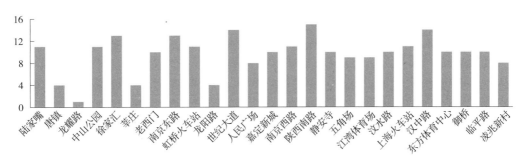

图 2.12　25 个轨道站点街道界面综合评价
资料来源：笔者自绘

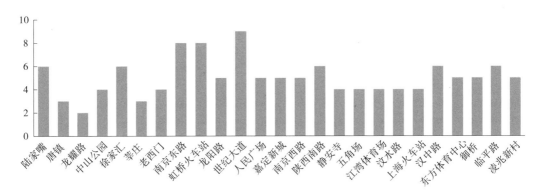

图 2.13　25 个轨道站点街道地面综合评价
资料来源：笔者自绘

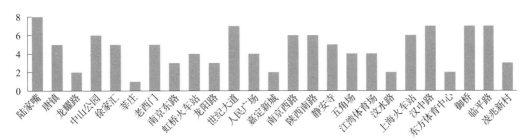

图 2.14　25 个轨道站点街道顶面综合评价
资料来源：笔者自绘

放性较好；④城市绿化种植，绿植覆盖率较高。而在街道地面设计较差要素则包括：街道家具（路灯、座椅、标识牌、景观小品等）有但是并不齐全，街道空间相对单调；市政设施布局的集约程度相对较低。

（4）子项三：街道顶面评价（图 2.14）

研究通过对各站点地下步行道采光、地下步行道净高、地下空间照明、建筑天际线、街道照明、绿穹等多个维度的分析，综合得出轨交周边最后一公里轨交站点的街道顶面评价。从调研结果可以看出，空间界面评价较好站点包括：陆家嘴、临平路、唐镇、南京西路、陕西南路等站点。而龙耀路、莘庄、嘉定新城、汶水路、东方体育中心等站点空间周边街道界面设计较差。

以陆家嘴城市空间设计为例，陆家嘴作为上海乃至是全国全球的金融中心，其也兼具了很多金融城所共同的特点，即商业办公的属性突出，但空间尺度过大，功能业态单一，空间缺乏活力。地块的尺度过大，且以办公功能为主，首层一般缺乏底商的布局，且多为私属公共空间，几乎没有设置商业外摆，很多路面道路两侧用于停车且缺少积极界面的考虑，因此建筑首层很难与外部步行空间产生互动和交流，街道空间活力较难被激发。通过对空间调研的反馈，也对陆家嘴站点周边最后一公里的更新有所启发。面对全球金融中心的战略定位，可通过从增加空间活力的角度，对陆家嘴地区开展持续的更新。注重人的视角和人的体验，特别是步行街道和建筑首层的互动，连续商业界面的营造，提高步行最后一公里的舒适感和愉悦度。

而从城市街道顶面设计来看，在城市街道顶面要素控制中，陆家嘴整体地下照明全覆盖，且局部灯光设计具有本地特色，在城市道路顶面绿穹氛围上，未能形成绿穹，有行道树，但由于周边建筑尺度较大，街道较宽，故绿植稍显不足。在天际线设计中，陆家嘴站点周边区域因地处CBD区，天际线起伏较大，从城市整体来看易于形成较为丰富的城市顶面。另外在地下廊道采光设计上，站点周边区域基本具有采光，其他基本依靠空间内照明。最后，在市政设施是否集约设置上，由于地处城市核心区，周边地价原因导致市政设施集约程度较高。综合上述各方面评价，陆家嘴站点虽然在街道顶面评价中综合评价靠前，但仍有需要优化的顶面设计。

（5）子项四：街道端面评价（图2.15）

研究通过对各站点视觉通廊景观与地标或城市形象/特征展示两个维度的分析，综合得出轨交周边最后一公里轨交站点的街道端面评价。从调研结果可以看出，空间端面评价较高的站点包括：世纪大道、南京东路、陆家嘴、徐家汇、陕西南路、汉中路、临平路等，而唐镇、龙耀路、龙阳路、莘庄等站点在街道端面设计上较差。

作为城市端面，特色的地标塔楼与标志物形象一般多出现在城市核心区站点周边，如陆家嘴等有明确且具有特色的地标性建筑与明确的视觉通廊，但因尺度较大，轴线感不强。而在城市地区中心的换乘站，一般也结合地区中心，设计较为突出的地区中心节点，如徐家汇、汉中路等有明确且具有特色的地标性建筑，成为地区周边的活动中心与视觉焦点。而部分城市地区中心，如嘉定新城站、龙阳路等站点作为地区中心，却在街道端面设计上没有明确且具有特色的地标性建筑，缺少明确的视觉通廊。而在部分一般站点中，由于本身作为一般站点，周边开发强度相对较低，由此造成难以形成明显而富有特色的城市街道端面，这类站点包括：御桥、唐镇等。

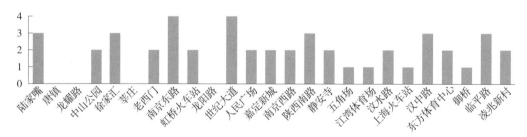

图2.15　25个轨道站点街道端面综合评价

资料来源：笔者自绘

2.3 发展现状评价

2.3.1 站点整体评价

针对最后一公里的现状调研，研究从站点层（站内流线）、系统层（可达范围）、功能层（功能业态）与空间层（空间品质）等四个维度进行了综合分析评价结果见表 2.4。首先，从站点层来说，调研考虑 25 个站点的地下步行流线，梳理并针对它们的特征分成通行便利和通行不畅两大类，以站内步行是否需要通过地铁付费区为判断标准。其次，从系统层来说，调研统计了 25

25 个轨道站点综合评价结果 表 2.4

名称	站点层	系统层		功能层		空间层		综合排名
	是否经过付费区	连续步行比例	排名	综合得分	排名	综合得分	排名	
南京东路	是	0.67	11	18.6	1	34	1	1
陕西南路	是	0.95	1	13.7	11	30	2	2
静安寺	是	0.8	3	17.7	2	21	13	3
陆家嘴	是	0.74	7	14.5	10	28	4	4
徐家汇	否	0.51	14	14.8	9	27	6	5
五角场	否	0.75	5	16.4	4	28	4	6
临平路	是	0.68	9	15	8	26	7	6
中山公园	是	0.68	9	16.1	5	23	10	8
老西门	否	0.94	2	11.4	16	21	13	9
人民广场	否	0.67	11	16.7	3	19	15	9
江湾体育场	否	0.75	5	15.4	7	23	10	11
御桥	是	0.71	8	13.6	12	18	18	12
汉中路	否	0.42	16	12.8	14	30	2	13
世纪大道	是	0.4	19	11.8	15	19	15	14
上海火车站	否	0.42	16	15.9	6	22	12	14
虹桥火车站	否	0.41	18	8.6	19	25	8	16
汶水路	是	0.78	4	8.7	18	18	18	17
南京西路	是	0.39	20	13.2	13	24	9	18
凌兆新村	否	0.58	14	10.4	17	18	18	19
龙耀路	否	0.61	13	8.8	17	12	22	20
嘉定新城	否	0.33	24	8.4	21	18	18	21
东方体育中心	否	0.33	23	8.3	22	19	15	22
龙阳路	是	0.49	15	6.7	23	12	22	23
莘庄	否	0.37	22	8.5	20	5	25	24
唐镇	否	0.38	21	3.8	24	8	24	25

资料来源：笔者自绘

个站点一公里范围内道路两侧人行道、一公里范围内及周边影响区域室内公共道路、一公里范围内及周边影响区域高架以及地下公共通道，并进行 15 分钟可达范围与步行连续度计算，从而得出各站点步行连续度占比。然后，从功能层对 25 个站点一公里范围内开发强度分区与中心集聚程度出发进行公共功能积聚程度与强度差异化分区等方面的综合评价。最后，研究针对最后一公里的空间设计，从四维基面的角度进行了全面的分析，并针对每个评估因子从四个等级进行评估，包括城市界面、城市地面、城市顶面与城市端面。

对 25 个站点的综合评价可以看出，最后一公里区域整体服务水平高低与土地利用集约水平、站点规模能级以及整体多样性服务水平均具有密切的关系。站点所处城市的区位引导站点周边区域的城市开发，能级越高的站点周边功能业态越集约与复合。位于主城主中心的核心节点，周边功能业态活力多元，且呈现出较高的可达性、服务水平和质量，用地类型多样且区域总体开发规模均较高。而位于城市副中心、地区中心的一些站点，其公共功能的能力仍然相对较低，且作为区域及地区的公共服务重要节点中心，其公共服务配套的数量、种类和质量均有提高，其服务辐射范围也应得到进一步的延伸。而龙阳路这类站点，其站点能级大，但整体空间品质、功能业态与步行连续度等均较低，作为未来上海城市主要节点，其空间品质方面仍有较大的提升空间，应以健全且高品质的公共空间支撑起符合区域能级的功能。

2.3.2 分项目标评价

对标最后一公里的城市更新目标，以下从站内流线、站外步行、功能业态与空间品质四个方面进行分项目标评价。

（1）站内流线

空间秩序不强、空间标识欠缺等要素不利于快速疏解人流，且部分站点并未将市政过街纳入流线梳理的工作中，不利于站内流线的梳理和引导。站点基本实现地下出入口互通，但仍存在少量站点换乘空间经过非付费区，影响公共交通出行体验。斑马线、空中廊道和地下通道是行人连续步行过程中通过路口或穿越马路的重要途径，但当这些步行方式不能满足行人的过街需求或不良天气情况下可能存在地面和天桥通行不便时，地铁站内步行系统有时可以用作对地下通道通行功能的补充或替代。从 25 个站点步行流线调查结果来看，唐镇、龙耀路、徐家汇、老西门、莘庄、虹桥火车站、人民广场、嘉定新城、上海火车站、汉中路、五角场、江湾体育场、凌兆新村和东方体育中心这 14 个站点，行人无需经过付费区就可以达到过街的需求，而其余 11 个站点的内部流线设计未能考虑到过街的需求，需进入付费区才可以过街穿行。造成站内不能实现互通的原因主要包括：地铁进出站闸机直接对应地下出口，行人从地下只能选择进站或回到地面，如陆家嘴站与中山公园站；由于多条地铁线路汇聚，不同线路间距离较远，各线路出口之间不能直接互通，如南京西路站、龙阳路站、陕西南路站、南京东路站、御桥站与静安寺站；站点在付费区两侧存在多个出口，行人需要从一侧出口经地铁站内步行前往另一侧出口，则必须经过付费区，如世纪大道站、汶水路站与临平路站。

（2）站外步行

通过"小街密路"骨架与立体过街设施，提升站外步行连续度，并宜结合站点特征采取不同策略。慢行系统是构建最后一公里的系统性骨架，围绕站点打造连续便捷、安全舒适的步行网络，提高连续步行的覆盖比例，将有效带动最后一公里区域的更新与再更新。从25个站点的连续步行分析结果来看，步行可达范围与连续度均较高的站点主要呈现两种类型：①以陕西南路、老西门、五角场与江湾体育场为代表的站点，其最后一公里区域内的高连续步行主要依赖于小街区密路网的城市街区结构，紧凑高效的、功能混合、适宜步行的开放型街区对提高区域的连续步行有积极作用；②以陆家嘴与徐家汇为代表的站点通过架设空中廊道或者地下通廊的方式，通过连接更多的地块和功能，也从一定程度上提升了连续步行比例，促进站外步行流线快速衔接。

（3）业态功能

单一功能的交通站点对周边区域的带动力不足，而多元混合、集约高效的功能业态布局则有利于提升最后一公里的人群集聚，以提升轨道交通站点作为公共活动中心的职能，提高人"流"且"留"住更多的人。从调研的25个站点的功能业态评价结果来看，最后一公里功能业态的服务水平高低与土地利用集约程度、整体多样性服务水平呈正相关关系，能级越高的站点周边功能业态越呈现出集约复合的特点。这一点在对比主城中心的核心站点和位于新城、地区中心的站点可以得出，位于新城和地区中心的站点呈现出功能业态较为单一、整体功能业态复合性较低的特点。

（4）空间品质

最后一公里空间品质的感知并非完全依托新建大型综合体，站点外平整顺畅、连续通达的步行体验直接影响行人感知空间品质，而这与步行空间的界面设计直接相关。依托轨道交通场站和慢行系统，营造高品质的城市公共空间，确保轨道交通站点在高强度开发的同时，实现场站周边环境品质的同步提升，这也是最后一公里城市更新的根本目标之一。从25个站点空间品质评价结果来看，南京东路作为整体空间设计综合评分最高的站点，成因主要在于东拓项目完工后，其空间界面品质得到了很大的提升，在建筑立面、建筑风貌、建筑色彩等维度均做了一定程度的优化和提升，商业界面也相对统一且连续，形成较为具有标志性意义的轴线，直接指向外滩和陆家嘴。而莘庄、龙阳路与唐镇作为整体空间设计综合评分最低的站点，空间品质整体较低的原因也同样在于除了新建商业综合体带动空间建设外，轨道交通场站紧邻地块并未被纳入进行整体考虑和设计，因而未能形成具有地区特色的空间，未能使行人形成较鲜明和深刻的地区空间感知。

3

重点站域更新分析

第 2 章通过对上海 25 个站点、4 个层面的横向对比分析，对上海轨道交通站点周边的现状进行了整体画像。本章将着重从站点层、系统层、功能层，以及空间层四个层面，对七个站点：人民广场站、陆家嘴站、江湾—五角场站、静安寺站、徐家汇站、陕西南路站以及虹桥火车站进行进一步细致分析。

3.1　人民广场站

作为多出入口、高客流量的轨道交通换乘枢纽，人民广场站利用两厅多支的整体布局设置，实现了高密度人流的疏散、公共资源的有效衔接。周边商业体的地下过渡，形成休闲、教育、零售、交流和交通集散混合的多元化场所。

人民广场所在区域，历史上曾是远近闻名、号称"远东第一"的上海跑马厅，随后被征用为美军俱乐部，直至新中国成立初期，人民政府收回跑马厅，逐步改建成人民公园、人民广场、人民大道等。在 20 世纪 20 年代末经过包含主体建筑、市政配套和绿化建设的综合改建后，形成如今以上海博物馆、市政府、当代艺术馆为中心轴线的空间格局。

现如今，人民广场站周边，商业办公、景观休闲、政治文化功能高度集成。东邻西藏中路，北接南京西路，东连南京东路直达外滩风貌区；距上海历史博物馆 150m，距广场北侧上海市政府 300m，距西北侧上海大剧院 400m，地铁 3 号口直接连通上海城市规划展览馆。沉浸于老公园场景和歌曲中广为流传的在人广"喂鸽子""吃炸鸡"的烟火日常，欣赏着每隔数十米就跃入眼帘的历史保护街坊，散点分布的重要标识性建筑与慢行体验极佳的人民大道、南京东路、西藏北路相互辉映，站点将点由线串联成面，共同构成一个鲜活立体的城市四维名片。与此同时，人民广场站的空间营建也结合了怡人的公共景观打造，串联金融、行政、文化、商业等功能，打造一体化的园林式广场，广场两侧各设 17m 宽的绿化带，绿化总面积达 8 万 m^2。

作为上海市轨道交通站点中进出站人流量第一，换乘客流仅次于世纪大道站为全市第二的站点，其站场设计也错综复杂。人民广场站总建筑面积达近 18 万 m^2，共设置有 20 个出入口（其中 4、13 号口暂未开通），属全国地铁站出入口数量前列。不仅如此，它也是三线换乘站，地下共 3 层，贯通南北、途经上海火车站、南站等重要铁路交通枢纽的 1 号线与衔接浦江两岸、串联南京路、淮海路、西藏路和四川北路等四大市级商业文化中心的 8 号线并列平行，它们与沟通虹桥枢纽、张江高科技园区、陆家嘴、直指上海浦东国际机场的东西向的 2 号线呈垂直关系。周边共设 26 个公交始点，多区通达，承担着疏解巨大交通压力的重大责任。

3.1.1　两厅多支的站内空间布局

受限于历史资源丰富、功能高度集成、景观条件复合的城市主中心地域条件，人民广场站的空间组织形式整体协调且相对克制，并未通过新增"立体巨构"凌驾于城市肌理之上。具体来说，人民广场站以地上地下内外"两厅"的形式组织交通空间（图 3.1）；站域南北方向可达的总长度范围达到 1.3km，缓解了日人流量百万人次的高压客流群，同时扩大了地铁站域的 18 个支点的伸展范围。

（1）内外"两厅"

第一个"厅"是指利用九江路、西藏中路和南京西路街角交汇的近三角绿地空间形成圆形下沉广场城市客厅（图 3.2）。下沉广场外部连接上海观光巴士站和人民公园八连颂游览点，内置 5、6、7、19 号 4 个出入口，通过两侧的垂直交通通达南京西路，进而衔接大光明影院、杜莎夫人蜡像馆和新世界城，与人民广场景观环境、步行街道形成了良好的视线互动关系。不仅如此，这一下沉广场城市客厅还通过东北侧地下通道的设置与著名的南京东路步行街及世贸广场、第一百货直接连通，从而与著名的黄浦江外滩风貌区产生便捷顺畅的慢行衔接。通过下沉广场的空间组织，可以吸收瞬时人流，为疏解人流提供了缓冲空间。

除了交通功能之外，下沉广场还提供了基本的便民服务设施。例如，临时疫苗接种点、福利彩票售票厅、临时商铺、休憩座椅等基础设施，相比较于九江路的车水马龙、南京东路的摩肩接踵，处于城市街角的下沉广场空间提供一处短暂的休憩空间，在通往乘坐地铁的路途中得以获得最基本的服务。同时，下沉广场的设置可以有效降低四个出站口欣赏城市界面的视角点，并且通过内置和放大将距离进一步拉大，这样的优势使得历史建筑和标志性商业节点的界面整体性和连续性得以更充分地展示。

第二个"厅"是指站内换乘区在设计上利用三角形布局形成了大面积的疏散大厅（图 3.3），通过拉长换乘流线，扩大换乘空间，疏解换乘的交通压力。大厅内部空间的处理，将地下和地上空间做了一体化处理，通过楼板上圆形透明天棚及垂直交通，将自然光导入地下空间，使站厅、站台、地面、外部空间在同一个视觉维度产生了联系，从而减少在地下空间行走的迷失感。而从功能上来说，除增加空间的面积之外，辅以商业餐饮和文化展示于一体，优化了进出口通勤的体验感。在此停留驻足的游客、匆忙换乘的通勤人流、内部商铺等餐的购买者等在此汇集，将静态的公园景观和动态的地铁人流巧妙结合。

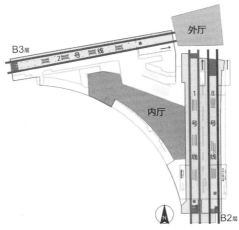

图 3.1　外厅与内厅
资料来源：笔者自绘

图 3.2　外厅：人民广场站下沉广场楼梯处视角
资料来源：笔者自摄

图 3.3 内厅：站内换乘的三角大厅
资料来源：笔者自摄

平面关系上，内外两厅中间夹着地铁商业街和付费区，形成了人流的分流。1、8 号线的出站口和大厅的连接处是展板屏幕界定的线性展示空间，不仅引导人们进入换乘大厅，还对不同方向的人流形成了有效的阻隔，且无需经过地铁付费区即可完成过街需求。不同高差的设置使得这一区域在顶棚处形成一道转折线，使得视觉体验的丰富度被大大提高了，换乘导致的枯燥乏味感也随之减少。

人民广场站正通过内外两厅的设置，形成规模较大的地上下空间衔接体系，这种空间尺度差异化的处理方式，使得不同等级的节点将空间体验分段，成为结合文化、商业、景观、餐饮等多功能的复合型站点。但值得注意的是，这些综合服务基础设施均位于非付费区，从一方面来说，将这些服务功能置于非付费区，可以减少人流在付费区的逗留，提高人流疏解效率；但从另一方面来说，在此换乘的人未能享有这些公共服务，除非出站进入非付费区。

（2）站域地下"多支"网络基盘

人民广场地铁站共有 3 层地下空间：地下一层面积约 8500m²，包括了 1、8 号线的站厅、三角换乘大厅及其穿插的商业功能；地下二层是 1、8 号线的站台和 2 号线的站厅；地下三层则是 2 号线站台。这些垂直功能核通过出入口的两厅布局和连接通道，共同组成了人民广场地铁站的"L"形基本布局 [14]。通过站域内地下空间的打通，连接了香港名店街、迪美购物中心、华盛魅购婚纱街、1930 地下风情街等周边商业功能区块（图 3.4）。7 号口和 15 号口与商业综合体的地下层直接相连，可通过地铁口直达商业内部，如图 3.5 所示，15 号口紧邻来福士广场。

站域地下空间向南部延伸最广的出站口为 1 号口，使得地下空间不仅跨越了九江路、人民大道，直抵靠近延安东路的南广场和上海博物馆，其连通区域更是容纳了近百家店铺，建筑面积接近 3 万 m²。全长约 300m，36m 宽的香港名店街直接联通人民广场地下最大的商业空间节点——

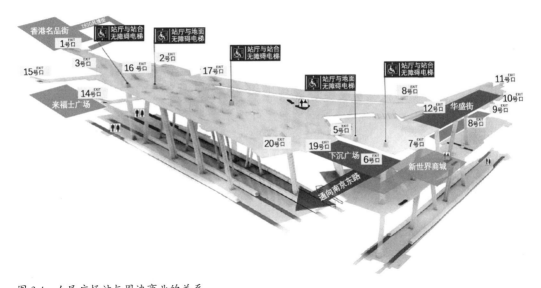

图 3.4　人民广场站与周边商业的关系

资料来源：改绘自谢金容. 上海地铁人民广场站与商业建筑连接节点空间分析 [J] 中外建筑，2017（11）：80-84.

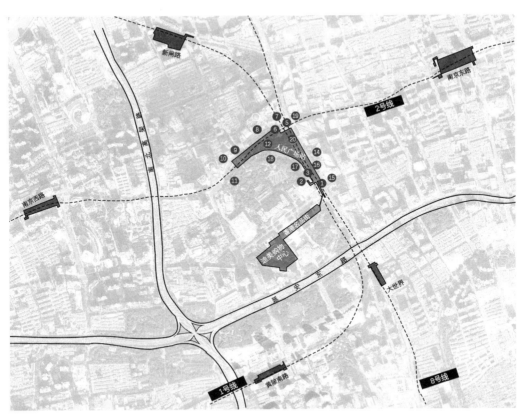

图 3.5　地下商业延伸范围

资料来源：笔者自绘

迪美购物中心（图 3.5），并通过下沉广场乘坐自动扶梯下到地下 8m，连接人民广场东南端草坪。除此之外，地下连通道与上海城市规划展示馆 B1 层直接相连，处于统一标高基面。图 3.6 的箭头所示，即为地下连通道通往城市规划馆的道路。

作为人民广场站点的基盘地下空间系统，通过地下廊道和多达 20 个出入口的设计，将大量的人流进行分流；和路面重要的城市节点直接相连，打通庞大的地下通行网络基盘，帮助快速达到城市重要目的地，予以人群疏散的缓冲空间。

3.1.2 丰富连续的站外步行体系

人民广场地铁站现开通的 18 个出入口中，与城市外部环境、地铁站厅的衔接方式、站域区位和辐射区域都各有差异，通过梳理如表 3.1 所示。其中，17、18 号口直接和人民公园衔接，出站后直接进入生态环境的沉浸式体验，5、6、7、19 号口则衔接下沉广场城市客厅，通过目的地的筛选对接交叉口的不同城市风貌；衔接市政道路及其前区的众多站口直接欣赏到街道界面；进入综合体地下商业的两个站口则可以高效满足购物餐饮的功能需求。

人民广场站点周边连续步行比例达到 50% 以上，其连续度的提升主要通过如下几种策略：

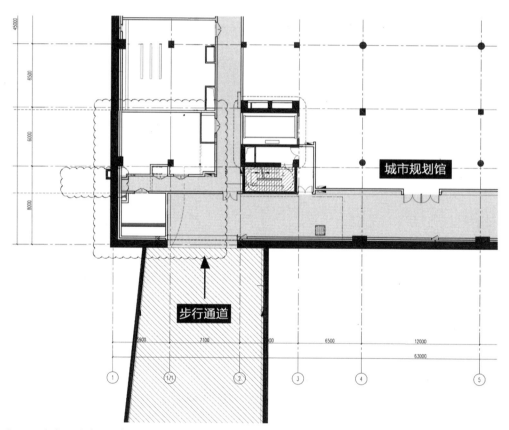

图 3.6　城市规划展示馆负一层平面：地下连通关系
资料来源：改绘自《城市规划展示馆建筑设计》，ECADI

各出入口对应站域的内外连接方式和抵达点 　　　　表 3.1

与外部环境的衔接方式	出入口编号	与地铁站厅的衔接点	站域区位和辐射区域
衔接人民公园	17、18	三角换乘大厅	直接抵达人民公园公共绿地，可通过公园入口直接入园
衔接街道两端或人行道	3	短通道	对接人民大道和西藏南路交叉口，出口处为上海城市规划展示馆
	12	三角换乘大厅	对接南京西路，出口处为国际饭店
	14、16、20	1号线站厅	14口连接汉口路，出口处是上海书城、和平影都；16、20口连接西藏中路，出口处为第一百货和东方商厦
	1	窄长通道	站域延伸最广，连接香港名人街和迪美地下购物中心，出口处连接上海博物馆
	8、9	华盛魅购婚纱街地下入口	九江路人行步道，连通南京西路
	10、11	2号线站厅	九江路人行步道，连通南京西路和黄陂北路
衔接综合体地下商业	2	短通道	对接人民大道和西藏南路交叉口，出口处为上海大剧院
	15	1号线站厅	可直接抵达来福士广场内部商业
衔接下沉广场	5、6	三角换乘大厅	出口处是大光明影院、上海博物馆，站域延伸至南京东路步行街
	7	华盛魅购婚纱街地下入口	对接人民大道和西藏南路交叉口，出口处是新世界城
	19	短通道	站域延伸至南京东路步行街

资料来源：根据现场调研归纳整理

（1）步行系统延伸考虑过街通道设置。垂直连接的西藏中路和九江路上分布了绝大部分人民广场站点，将大量人流直接导入步行空间。通过下沉广场与南京东路相连，人民广场的大部分人流被直接分流通往南京东路，同时也作为过街设施，辅助跨越西藏南路。

（2）通过地下通道的构建，连通了更多的地块。如上述的地下网络基盘，将更多的地块直接相连，可以以无风雨的、相对舒适的形式，通往更多的目的地。

（3）通过将车行道转变为人行道，延伸全步行区域的范围。位于原市百一店和东方商厦南东店之间的六合路，原遍布活力不足的商业、社会车辆的停车场等，与南京东路的活力多元形成鲜明对比。2017年后，借由原市百一店、一百商城和东方商厦启动整合改造，位于楼宇间的六合路迎来活化再生，这条原来车行主导的街道空间成为一条半室外商业街道（图3.7）。通过转型为休闲空间、降低路幅、改变铺装等方式，发挥"后街经济"的作用，增加以南京东路为核心的全步行区域，为人民广场周边的步行连续度提供了新的城市实践。

3.1.3　站点周边功能多元混合

作为核心区的主中心节点，人民广场站周边空间丰富多样，周边功能业态集约，类型多元，且肩负着承袭记录历史的功能。历史上继租界时期跑马场开张后，如《沪江商业市景词》中"满

图 3.7　六合路手工艺市集
资料来源：笔者自摄

图 3.8　出站口视角看汉口路立面
资料来源：笔者自摄

图 3.9　出站口看南京东路
资料来源：笔者自摄

图 3.10　由南京东路看世贸广场
资料来源：《上海世贸广场改造》

街装饰让银楼，其次绸庄与疋头，更有东西洋广货，奇珍异产宝光流"所述的历史繁荣商贸氛围，在今天仍得以延续。原来的小商铺转变为商业"金三角"上海第一百货商店、世茂广场、上海新世界城屹立为标的的大型百货商厦，三足鼎立形成南京路步行街的首要聚合力。从地铁站 14 号口进入南京路和福州路中间的支路汉口路（图 3.8），历史上位于上海公共租界中区，是见证了 3 个世纪历史变迁的"三马路"，和南面的福州路、广东路平行。从来福士广场出站，可通过连续步行道路，途经同安大楼、申报馆旧址，外滩花园酒店、公共租界工部局大楼，大清银行直至外滩，是烟火气和历史厚重感并存的街道街区，市井生活的热气腾腾穿插在历史风貌的遗迹中。

　　而与之形成鲜明对比的近几年来相继进行城市更新的各式商业综合体，第一百货、新世界城、世贸广场等将城市的现代性集中展现出来。新改建的世贸广场以"剧场"为主题，顾客被赋予游客、观众与演员不同类型的三种"角色"，如果说它朝向开放展示性可以被定义为剧场的舞台，那么人民广场地铁站的衔接就如同是中观尺度上的展演前厅，设计通过更新建筑外部流线的引导和对街道空间的开放界面（图 3.9），界面通过折叠的方式（图 3.10），增加了商业外廊的可视长度；同时内部现代的商业交通空间直接与人行道三角状空间对接（图 3.11），现代感极强的通透立面上仿佛铺上了"红毯"（图 3.12），有效延展了空间的纵向尺度，将明亮的视野、开敞性和戏剧性注入此前亟待提升的空间，其上则可以欣赏南京东路和人民广场的无限风光。

与轨道交通节点直接相邻的公共空间，其多元功能多以提供日常需求为主，生活服务设施便利。与人民公园衔接最紧密的 17 号口，紧邻换乘大厅，而这个带夹层的线性商业节点，聚集了便利店、快餐厅、奶茶店、小吃铺等 20 余家店铺集中的餐饮区，可以满足来往人流最基本的日常需求。

图 3.11　平面：和街道的退让关系
资料来源：《上海世贸广场改造》

地下空间网络连接多个重要城市节点，同时辅以多种商业服务功能，但功能质量不高，与人民广场路面的高端商业、展览展示等场馆的能级不符。地下空间廊道形成一条具有多元复合功能的地下购物一条街，消费服务群体偏年轻化，经营范围颇广，包括服装饰品、小食餐饮、电子维修、娱乐服务、电玩休闲等；名品街中央布置了服装展示空间，通过周边摆置的二维码，经过的人群可以直接浏览购置，是一种融合了线上线下的商业模式；"绮丽次元创意文化街""异时刻密室"吸

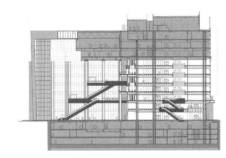
图 3.12　剖面：外置的交通展示面
资料来源：《上海世贸广场改造》

引了不少年轻人的光顾。但与此同时，琳琅的小商业的质量并不高，且周边遍布新世界城、东方商厦、世贸广场、来福士广场等高端商业对地下商业造成了大量的冲击，所以地下商业空间多以过境功能为主，而未能形成高质量的目的地，因而选择在此停留并且购物活动的人并不多。

3.1.4　注重细节的高品质空间

（1）将自然环境引入地下空间

人民广场站首次在地铁站点中设置中庭空间，在站厅中央顶部嵌入长 42m，宽 6m 的全封闭天棚，将自然光最大限度地引入，利用了人民公园地理位置这一优势，减弱地下空间的压抑感。其次，通过楼板上中央空洞及耳边楼梯开孔，周边 180 个远距离送风的球形通风口在站内不仅实现了地下空气的流通，还通过圆弧转角的处理形成了明快的装饰性。

与之类似的处理手法还出现在换乘站厅扶梯上方和香港名品街。区别于大部分扶梯的纯交通属性，人民广场充分利用了其先天的地理位置优势，利用楼板开洞的方式，增加了通透的坡屋顶

图 3.13　换乘扶梯上方引入自然光
资料来源：笔者自摄

图 3.14　迪美购物中心的节点放大空间
资料来源：笔者自摄

形成自然采光，突出了这一交通转接点。中间停留区域视觉上的金属盒体的无障碍电梯、不锈钢扶梯、两侧栏杆以及顶梁恰到好处地统一在一起（图 3.13），形成负一层站厅区域中的又一亮点。

（2）通过放大空间节点，提高空间的辨识度

旋转楼梯、柱廊、特色观赏点以及天窗成为人们在地下连通道的参照物。例如，香港名品街及其连通的迪美购物中心节点放大空间，通过圆形的采光装饰吊顶和地面的相似铺装相互呼应（图 3.14），从名品街衔接到购物中心的区域设置了弧形的顶棚指示牌，便于不同方位的人流快速寻找方向，甚至在一些转角段专门设置圆形景观鱼缸（图 3.15），沟通了地面和地下的视觉联系，舒缓了地下空间沉闷的氛围。不过，旋转楼梯也通过柱子的包装、周边花卉的布置，以及顶光的设置，让人眼前一亮（图 3.16）。相比较而言，尽管香港名品街也有类似的处理手法，但由于在广告张贴点的设置方面，各家店铺未经过统一管控，风格各异，整体空间视觉感官上稍显杂乱。

（3）以多层次的景观设计提高步行体验

人民大道（图 3.17）是人民广场与公园之间的"分界线"，初辟于 1950 年 6 月，根据举行集会、游行等活动的需要而后于 1973 年改建，成为上海市中心东西向主要干道之一。它见证

图 3.15　圆形景观鱼缸
资料来源：笔者自摄

图 3.16　旋转楼梯
资料来源：笔者自摄

图 3.17　从人民大道看上海大剧院
资料来源：笔者自摄

了上海众多政治与社会活动，草坪花卉和郁郁葱葱的行道树围绕两侧，周围标志性建筑林立而掩映在园林氛围中，道路中间设置临时停车点；道路内侧采用石材铺装，与其他市政道路的沥青路面差异化处理，色彩明快，大气开阔。地铁出站口衔接该区域散点分布的各个文化、政治、展演地标，从迪美购物中心上来的人群也通过人民公园东南侧草坪进入人民大道，这条街道步行空间和非机动车空间划分明确，共享单车停靠点统一整齐，特色行道树在不同季节变换颜色（图 3.18），街道景观的过渡使得这里的林阴氛围从人民公园中获得延续。

（4）通过材料选择提升空间感知

在材料的选择上，最值得一提的是连通南京东路和下沉广场连接通道处的顶棚镜面反射。这一通道尽管长度不到 50m，却是减少过街阻碍、连通新世界城的重要节点。它的处理方式很讨巧，由于受到市政道路下方建设高度的限制，尽管层高只有不到 2.5m，却通过镜面的顶棚材料极大地增强趣味，同时拉大了空间视觉的高度，曲线材质的变化让笔直的通道增添了不少动感，变换的彩色投屏也通过顶棚反射照亮了整个地下通道，和周边历史街道的厚重形成了颇具轻松意味的现代感对比效果（图 3.19）。迪美购物中心也采用木制顶棚和大理石地面结合的材质，在整体色相上和谐统一。

（5）以文化设施和活动提升空间品质

人民广场站内十分注重景观雕塑、文化长廊、展示橱窗的设置，并常在周末举办文化活动的音乐角，将文化艺术和交通空间紧密结合。地铁站用品牌效应来最大程度地提升地铁公共文化的吸引力，站内灯箱、地铁文化列车等都已成为常态化的公益性文化艺术展示平台（图 3.20）。在站外，与南京东路垂直连接的六合路也借用第一百货商业人气设置手工艺市集，

图 3.18 人民大道人行道与银杏
资料来源：心天翁摄影

图 3.19 连通道的天花镜面反射
资料来源：笔者自摄

图 3.20 文化长廊：利用展示空间形成的引导性
资料来源：笔者自摄

并结合重要的节日打造特色主题，和上面的商业连廊形成层次丰富的街道体验空间。这类丰富的细节多维度、广深度地衔接内外，打通上下，创造了高品质的内外站域环境。

（6）现存问题

但是与此同时，也存在如下问题：

街道的步行空间被挤压和占用情况明显。与站点相连通的诸多生活型街道，尽管界面丰富，但是可容纳步行通过的空间却较窄，相向人流有时甚至需要错位而行，非机动车和共享单车占用人行道后，使用空间就更显局促，也鲜有可以停留驻足的街角空间，也因此地铁的出入口多选择设置在次干道上。特别是汉口路的街道空间设计，市政设施相较于人民大道和南京路也比较单一和老旧，街道高密度、窄宽度造成了一定的空间挤压感。又例如，相较于西藏中路宽阔的建筑前区，九江路的步行空间被行道树占据了不少空间，使得真实步行空间不足 2m，相对较窄（图 3.21）。

停车不足，路面空间被停车过多占用。位于人民广场与公园之间的人民大道两侧，目前有大量的空间用于街边停车，对于打造拥有多种公共功能的人民广场片区具有隔离和阻断的作用，且造成大量的空间浪费（图 3.22）。又例如九江路道路两侧，双向共四车道的道路两侧均布局了路面停车，严重压缩了本就拥挤的城市道路。

3.1.5 小结

人民广场站的位置特征可以总结为"一园之底，两轴垂接，三线换乘"的黄金中心。利用"两厅多支"的整体处理方式，实现了高密度人流的疏散、公共资源的有效衔接，以及周边商业体的地下过渡，形成休闲、教育、零售、交流和交通集散混合的多元化场所。换乘空间则将文化艺术和交通空间紧密结合，地下商业空间的衔接点多，站域延伸范围广，充分利用了人民公园周边的公共空间形成下沉节点，与其他地块的衔接性良好。在地面景观辐射影响下，街道林荫效果佳，且呈现出高非居住功能的混合特性。从处理手法来说，它是相对克制而集约的，同时避免了高度

图 3.21　人民公园与九江路
资料来源：笔者自摄

图 3.22　道路中央设置机动车停靠点
资料来源：笔者自摄

集中布局方式对延伸地块数量和广域步行系统的限制,创造了更多利于风貌观赏或富有商业价值的空间。

而与此同时,人民广场站点周边区域也存在诸多问题,有待于未来的持续更新进一步完善,主要可以归纳为:站域特别是位于地下空间的功能业态亟须进一步提升,日常生活的配套质量未能与人民广场极高的城市功能定位相匹配;轨道交通站点延伸的诸多步行街道,步行空间被压缩严重;站点周边的交通廊道,被大量的街边停车所占据,形成了不可避免的空间分割感。

3.2 陆家嘴站

陆家嘴是黄浦江东畔重要的商业、办公及旅游集中区域,是中国最重要、最具影响力的金融中心之一,集合了众多跨国金融机构,以及东方明珠、环球金融中心等具有代表性的旅游景点。陆家嘴地铁站工作日以通勤客流为主,商务办公人群约占陆家嘴核心区人群的73%,早晚高峰瞬时客流量较大;节假日以游客为主,陆家嘴混合丰富的商业、餐饮等目的地,以及诸多上海地标性的景观和建筑,吸引大量的游客人群。由于陆家嘴站是唯一运营的直接服务陆家嘴地区的地铁站点,因此客流需求巨大,2021年9月陆家嘴站进出站日均客流为12.9万人次,于上海所有地铁站中位居第8。截至调研为止(2021年6月),已开通1条地铁线,即轨道交通2号线;在建1条地铁线,即轨道交通14号线。

轨道交通2号线西起青浦区徐泾东站,东至浦东新区浦东国际机场站,是上海最早开通运营的第二条地铁线路。作为上海最为重要的东西轨道交通线路之一,串联了青浦、闵行、长宁、静安、黄浦及浦东新区,横跨黄浦江,沟通了上海两大重要对外节点——虹桥枢纽和浦东机场。设站30个,其中高架站点2个、地面站点1个,其余均为地下站点。2号线线位图详见图3.23。

轨道交通14号线西起嘉定区封浜站,东至浦东新区桂桥路站,预计2021年底开通运营。线路自西向东,串联嘉定、普陀、静安、黄浦和浦东新区,进一步加强黄浦江东西两岸的联系,分担地铁2号线的客流压力,辐射江桥新镇、真如城市副中心、静安及黄浦商业区、陆家嘴CBD、金桥出口加工区,支撑沿线区域的建设及发展。设站31个,全部为地下站点。14号线线位图详见图3.24。

图 3.23 地铁 2 号线线位图
资料来源:笔者自绘

图 3.24 地铁 14 号线线位图
资料来源:笔者自绘

3.2.1 通行功能的站内步行空间

陆家嘴站地铁 2 号线站厅基本位于世纪大道北侧，共设置 6 个出入口，其中 6 号口位于世纪大道南侧，通过地下通道与站厅相连，其余 5 个出入口均位于世纪大道北侧。站台层位于地下二层，为岛式站台；站厅层位于地下一层，供乘客停留及进出。规划地铁 14 号线陆家嘴站位于银城中路西侧、花园石桥路北侧，为地下岛式站台。轨道交通 2 号线、14 号线陆家嘴站通过换乘通道进行衔接，为乘客换乘提供地下通行空间（图 3.25、图 3.26）。

陆家嘴站的站台及站厅各空间功能划分明确，配置了适宜的地铁指引标识，使步行流线清晰。出站乘客由站台层乘坐扶梯、电梯或通过楼梯，上至站厅层，经过出站闸机分散至不同出口。乘客经由地面或通过与 6 号口通道相连的国金商场的地下层，安检后经过闸机进站，下至站台层等待地铁。6 号口通道由于人流量较大，且空间相对充足，于长通道处设置了人行导流栏（图 3.27、图 3.28），用于高峰期人流过大时，引导乘客有序排队、安检、进站。与此同时，站点内部设有

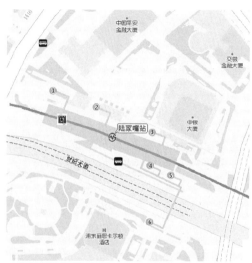

图 3.25 现状陆家嘴站出入口平面图
资料来源：上海地铁

图 3.26 规划陆家嘴站出入口平面示意图
资料来源：笔者自绘

图 3.27 6 号口通道的人行导流设施
资料来源：笔者自摄

图 3.28 导流设施及指引标识
资料来源：笔者自摄

较为完善和明显的标识系统，便于指引人群快速疏散。

站厅内步行空间非常宽敞，但地铁站厅内功能相对单一，即服务地铁站的进出、安检和通行，内部无小型商业、文化设施及其他小型服务设施。考虑到站厅本身空间不大，无法为除通行外的其他功能提供空间；且陆家嘴站客流量较大，对本站而言最重要的是快速、安全地疏散客流，商业、文化类设施本身会吸引人流驻足，影响进出站的正常通行，造成拥挤或安全隐患，因此陆家嘴站内未设置商业等附加功能是合理的。

3.2.2 立体复合的站外步行体系

（1）陆家嘴核心区的建设与发展

陆家嘴的建设追溯于 1990 年上海开始发展浦东新区，彼时住宅、企业完成搬迁后，中央商务区的建设缓缓展开，参考多个国际城市的规划建设后，上海邀请了多国设计师对陆家嘴进行规划设计。20 世纪 90 年代初期，上海市城市规划设计研究院、陆家嘴金融贸易开发公司、华东建筑设计研究总院和同济大学经过两周的协作，提出了三个陆家嘴的未来规划，为陆家嘴的发展谱写了蓝图。随着经济的不断发展，包含陆家嘴在内的浦东发展计划在不断更新，陆家嘴核心区的规划业态也经过了工业——绿地——商业的逐渐转变，根据 2018 年上海浦东新区总体规划，陆家嘴板块作为城市主中心，将承担"以商务办公为核心，重点集聚金融贸易和航运服务等全球城市功能，积极推进城市更新，进一步优化和完善商业服务、文化娱乐、旅游观光、品质居住等配套功能，打造世界级的中央活动区。"

（2）二层连廊系统及地下空间系统的构建

通过几轮城市更新，陆家嘴地区打造了较为系统的二层连廊系统（图 3.29）。在城市更新建设过程中，为了提高车速，将摩天大楼打造为城市名片，导致世纪大道等新建道路过宽，与旧有路网未能有效融合衔接，造成步行路径不连续、步行舒适感较差等问题。面对陆家嘴建设发展带来的诸多步行问题，政府开始进行针对性修复措施。2007 年开始建设涵盖明珠环（图 3.30）、东方浮庭（图 3.31）、世纪天桥（图 3.32）、世纪连廊（图 3.33）4 个部分的二层连廊系统，全长约 1300m。通过二层连廊，可以从正大广场、东方明珠，途经国金中心等直接通达陆家嘴中心绿地，有效地提高了连续步行的比例。

在完善二层空中连廊的同时，地下步行系统也在同步提升和优化（图 3.34）。同年，上海中心进行国际设计方案征集时，由于二层连廊系统仅连接到邻近世纪大道的金茂大厦和上海环球金融中心，与上海中心缺乏直接联系，因此在上海中心设计之初就将弥补地下通行空间缺失作为重要的设计目标之一。陆家嘴地下空间的开发于 2010 年开始启动，与地上系统及地铁空间结合的地下步行系统开始形成。2016 年，位于银城中路、世纪大道、花园石桥路及金茂大厦间绿地内的地下步行系统建成，占地 4000 多 m²。地下空间系统由地下 2 层的交通疏散大厅、2 个下沉式广场、2 个地面出入口及 4 条通道构成。交通疏散大厅位于银城中路东侧、金茂大厦西侧的公共绿地下，大厅分为上下两层，上层可便捷进入金茂大厦，下层可经地下通道前往上海中心、国

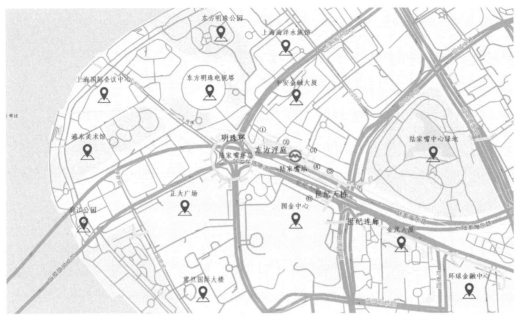

图 3.29　陆家嘴二层连廊系统
资料来源：笔者改绘

图 3.30　陆家嘴环岛及明珠环
资料来源：笔者自摄

图 3.31　东方浮庭
资料来源：笔者自摄

图 3.32　世纪天桥
资料来源：笔者自摄

图 3.33　世纪连廊
资料来源：笔者自摄

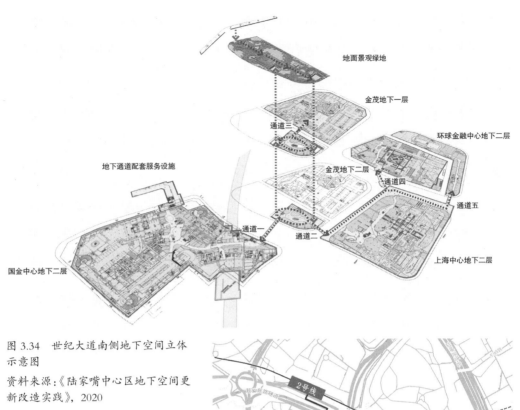

图 3.34 世纪大道南侧地下空间立体
示意图
资料来源:《陆家嘴中心区地下空间更
新改造实践》, 2020

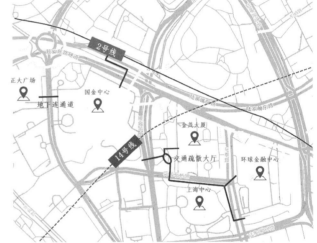

图 3.35 陆家嘴地下通道平面示意图
资料来源:笔者自绘

金中心以及环球金融中心(图 3.35)。地下通道体系设置两处下沉广场,并对应设置 2 处地面出入口。自此金茂大厦、国金中心、上海中心、环球金融中心实现了地下空间的互联互通。4 个大体量建筑不仅通过国金中心的地下通道实现了与已建地铁 2 号线的联系,还为在建 14 号线的陆家嘴地铁站预留了连接通道。

作为后续工程,国金中心与正大广场的地下通道也已实现贯通,通道长约 40m,串联了国金中心的下沉广场(明珠广场)与正大广场的地下二层商场。由此,正大广场也纳入陆家嘴地下空间系统,行人可由地铁 6 号口经国金中心,于地下到达正大广场。

(3)步行体系构建与城市发展的互动

2000 年,上海地铁 2 号线开通运营,陆家嘴地铁站投入使用。通车初期,陆家嘴建设尚未完备，地铁站的日均进出客流仅几千人次。人们习惯于轮渡、公交的过江方式，地铁的乘坐人数较少，陆家嘴站的空间相对充足，但随着地铁及陆家嘴片区的不断发展，地铁站客流量日益增多，如今地铁站内空间及设施在高峰期已无法提供高水平的步行服务，人群相对拥挤。

为应对高人流，步行系统进行"被动式"的更新。相比于现代街道设计时设计师对步行空间的主动、充分考虑，陆家嘴地铁站及其周边步行空间体系的建设，更多是为解决随着陆家嘴更新和发展而不断涌现的步行问题，是相对"被动"的步行体系优化。因此，在打造地面及地下步行的互联互通空间时，受到诸多已建建筑及设施的限制。在此条件下，打造二层连廊体系是相对经济、便捷的步行空间优化方式，地面局部节点的步行环境优化和品质提升也与陆家嘴发展定位相匹配。但由于恶劣天气下，二层连廊无遮蔽作用，构建局部地下连通道成为完善步行体系的重要一环。地下步行通道串联主要建筑的同时，可连通二层连廊未覆盖的区域，扩展步行体系的辐射范围。

虽然陆家嘴站点及周边步行空间的建设发展，是为了解决城市更新带来的各类步行问题，其结果同样影响着陆家嘴片区的发展。预留步行通道影响着相应的建筑设计方案（图3.36-图3.38），而随着被道路切割的各地块间的互联互通，步行范围相应扩大，原本步行不便抵达的区域具备了通行条件，人流被导入，建筑及地块的商业价值获得相应提升，进而带动邻近区域的发展。以点带面，强化商业、办公及文化中心的吸引力，同时促进核心区外围地块的建设与发展。

（4）步行体系的评估

就地块连通性而言，陆家嘴站6个出入口中有2个与邻近地块及其物业直接相连：6号口与国金中心相通（图3.39）、3号口与中银大厦相通。乘客可由出站通道进入国金地下二层或中银

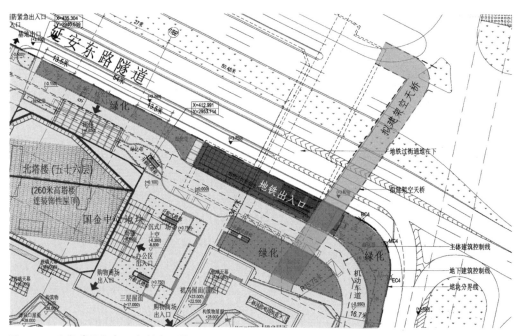

图3.36　陆家嘴国金中心东侧施工图
资料来源：上海市陆家嘴金融贸易区X2地块项目

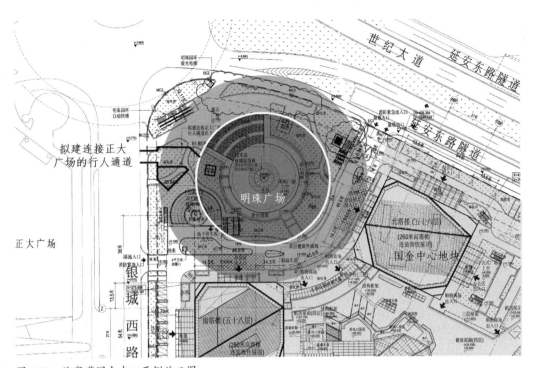

图 3.37　陆家嘴国金中心西侧施工图
资料来源：上海市陆家嘴金融贸易区 X2 地块项目

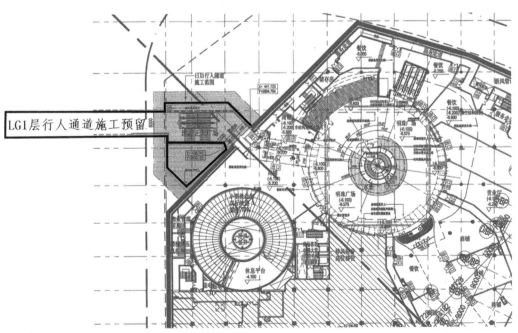

图 3.38　陆家嘴国金中心西侧 LG1 层施工图
资料来源：上海市陆家嘴金融贸易区 X2 地块项目

大厦首层，也可乘坐电梯上至地面。由于国金中心与正大广场、金茂大厦、上海中心和环球金融中心可由地下通道相连，地铁站点与这些地块可实现间接连通。

其他 4 个出入口均位于线路北侧，未在地下与地块直接相连通。其中 1 号口出站口为结合交叉口一角设置的地面广场，空间宽阔（图 3.40）；2 号口与北侧建筑组合建造，但由于北侧建筑以小型餐饮、商业为主，功能相对单一，人流吸引力不强，出入口使用需求相对较弱（图 3.41）；4 号口、5 号口距离较近，与地面公交枢纽站紧密衔接（图 3.42）。

南侧地块由地铁 6 号口出站后，可直接进入国金中心，或可通过世纪连廊、地下通道前往金茂大厦、环球金融中心、正大广场；也可沿银城中路地面人行道南向行走，于交叉口过街前往上海中心，或经金茂大厦交通疏散大厅由地下通道前往上海中心。世纪大道南北两侧地块可通过过街天桥实现连通，也可经二层连廊前往陆家嘴中心绿地。北侧设有平行于世纪大道的二层连廊（东方浮庭），与陆家嘴环岛上的二层步行环廊（明珠环）衔接。明珠环作为陆家嘴步行连廊系统的核心，实现了环岛邻近地块的互联互通，是陆家嘴地区人流集散的重要节点。对于与连廊系统相连通的地块而言，行人具有连续的步行体验；对于相对二层环廊较远的北侧办公区域、西侧滨江区域、南侧住宅区域而言，离开地铁站上至二层连廊系统后，还需要依据目的地方向的不同，下至对应街角，沿步行道前往稍远地块，步行过程中需在交叉口长时间等待信号灯过街，步行连续性受到影响。

图 3.39　与国金中心地下相通的 6 号口通道
资料来源：笔者自摄

图 3.40　1 号出入口与地面开敞空间
资料来源：笔者自摄

图 3.41　与 2 号组合建造的北侧建筑
资料来源：笔者自摄

图 3.42　4 号及 5 号出入口
资料来源：笔者自摄

　　未来 14 号线投入运营后，将强化对南侧远端住宅、商业及办公地块的辐射，同时 14 号线与 2 号线站厅经由地下通道进行连接，拓展了原有陆家嘴站及已建地下空间的无风雨步行范围，进一步提升了步行连续性。

　　出入口周边考虑换乘空间的布置，特别是与公共交通的换乘空间设计。4 号、5 号出入口附近设有公交枢纽站（图 3.43），因此地面采用单边人行道（图 3.44），4、5 号口处设置过街人行斑马线，衔接对侧人行道，保证了良好的步行连续性。但对于初次到达的人流，可能不曾注意斑马线和单边人行道的设置，而选择东西向穿过首末站，在公交车道上行走，步行连续性被打断，且存在一定的安全隐患。若增加对应的指示标牌，有利于清晰地引导行人的步行路径，保障步行安全及连续性。

　　同时值得一提的是，站点及周边区域对老人、儿童、行动不便人群步行连续性的考虑十分周全。由地下的地铁站厅层至地面、由地面至二层连廊、二层连廊衔接建筑处，均设置了无障碍电梯或自动扶梯，保证了各类人群的步行连续（图 3.45- 图 3.47）。

图 3.43　公交枢纽站
资料来源：笔者自摄

图 3.44　地铁出口处的单边人行道及过街斑马线
资料来源：笔者自摄

图 3.45　地面通向二层环廊的扶梯
资料来源：笔者自摄

图 3.46　地铁站无障碍电梯
资料来源：笔者自摄

图 3.47　二层环廊与建筑间的扶梯
资料来源：笔者自摄

就步行体验感而言，由于步行系统扩展的范围较广，部分区域缺少明晰的指引标识，迷茫也许是初次到达的人的最直接反应。虽然二层环廊十分便捷地连接了陆家嘴环岛周边的建筑，但初次到来的人很难分辨环廊的各个地面接口具体通向哪里。尤其对于环廊上以地铁站为目的地的人群，由于缺乏明确的指引标识，很难找到位于地面的地铁出入口。同时，由于地面道路的人行道与机动车道间均有护栏分隔，常常出现"看得见、到不了"的步行感觉。但不可否认的是，对于游客而言，陆家嘴的二层环廊打造了一个视野绝佳的观景空间，无论是欣赏川流不息的街道，还是驻足与周边高大的地标建筑合影，都十分便利。而对于经常前往陆家嘴的人流而言，天气晴朗的步行体验感是十分良好的，人们通过二层环廊去往不同方向，独立于车流之外，穿梭于不同功能的建筑中。

地下步行通道由于为室内空间，可以免受恶劣天气的影响。但同样由于建设时序等原因，除正大广场外的其他建筑内部（如国金中心）缺乏地下通道的指示标识，除了在此工作或十分熟悉通道的人群，一般较难找到地下连通道的位置，一定程度上影响了步行体验感（图 3.48、图 3.49）。

3.2.3　高度聚集的金融功能业态

陆家嘴核心区经过工业—绿地—商业功能的逐步转变后，形成了今日以商业、商务办公为主的业态特征。这些功能集聚在具有上海特色的地标性建筑内，共同成为上海金融中心的代表与象征。与高度集聚的商务办公功能相比，餐饮、服装等商业功能穿插其中，集聚程度略低。而教育、住宅等其他功能更为分散，且比例不高。因此片区功能业态呈现相对单一且部分集聚的特点。

站点周边步行系统的构建，穿插有商业、游览动线，但对于功能的优化和提升并没有起到明

图 3.48　正大广场通往国金中心的地下通道
资料来源：笔者自摄

图 3.49　国金中心与交通疏散大厅间地下通道
资料来源：笔者自摄

显的带动作用。各流线的时空分布差异明显，相互交织造成的影响较小。步行路径有机串联了地铁站点与办公场所、商业设施、旅游景点等功能业态，同时也覆盖了办公场所、旅游景点与商业设施之间的步行需求。但与此同时，也因站点周边商办功能的集聚，步行环境和界面相对单一。整个片区，并未由于步行系统的逐步连通和优化，而带动更多的业态和功能提升：路面步行系统延伸之处多为功能单一且严肃的立面；地下空间的廊道延伸之处，仍有大量的空置空间而并未辅以其他配套和服务功能。

3.2.4　简约舒适的步行环境品质

（1）站内步行环境

陆家嘴站内步行空间尺度适宜，行走感觉良好。除高峰期地铁站台及站厅空间存在拥挤，地面步行道、地下步行通道及二层连廊系统，均为行人提供了充足的步行空间。

站内空间包含了一定的设计元素，具备指向性的同时也提高了站内的行走体验。站厅空间以地铁2号线的绿色为整体色调基础，柱子、墙面上贴有同色系的地铁指引标识及广告（图3.50、图3.51）。但由于站台层层高较低，顶部设计、指引灯牌等装饰亮度不足，在站台层穿梭时，可以感受到地铁站点建造的久远。早晚高峰及节假日大客流期间，由于人流量较大，站台通风不足，尤其在夏天容易感觉到闷热；非高峰期的站台步行体验相对良好。而站厅层及出站通道的顶部界面，装有设计感的灯饰，增加了整体的空间趣味和艺术感，给原本单调乏味的步行通道空间增添了不一样的色彩（图3.52）。

（2）站外步行环境

在地面人行空间配置了高低、样式不同的绿植，街面铺装平整，铺装风格与周围建筑及环境协调，营造了怡人的步行景观环境。街面配置了服务驿站（图3.53）、自助查询设备等便民服务设施，与绿植布置结合，保证街道整体风格的协调。国金中心处的下沉广场（图3.54），不仅可作为人群休憩、交往的驻足点，也可作为陆家嘴地区的景观节点，提升整个片区的步行环境品质。

但与此同时，由于陆家嘴周边的功能单一，多以商务办公为主，而首层界面多以封闭的实体墙

图3.50　站台层布置
资料来源：笔者自摄

图3.51　站厅层柱面及墙面装饰
资料来源：笔者自摄

图3.52　站厅层顶部灯饰

资料来源：笔者自摄

或玻璃幕墙界定，缺乏与建筑内部的互动和交流；且由于底商布局较少，大多步行街道的界面多以通勤人流为主，很难有更加丰富的活动开展。同时，陆家嘴区域的街道尺度格外巨大，为配合陆家嘴大尺度高能级的特点，街边步行街道的设计也多以简洁大气为主，多以宽敞的街道和行道树界定为主，而小尺度丰富多样的街道家具及服务设施较为缺乏，使得行人不容易停留并开展活动。

出付费区后，地下步行道连通周边多个物业，通道空间进行界面和顶面的设计，但整体视觉感受和行走体验较为单一。特别是上海中心至环球金融中心的地下通道，通过对顶面空间的造型及灯光设计，以及界面空间广告墙的设计，为行走空间增添不同的亮点。但是除部分片段增添了灯箱之外，地下空间的行走体验还是相对单一，缺少与地面空间的互动，风光水绿并没有与路面空间产生联动；且由于步行串联的功能单一，空间界面变化较少，基本以广告墙为主（图 3.55、图 3.56）。

地下通道具有适宜的照明和良好的通风条件，同时结合下沉广场（图 3.57），引入自然光照与空气，营造了良好的步行环境。通道样式具有一定设计感，且建筑立面与地块建筑风格相统一，地面接口空间宽敞，交通疏散大厅地面接口与绿地公园结合设计（图 3.58），保障了较高的步行环境品质。但与此同时，空旷的空间虽保证了建筑材料和细节的精细，但是空间略显单调，因而更显得尺度的巨大和不友好。例如，下沉广场虽引入地上环境，但下沉广场自身因缺乏高差设计、

图 3.53　街面空间及服务驿站
资料来源：笔者自摄

图 3.54　国金中心下沉广场（明珠广场）
资料来源：笔者自摄

图 3.55　至上海中心的地下通道
资料来源：笔者自摄

图 3.56　上海中心至环球金融中心的地下通道
资料来源：笔者自摄

图 3.57　下沉广场
资料来源：笔者自摄

图 3.58　交通疏散大厅与地面公园接口
资料来源：笔者自摄

自然植被引入、座椅休憩设施、公共服务设施等，使得下沉广场空间也仅为过境空间，未能将行人留住展开活动，因而地下廊道连通的空间显得缺乏活力。

3.2.5　小结

陆家嘴地铁站及周边步行空间体系主要有两大特点。一方面，陆家嘴地面空间由于人流与车流的物理分离，过街不便。为此打造了以二层连廊体系为主、地下连通道为辅的立体步行体系。二层连廊体系以陆家嘴环岛上的明珠环为核心，通过东方浮庭、世纪天桥、世纪连廊向四周辐射，以满足大量的通勤、商业及游览需求。地下连通系统以金茂大厦西侧绿地下交通疏散大厅为核心，串联了国金中心、正大广场、上海中心、金茂大厦、环球金融中心 5 个大体量建筑，提升了南侧地块的互联互通性。相对于明珠环及地铁站周边商业、商办建筑的良好、便捷的步行连通性，北侧办公地块、西侧滨江区域、南侧住宅地块的步行连续性相对较弱。大部分步行环境品质与体验良好，但仍存在指引标识不清晰等影响步行体验感的问题。另一方面，陆家嘴站已形成一个集地铁、公交枢纽站、机动车停车场的小型交通中心，地铁出入口直接与公交枢纽站衔接，相邻的地面空间设置有机动车停车场，各交通方式间可换乘便捷。

从空间品质来说，陆家嘴站及周边区域的步行空间品质较高，但由于区域功能较为单一且尺度巨大，因而步行体验单调且活动开展较少。从步行空间自身来分析，步行连续性相对良好，是随着陆家嘴片区更新建设而不断优化、发展的步行体系，其完善与拓展也相应强化和带动着陆家嘴区域的进一步发展。其特色的二层连廊体系、充足的步行空间、与其他交通方式的便捷换乘、无障碍设施的全方位设置、站外步行环境与周围建筑风格的融合协调等，都对未来地铁站点周边的城市更新提供了借鉴意义。但与此同时，由于陆家嘴区域用地尺度较大，功能较为单一，步行系统连通的空间界面也因此较为沉闷，多为实体墙面或玻璃幕墙界定步道界面，也因此室内空间和室外空间的互动较少，活动缺乏；且为配合陆家嘴高能级的定位，街道空间布局简洁大气，但同时却缺乏较人性化尺度的公共服务和休憩设施，从步行空间设施的布置层面，促进快速通行的同时也限制了在公共空间开展活动的可能。

3.3 江湾 – 五角场站

江湾 – 五角场位于上海市杨浦区，规划占地面积 3.11km²，因位于黄兴路、四平路、邯郸路、翔殷路与淞沪路 5 条发散性城市主干道的交汇处而得名。作为曾经"大上海计划"的市中心区域，五角场区域的城市路网在 20 世纪 30 年代已经实现初步建设（图 3.59）。然而，伴随着"大上海计划"的终止，江湾五角场区域作为市中心的建设也逐步停止以至废弃。

直至新世纪的到来，在《上海市城市总体规划》（1999-2020）中，五角场才以城市副中心的功能重新获得了定位，也由于长达半个世纪的建设停滞，新世纪对于五角场的规划更新可以实现整体的区域开发建设。江湾 – 五角场的地区规划中范围借由区域内部的城市主干道，串联了由南至北的直径长达 1000m 的三大区域——南部的环岛商业商务区，中部的知识创新区以及北部的知识商务中心（图 3.60）。

在整体规划设计的框架下，贯通三大区域的地下空间与交通专项是整体五角场规划体系中最大的亮点。其中，地区规划中的"三区域三轴"空间组织模式是其地下空间研究设计的基础，地

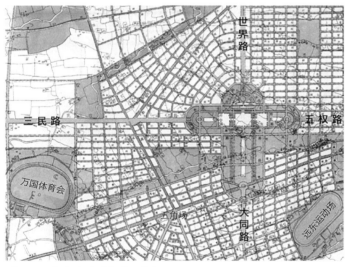

图 3.59　大上海计划中的五角场
资料来源：《大上海都市计划》

图 3.60　五角场规划
资料来源：《江湾五角场市级副中心控制性详细规划》

铁轨道交通 10 号线穿越过江湾－五角场区域，并在整体空间中设置了五角场站（四平路），江湾体育场站（淞沪路），三门路站（淞沪路）三个站点，以三个区域内的公共空间作为节点，地上地下步行流线的结合，将区域内的活动以步行可达的形式进行了串联，实现了步行范围的进一步延伸。

图 3.61　五角场站台环境
资料来源：笔者自摄

3.3.1　贯通的站内步行流线

五角场站内空间组织方式为简单的岛式布局，总长 188m，站台层至通过两端楼梯和扶梯，中部的无障碍电梯（图 3.61），与站厅层相连。

五角场站出闸机后的非付费区以通道形式连接了 4 个出入口：仅有楼梯的 2 号口，无障碍电梯＋楼梯组合的 3 号口，上地面扶梯＋楼梯组合的 4 号口，以及以放大的节点与便利店商业模式进行人流组织的 5 号口（图 3.62–图 3.65）。反观各出入口的方位可以发现，4、5 号口位于四平路的西侧，而其余出入口位于四平路东侧，因而行人可通过非付费区达到四平路横向过街的目的。

江湾体育场站也应用了同样的空间组织，在太平洋森活天地开通之前，仅以站厅一端连接百联又一城，内部以简单的岛式空间组织，站内流线清晰明确，便于快速选择路径。

五角场站和江湾体育场站虽然站体本身空间不大，但是简单明确的站内空间布局，有利于快速疏解人群。

图 3.62–图 3.65　五角场站四个出入口引导性对比
资料来源：笔者自摄

3.3.2　持续延伸的步行体系

（1）地标性下沉式广场

五角场站的站点出入口与五角场下沉式广场直接相连，有利于人流的快速疏解。作为杨浦区五角场地区的标志性景观，100m×80m、面积达 6300m² 的椭圆形下沉式广场，通过 5 条地下通道、9 个地面出入口与周边道路和商业设施相连。广场空间的布局自外而内为环廊、环形水池、环形广场等功能分区。而在环廊约 8m 的空间中，更是布局了兼具文化休闲和通行的功能。下沉广场的各出入口部分直接与周边各物业相连；而也有部分出入口可通过扶梯，直达路面，且距离站点步行可达范围内配置沿街公交站点与出租车上下客区域，保证了不同交通方式之间的接驳连续性。

（2）地下空间开发带来的贯通契机

在 2016 年以前，江湾－五角场的步行商业体验范围在两站（五角场站，江湾体育场站）一区间（五角场商圈）内得到了广度上的拓展，而同属于三区域三轴的中部区域创智天地的公共活动节点与声名在外的大学路商业街则因为存在虬江的水域影响，即使步行距离仅有 500m，也难以和五角场商圈形成商业人群的回流动线。这一困境在地下商业"太平洋森活广场"和"大学路下壹站"的建成后得到了解决，将五角场站点和江湾体育场站点通过地下商业街的形式联通起来并持续向北延伸，真正实现了三区域三轴的区域联动，使站点出发的步行活动范围进一步向北拓展，步行可达距离延伸至 2km（图 3.66）。

在江湾－五角场的整体步行范围中，以五角场商圈，创智中心，以及更远的复旦大学，上海财经大学甚至位于三门路附近的国正中心（哔哩哔哩网站总部），数个各具特色与吸引力的目的地将步行系统由南向北延伸；步行通道串联着五角场下沉式广场，百联又一城地下一层商业街，太平洋森活天地商业街，大学路等线状步行路径体系；而各段落的步行系统结合自身物业的功能和特色，也赋予了不同的空间构成和表达，使江湾－五角场区域的整体步行环境在不断延伸的同时又可以享受到不同类型的服务（图 3.67）。

（3）小街密路网的人性化街区延伸

从江湾体育场步行 200m，从五角场城市副中心步行 600m，可直达创智天地组团，通过打造小街密路网，开放式的街区，进一步延伸连续步行通道。通过贯通的步行系统，在开放社区理念的引导下，重视人性化尺度的城市设计策略，尊重人的步行体验，通过宜人的步行系统将大学校区、科技园区、城市社区、活力商圈有机地串联起来。参照《上海市中心城步行交通规划研究》中规定，行人过街等候时间不大于 45s，道路宽度约小于 18m 时，即认为步行连续性未被打断。因此，创智坊片区附近呈现出较高的步行连续度，进一步延伸了连续步行的覆盖。

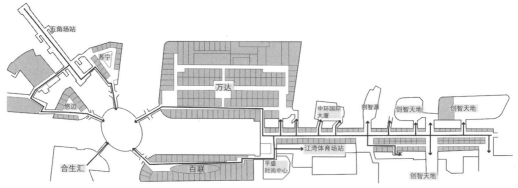

图 3.66　五角场地下空间串联平面图
资料来源：笔者自绘

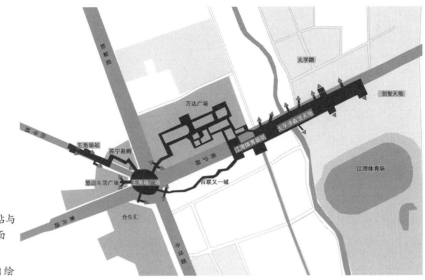

图 3.67　五角场站与
江湾体育场站平面
图及出入口布置
资料来源：笔者自绘

3.3.3　顺应需求的功能迭代

五角场站点从 2004 年开始建造，直到 2016 年合生汇建造完成，在长时间的跨度下，在业态与整体环境中对市场需求不断进行研究和测算，对持续建设的方案不断进行更新调整。依据服务对象的不断变化升级，策略性地对现有商业服务进行优化调整，从而锚固其城市副中心的吸引性。

结合周边物业，多元化地下步行通道的功能。通过苏宁易购的 B1 商业空间的交通通道，在权属上属于地下公共空间的一部分，苏宁易购在更新改造中没有改变通道自身的空间形式，而是将自身物业向通道空间开放（图 3.68），使得通过地下通道的行人可以选择停留进行购物。同时，苏宁易购地下一层业态类型从过去的快餐类，低端小商品零售类，更新成为现在的家乐福超市，内部空间以小型独立商铺更新成现阶段更为统一集中的商业空间划分，商业购物环境得到很好提升的同时，所提供的各种商业类型也基本符合人群的日常需求。

五角场站点周边的功能布局呈现出较为明显的圈层布局结构。以五角场广场五个角为核心，集中布置的高密度商业配套设施，均以大型商业综合体为主，构建了五角场步行流线中第一圈层的功能体验。五个方位彼此独立，组成了五角场副中心的多元化功能：百联又一城以服饰零售业态为主，业态类型相对高端；万达广场由于体量较大，涵盖了餐饮、娱乐、零售、大型超市、数码零售等多类型业态；苏宁易购以数码家电产品零售为主；悠迈生活广场则以生活配套零售为主；最新的综合类型商场合生汇则提供了更为丰富的体验式业态。同时，各角点也相应布置了高层办公空间，为第一圈层内提供了产业功能聚集的空间基础。

向外辐射的第二圈层在四平路东侧以高层办公楼和待更新的低层办公园区为主，为教育培训、高校双创产业的集聚提供了空间基础。四平路的西侧以大量的住宅功能开发为主，开发强度相应降低。第二圈层向北则以江湾体育场的体育产业与创智天地的高新科技产业园区的建设，集中了五角场片区的体育与高科等重要产业内容（图 3.69）。

图 3.68 苏宁易购侧边通道
资料来源：笔者自摄

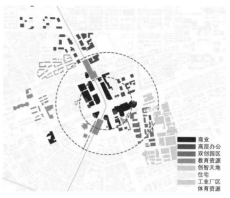

图 3.69 江湾 – 五角场站周边功能分布
资料来源：笔者自绘

连接五角场和江湾体育场以及向北侧不断延伸的太平洋森活天地，更是一条商业服务及公共活动密集的通道。五角场 – 江湾体育场周边创新业态与高校园区的集聚，特别是以高校功能输出为主的教育产业成为区域产业集中的一大类型，而高校功能需求的双创产业则在周边待进行更新的园区空间内实现集聚，多元化高活力的产业功能也成为江湾 – 五角场站点功能布局中的亮点。因此，年轻化是五角场周边主要消费人群的写照，而相应的在商业配套服务上可以看出，体验式消费模式不断增加，各主题性商业持续优化和提升，艺术街区的穿插等软更新措施在塑造五角场的同时也在展现着整片区的人群发展。例如，太平洋森活天地提供了大量的餐饮服务，是周边上班族日常所依赖的就餐地点；日常百货，与传统小商业不同，这里的日常百货更呈现出年轻化的特色；除此之外，还有健身房、游戏厅、美容美甲等服务商业。同时，地下商业街道还预留了一定的公共空间和座椅休憩空间，不定期用于主题展览、乐队表演、社区市集等多样的公共活动，丰富公共通道的功能。

五角场 – 江湾体育场周边的多元功能迭代，随着周边人群对于空间的需求而不断进行改变，在提供周边城市空间及人群使用功能的同时，也接受着周边城市对它的改造，和区域同步蜕变成

图 3.70 大学路步行街
资料来源：笔者自摄

长。以创智天地，特别是大学路为代表的"混合垂直开放街区"为例，不同于老租界的美丽街道，大学路伴随着周边创新产业、高校教育等年轻产业的崛起，大学路也逐渐变成独具魅力、充满年轻和惊喜的活力街道（图 3.70）。以 7×24 小时的"混合垂直开放街区"为特色的街区打造，沿着街道两侧，各种艺术装置、商业外摆、休闲活动，将街道的互动感和开放性淋漓尽致地体现。同时，部分路段将商业延伸向上，发展直达 7 层的小商铺，形成了空间上沿

街＋垂直的商业形态。咖啡厅、各国特色餐饮、书吧书店、宠物娱乐、密室VR等各种功能鳞次栉比，高峰时期甚至汇集了多达500家店铺，满足了从老人小孩到学生白领、创业者等多元人群的消费需求。

3.3.4　活力舒适的步行环境

（1）具有识别性的空间营造

江湾－五角场的步行空间设计与其所代表的商业环境相互契合，在保证空间的基本功能齐全外，形成一定差异化的空间设计，体现空间的特色和可识别性。如五角场"五只角"的建筑形象与其自身业态存在相关性：合生汇广场醒目的弧面的入口造型彰显着它的潮流时尚；百联又一城立面丰富的浅色材质组织，对比相对的简单立面造型的万达广场，业态的档次显而易见，以及更为封闭的悠迈生活广场与苏宁易购，体现了目的性的消费模式需求。为了提高各通道对应物业的可识别性，五角场的五个通道口以各物业的代表色区分不同的商业入口：橙黄色活力的合生汇入口，红色热情的百联入口，橙红色丰富的万达入口，粉色柔和生活化的悠迈入口以及蓝色科技感的苏宁入口，虽然对于整体广场下的大尺度空间而言，入口颜色的变化没有产生太大的空间影响，在对于身处下沉广场寻找路径和出口的行人而言，不同的颜色无疑为快速寻找出入口提供了线索（图3.71-图3.75）。

同时，五角场广场在其自身设计上也引入了许多夸张的视觉元素，树立了明确的地标和在地特色。环绕下沉广场的广告店招、显示屏等不断通过放大的字体和动画带来更多的信息互动，周边的城市雕塑提供了诸多城市吸引点，而最引人瞩目的是外形长106.8m，宽48.8m，高15.8m的超大金属椭球体，位于下沉广场的正上方。其形象源于中国传统的绘红彩蛋，借助其孵化、孕育、诞生的概念，象征杨浦知识创新区的未来充满生机和活力，为五角场副中心的打造树立地标形象，形成明显的具有可识别性的标识（图3.76）。

图 3.71-3.75　五角场五处入口的色彩布置
资料来源：笔者自摄

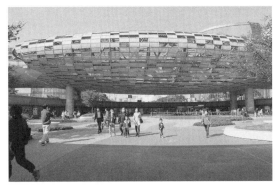

图 3.76　五角场地标
资料来源：笔者自摄

但与此同时，道路指向的标识系统有待进一步提升和优化。虽然五角场下沉广场已通过不同的色彩和标识进行道路指引；但由于岔路口众多，且文字表达并非十分准确，所以行走在其中寻找通道的路人仍时常会有迷失感。例如，标识未能明确指明，道路通向地面层或是物业内部，因而在寻找准确出入口的时候易造成迷惑。

（2）活力多元的步行界面

无论是路面公共空间的营造还是地下步行通道的营造，五角场－江湾体育场站点周边步行连通的界面大多是以丰富变换的功能空间所界定。万达广场、百联又一城、合生汇等商业综合体，在空间组织中基本都使用了内街的形式，在地面层将商业以更加开放的形式对公众开放。通过增加中岛商业，可变、临时摊位，展销空间，各类城市家具等，丰富并定义充满活力的步行空间（图 3.77）。广场空间也不同于其他尺度巨大、空旷的体育场广场空间，江湾体育场前广场空间通过增设临时装置、商业配套、餐饮服务、户外篮球场等功能，将原本功能单一、尺度巨大的广场空间升级为充满生机的活动场所（图 3.78）。与此同时，绿化种植空间分布于广场两侧，为单调的广场空间增添生机和活力。

大学路街道是活力多元的步行界面的集中体现。首先，各类店铺的外摆界面形成了连续不断又各不相同的商业界面。咖啡厅、餐饮、甜品店等纷纷将座椅摆设在建筑前区空间，用花坛、灯柱、植被等限定外摆空间；花店、工艺品店、玩具店等将自身商业的特色产品摆放至街道空间，在展示了自身特色吸引游客的同时，也丰富活跃了街道界面。其次，临街的商业空间多采用大比例的玻璃窗户等，使得建筑内部和外部的空间在视觉上沟通和互动。第三，在区域范围内设置了小型的广场和活动空间，并设置座椅等提供休憩的场所。第四，将艺术引入社区，大学路街道邀请了意大利墙画艺术家 Millo 在大学路绘制了迄今为止亚洲最高的墙绘，这幅高达 46m 的墙绘呈现出了充满童趣的场景，吸引来往的游客驻足欣赏。

图 3.77　万达广场步行环境
资料来源：笔者自摄

图 3.78　江湾体育场前广场
资料来源：笔者自摄

（3）开放包容的步行空间

五角场－江湾体育场站最后一公里区域，活用各类闲置空间，组织开展丰富多样的公共活动。江湾体育场广场与创智天地地下空间结合，以各类开放的体育活动组织了人群；江湾体育场前广场，将体育设施外摆于广场空间，鼓励各类体育活动的开展（图3.79）；创智天地社区内，通过充分利用桥下空间，打造出可以供孩子们安全活动的社区娱乐场所（图3.80）；江湾体育场9号口附近，在空置的广场空间，以不定期的流动市集，活用建筑之间的场地，形成了面向大学路主体商业街的开放广场（图3.81）；创智农园更是利用了几个社区之间的废弃空间，打造了社区农园，成为周边居民活动的集中场所。

同时，由于周边分布的居住区居多，诸多公共空间的打造考虑将全天候的活动包括进来。例如诸多开放的公共空间在白天时放置了临时的游乐设施，可供儿童游戏；而在夜间则被周边的老年人占据用来跳广场舞。而在节庆时间，则用来举办各种庆祝的活动，充分体现了空间的包容性。

五角场的下沉广场，在持续的更新优化中，不断优化其空间布局和公共服务设施，使其成为丰富多元且人性化的城市副中心。更新前的五角场下沉广场景观以鸟瞰的效果为主，主要依据俯视的效果进行平面设计，因此主要以平面的草地铺设环境纹理为主，内部缺少城市家具等促进停留活动的设施。在经过更新后，五角场下沉广场中增设了景观设施以及诸多城市家具，以人性化的设施平衡巨大的空间尺度的同时，为行人提供可以驻足休憩的空间（图3.82）；同时，增设了舞台和活动小屋，以增加多样化活动的可能性；最主要的是公共服务设施，展销柜台（图3.83），献血点，疫苗注射点，可回收垃圾回收柜（图3.84），零售商业等，广场在通过性功能上复合了多重身份；而非五个出入口的环

图3.79　江湾体育场前广场开放体育设施
资料来源：笔者自摄

图3.80　创智天地儿童活动区域
资料来源：笔者自摄

图3.81　大学路站点出口广场
资料来源：笔者自摄

图3.82　座椅休憩空间
资料来源：笔者自摄

图 3.83　展销柜台

资料来源：笔者自摄

图 3.84　可回收垃圾回收柜

资料来源：笔者自摄

图 3.85　大学路街道

资料来源：笔者自摄

图 3.86　合生汇前广场

资料来源：笔者自摄

线周边也布置了城市家具，提供功能的同时，将人流的路线进一步进行了限制，避免了场地内人流的多向复杂混合。

（4）环境舒适的步行体验

最后一公里的步行环境打造，特别是街道空间的布置将景观环境的要素及层次考虑进来。首先，地下空间的打造注重和地上自然环境产生沟通。下沉广场的设计将风光水绿都考虑进来，营造一种地下空间地面化的感觉；太平洋森活地下步行街区，将顶部界面预留了空间，将自然光引入地下空间。其次，步行道的设计预留充足的空间予以街边绿地。特别是在创智天地区域，步行街道已被商业外摆空间占据大量空间，在保障了宽敞的步行空间外，仍预留了充足的空间予以树池、花坛等街边绿地；商家自身也应用植物等界定自己的商业空间，为步行街道营造了良好的景观氛围（图 3.85）。第三，废弃、闲置的公共空间用街头绿地、社区公园的形式赋予了新的意义。

但与此同时，诸多广场空间在夏日和冬日则显得不那么友好。缺少遮阴避雨设施，也使得夏日或冬日行走体验不佳（图 3.86）。同时，部分路段由于被非机动车占据过多空间，使得人行道路权被严重压缩。例如，国济路上百联对侧的住宅底商，依托周边的办公商业人群的集聚，布置了各类餐饮店铺；同时，大量的办公商业人群带来的交通压力，也让国济路大量空间被电动车与单车所占据，严重影响了周边餐饮、零售商业的活力（图 3.87）。

3.3.5 小结

作为城市重要的城市副中心，五角场-江湾体育场站及其周边最后一公里的发展成为刺激片区持续更新与再更新的动力。五角场商业节点的优化提升、五角场下沉广场持续更新、太平洋森活地下商街的贯通和丰富、创智天地的开放性综合街区打造等区域内的重要节点的更新，在为五角场-江湾体育场站周边最后一公里建设不断提供催化剂。站

图 3.87　国济路步行环境
资料来源：笔者自摄

点周边的步行系统通过地下通道、路面小街道密路网的路网格局，进一步提高连续步行的比例。围绕连续的步行系统，最后一公里区域打造了丰富多元、开放包容的功能空间，通过丰富的活动和功能将步行空间变得可感可控，使得巨大体量的空间变得亲切宜人；以连续商业空间将站点直接相连，在提供了舒适步行环境的同时也为周边的人提供了餐饮、购物的服务；将空间的时空变化考虑在空间的设计和管理之中，鼓励临时性设施的空间占据，例如市集、简易运动场等，将更多的室内活动解放至公共空间，以鼓励更多的人使用空间，产生交流。除此之外，空间设计也极为讲究，步行界面的打造注重空间的层次和活动的相互渗透，而丰富的街道家具和服务设施也为行人提供了多样的人性化服务。

除此之外，部分空间的指向性仍需进一步提升，以更好地引导人流疏散；且应注重非机动车和其他设施的空间占据，避免因过分挤压人行空间而造成的行走体验的下降。

3.4　静安寺站

静安寺站位于上海市静安区，紧靠静安寺商圈，北邻静安寺，南邻静安公园、上海延安高架路，东距上海展览中心约 400m。静安寺站地铁站直接相连久光百货、下沉广场、静安嘉里中心、芮欧百货、晶品购物中心，公共步行路径系统较为整体，站内每日通勤人流量排上海地铁站前 10。具体站点连接物业见表 3.2。

静安寺站是上海较早开始结合地铁站和周边商业进行地上地下空间一体化高强度开发的站点，目前周边已形成相对成熟的立体空间网络，具有较好的轨道交通步行可达性，被认为是国内建设较早的一个城市中心商业区 TOD 开发模式的典型案例。

从站厅布局结构来说，静安寺站是地下车站，是上海南京西路市级商业中心的三线换乘站，静安寺站于 2000 年通行上海地铁 2 号线，2009 年通行上海地铁 7 号线，预计 2021 年底通行 14 号线。2 号线站层为地下 2 层岛式站台，7 号线站层为地下 3 层岛式站台。静安寺共有 10 个出入口，其中 5 个属于 2 号线，5 个属于 7 号线。

地铁站出口位置 表 3.2

出口序号	所在区域	出口位置
1 号口	2 号口站厅	华山路东侧,南京西路北侧。并通向华山人行过街地道
2 号口	2 号口站厅	1 号口东,久光城市广场内
3 号口	2 号口站厅	南京西路北侧,常德路西侧,连接城市航站楼
4 号口	2 号口站厅	南京西路南侧,常德路西侧,越洋广场内
5 号口	2 号口站厅	南京西路南侧,华山路东侧,静安寺下沉式广场内
6 号口	7 号口站厅	南京西路南侧,常德路东侧,静安嘉里中心内
7 号口	7 号口站厅	安义夜巷南侧,常德路东侧(未开)
8 号口	7 号口站厅	延安中路北侧,常德路东侧,静安嘉里中心内
9 号口	7 号口站厅	延安中路北侧,常德路西侧,越洋广场内
10 号口	7 号口站厅	越洋广场内,3 号口对面

资料来源:笔者自绘

3.4.1 简单易辨识的站内空间布局

2 号线静安寺站位于南京西路上常德路至华山路之间的市政路下,沿东西向布置,为地下 2 层结构。地下一层为站厅层,地下二层为站台层。车站共设有 5 个直通地面的出入口,南京西路北侧有 3 个出入口。2 号口与久百地下室相连,4 号口与芮欧百货地下商业相连,5 号口与下沉广场连接。站厅中部设有服务中心及部分商业。7 号线静安寺站位于延安西路和南京西路之间的常德路区段,沿南北向布置,为地下 3 层双柱三跨现浇钢筋混凝土框架结构。地下一层和地下二层均为下层站厅层,地下三层为站台层,站台层与 B2 层站厅层之间设有 3 组自动扶梯组,B2 层站厅层和 B1 层站厅层之间设有 2 组自动扶梯组。B2 层站厅层南端和北端各设有一个服务中心。14 号线静安寺站站厅目前正在建设中,位于华山路与延安中路交叉路口的华山路下方,沿华山路南北向布置,为地下 3 层岛式车站。

站点内部流线简单易于辨识,2 号线站厅与 7 号线和 14 号线垂直相交。2 号线站厅层东端与 7 号线 B2 层站厅层北端,而 2 号线西侧与尚未通车的 14 号线北侧直接连通。而关注站厅层不难发现,2 号线和 7 号线的站厅层除了轨道交通出行的集散空间外,仍兼具过街功能,行人可以通过非付费区过街。

3.4.2 站内外一体化步行体系

(1)换乘便利

静安寺交通枢纽是上海市"十一五"规划中 60 座综合客运交通枢纽项目中首先建成的 17 座枢纽之一,一定程度上缓解了区域的交通拥堵,成为串联起静安寺商圈"金五星"的顺畅通道。该枢纽与其他交通方式无缝相连,从一定程度上可以做到人流的快速疏散。

目前，站点周边设置有 21、37、57、825 这 4 条公交线路的首末站及调度室，乘客可从愚园路入口，也可从赵家桥路口进入。而交通枢纽和轨道交通出入口也直接相连，且内设置自动扶梯和楼梯，乘客不用再穿越马路，就可通过整洁宽敞的晶品购物中心地下人行通道到达地铁 2 号线、7 号线换乘大厅。

除与公交枢纽直接相连，静安寺站点还与城市航站楼毗邻，通过搭乘机场巴士可到达上海两大机场。枢纽通道内设有醒目的导向标志，指向周边道路、商场、厕所等公共设施。

同时，沿愚园路设置了一定泊位的出租车停靠点，枢纽内还设置社会非机动车停车场库，提供社会非机动车泊位约 2200 个，以及 330 个机动车泊位。形成了城市中心"P+B+M"（停车场 + 公交 + 地铁）多元化交通枢纽的典范。

（2）核心圈层高品质连续步行路径和互联互通的地下空间

静安寺核心区被定位为"高品质商务商业区"，注重商业设施与地下空间的综合利用，静安寺地铁站及周边的地下一层被规划为公共活动层，以商业设施和轨道交通站厅功能为主。利用"环"式串联布局的形式，将地铁站内付费区、非付费区、连接通道的步行区域，与地下购物街的步行空间、静安下沉广场，以及多个私人开发商提供的商业建筑室内半公共地下步行空间相连接（例如，越洋广场、久百城市广场、芮欧百货、静安嘉里中心、晶品购物中心的地下商业部分）。静安寺地铁站地下步行路径详见图 3.88。这些商业步行空间与地铁站非付费区连接，形成集换乘通道、

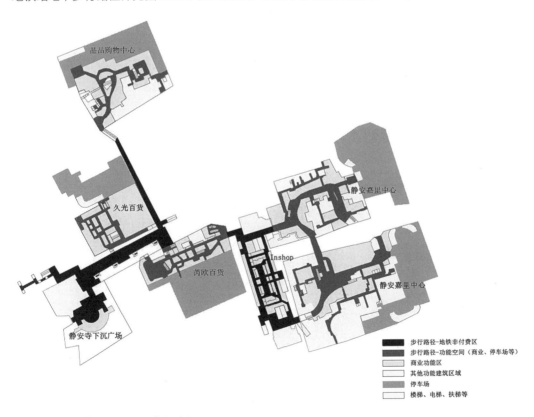

图 3.88　静安寺地铁站地下步行路径
资料来源：笔者改绘

商业街为一体的连续的高品质步行路径。如图3.89所示，地铁空间通过地下商业空间与越洋广场直接相连。

利用连通的地下空间，提高了地铁站与周边物业的步行可达性，通过商业空间达到分流人群的效果。同时，地铁站的人流也为商业增加了人气，两个商业"步行环"通过连通道实现了客流共享，增加了购物的"粘性"，整合为一个立体步行系统，借由开发地块物业的投入优化了步行通道的设施环境：充足的照明或配套商业与公共设施，有清晰标识和地面引导系统，可读的标识系统，提供良好步行体验的同时，也有助于大规模人流的快速疏散。一些内部装修与设计也改善了步行体验。通道界面的艺术化设计优化了静安寺步行体验：结合7号线衔接的商业INSHOP购物街，形成装饰艺术墙和装饰小品，配合地面流线引导的艺术化处理，以及晶品购物中心通道营造具有变化性的室内环境，这些丰富的空间体验消除了长距离地下步行通道的不适感（图3.90-图3.92）。

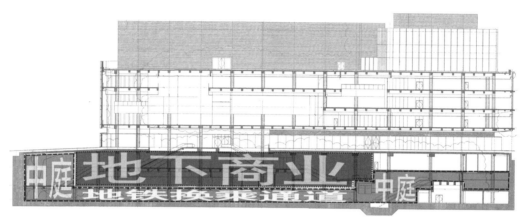

图 3.89　越洋广场地下地铁换乘连通道剖面
资料来源：越洋广场项目

图 3.90- 图 3.92　静安寺地铁站地下连通商场
资料来源：笔者自摄

（3）外围小街密路作为轨交步行路径的延续

静安寺地区以地铁站为核心，形成了十分明显的圈层结构。即由轨道交通站点为核心点，发展主题式特色商业，向外层辐射带动居住、商务办公、酒店设施、观光旅游、公交系统等城市功能，形成充满活力的 1km 行走城市圈。最终让地铁从"快捷的出行方式"，转变成为"无处不在的生活方式"。

以与出站口直接相连的愚园路为例，机动车和非机动车行驶宽度约为 10m，且部分街道为单行车道；沿街遍布老洋房、优秀历史建筑、现代商业建筑，具有很强的历史氛围和海派情调；同时，结合街道两侧的物业，步行街道空间被放置了不同尺度且易于移动的商业外摆，花池等要素，通过丰富街道的功能和空间布局，进一步提升步行空间的连续感。站点周边道路步行空间可见图 3.93- 图 3.95。

但与此同时，由于小街道密路网多带来的道路拥堵问题并没有得到解决。由于机动车及非机动的道路占用，特别是高峰时期，人行道的行走空间被大量压缩，导致步行体验的降低。

（4）多样化过街设施

除地下连通道的设置以及站点周边区域小街道密路网的城市格局，静安寺站点周边还通过多样化的过街设施以提高最后一公里步行连续度，站点周边区域地面层平面图详见图 3.96。针对延安中路 60m 左右的路幅宽度，沿延安中路北侧，华山路和常德路采取不同的策略，

图 3.93　愚园路
资料来源：笔者自摄

图 3.94　常德路
资料来源：笔者自摄

图 3.95　南京西路
资料来源：笔者自摄

提高步行街道的连续性和行人连续行走的心理感受。沿着华山路和延安路的交叉口架设了高架桥，不仅将延安东路南北两侧，且在延安中路中端设出口，使得行人可以下至地面空间进行公交车的换乘。而在常德路与延安中路的交叉口，则采用"安全岛"的设置，以"二次过街"的方式，达成过街的目的。由于延安中路路幅较宽，通常一个红绿灯的时间不能完成过街，因此在这个路口设置了"行人安全岛"，在第一次绿灯时间使行人到达路中间进行等候，待第二次绿灯时间完成过街。这样大大增加了行人过马路的安全性，尤其保护了老人、小孩以及残疾人的利益，也由此提升了最后一公里的连续步行比例。

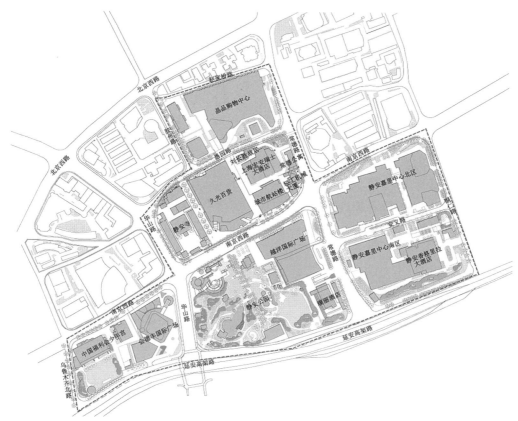

图 3.96　静安寺区域地面层平面图
资料来源：笔者改绘

3.4.3　站点周边功能复合包容

站点的功能复合可首先通过站内换乘通道和地下空间功能业态布局得以体现。以灵活的点状商业设施界定了步行空间界面，包括换乘站厅通道中央的便利店和专卖店，以及在部分出口拐角处布置的设摊点，在不阻碍人流的基础上，丰富了业态，也增加了地铁站收益。比如蛋挞饼屋bytheway、manner 咖啡，为通勤办公人群倍添活力（图 3.97）。

图 3.97　站内换乘通道
资料来源：笔者自摄

其次，作为主城主中心的公共活动中心，静安寺片区以高档商务、会展、酒店、购物中心为主要的功能业态，结合了各类人群在此开展各式各样的活动。静安寺周边区域形成了以久光百货、嘉里中心、芮欧百货、晶品购物中心、会德丰办公楼等为主体的办公商业建筑群，同时聚集了有1700 年历史的静安寺、市少年宫（原加道理爵士住宅）、红都剧场（原百乐门舞厅）、成行参天悬铃古木的静安公园等一些品质较高的历史保护建筑和城市公共空间。

站点及其周边区域的功能布局也体现了圈层化的特点。商业商务多高度集中分布在地铁站300m 以内的核心区，教育科研及公共设施穿插设置在核心区，而随着与站点的距离越远，住宅的密度逐渐提高。该地区道路网络结构配置全面，靠近地铁站的街区尺度小，外围居住区的街区尺度较大。以静安寺地铁站为核心向外辐射形成了各具独特风格的街道氛围。

而除了高能级的功能业态之外，静安寺站点周边一公里的多样性和包容性更是体现在其周边的日常商业功能。安义夜巷在双休日的时间将原本的车行空间，重新定义为集市的场所，并通过丰富的各国美食、小而精的日常商品，打造与高端商务商业完全不同的烟火气。与此同时，沿着静安寺站点向南北两侧行走，也是与站点高端的商务餐饮完全不同的氛围。巨鹿路、富民路、长乐路等上海最具味道的街道，丰富的商业外摆置于街道空间，酒吧、西餐厅等餐饮空间甚至是沿街超市、小摊都以开放的形式面向公众，充分营造了包容多样的功能业态。

3.4.4 多路径落实空间品质营造

（1）换乘连通空间具有可识别性

从站内换乘和连通空间来评估，换乘空间均具有可识别性，通过简洁的空间设计和明确的空间指引，便于人群的快速疏散。2 号线站厅由于建设时间较早，空间尺度较新规划车站较为经济，设计风格较为简洁；7 号线站厅空间形式简洁、自由、色调协调、柔和，营造出安全、平和的空间氛围（图 3.98- 图 3.101）。总体而言，站内换乘通道通过丰富的空间变化以及地面铺装的引导性设计，提升了行人在通道内的步行体验感及连续性。通过以暖色调为主，冷暖色调结合为辅的空间色彩处理，增加了商业空间的亲切感，促进了消费。

与此同时，站点周边的连通步行空间设计也具有明确的指向性和地域特色。例如，静安寺站与商场的空间、出站厅垂直交通空间的设计充分结合了静安寺地区浓郁的历史文化氛围以及海派城市综合体的独特韵味；与建筑界面一体设置站口，并通过强标识系统引导（图 3.102-图 3.104）。华山路，北起静安寺，同样是一条文化底蕴厚重的街道，连续的街道商业界面、强引导性的硬质铺装设计以及局部高品质的景观空间给行人提供了舒适的步行体验。南京西路，东西横穿整个老静安区，沿街布置的与树池结合的固定座椅、艺术装置等使得步行环境更加友好。

通往静安寺枢纽的连通道也便于行走。人行通道铺设了米色的大理石地面，两旁的灯箱已挂上部分公益广告，为通道增添了不少色彩。坡道部分使用了防滑的小瓷砖。从愚园路入口走到轨道交通换乘大厅，大约需要 7 分钟。在轨交换乘大厅朝交通枢纽的出口处，鲜艳的字体和箭头清楚标明了交通枢纽的方向（图 3.105- 图 3.109）。通过各方联动，静安寺枢纽将为途经的游人

图 3.98- 图 3.101　7 号线站厅空间

资料来源：笔者自摄

图 3.102- 图 3.104　静安寺地铁站 4 号口

资料来源：笔者自摄

乘客提供人性化特色服务，如"一站式"综合导向，向乘客提供标有地铁车站、公交起讫站首末班车时间、厕所标志、周边道路信息、标志性建筑物等内容的静安寺交通枢纽导乘图。

（2）连续步行路径联动的公共空间整合

同济大学徐磊青教授指出，城市公共空间的品质和数量才是上海 TOD 问题的核心。他认为公共空间是地铁建设中应当首要考虑的问题。上海如今已经成为除了香港外人口密度最大的地铁

图 3.105- 图 3.109　静安寺公交枢纽及地下连通道
资料来源：笔者自摄

城市。高密度城市的最大问题之一就是缺乏公共空间。他强调，公共空间是城市的基础设施，地铁 1 公里的建设要不断追问，究竟有多少有品质的公共空间。

以此反观静安寺站点周边的公共空间营建，在形成四通八达的立体步行网络的同时，也巧妙地将地块内的公共空间有机整合起来，其连接起来的公共空间包括静安公园及其门前广场、静安下沉广场、静安寺庙东步行街，以及各大商业建筑附属广场与绿地、内部半公共空间和屋顶花园。静安寺下沉广场作为 2 号线地铁站配套工程，布置于地铁 5 号口，广场南侧为商场，西南侧设置半圆形露天看台和舞台，利用时空的交叉，提高场地利用效率，最大限度为市民共享。

同时，购物中心周边地块常常转变为集市活动的场所。静安公园和久光百货的入口广场区域，被划定为上海街头艺人表演点。还有特别准许的户外餐饮区域和夜间摊点。这些临时性活动的空间使得静安寺地铁站周边的公共空间在功能和时间维度上都被较为充分地利用。同时，结合景观设置了可移动或固定式座椅，提供了充足的高品质休憩空间（图 3.110- 图 3.116）。

除此之外，与站点直接相连的静安公园，也是闹市区难得的休闲空间。中央大道两侧有 32 棵百年悬铃木，假山瀑布，观景平台等号称"城市山林"，园中更是有"八景园"再现静安寺古代八景。

（3）城市失落空间的再利用——漫选 ReMention 中古街

区别于城市商业综合体，在 7 号线静安寺站 B1 站厅层利用原本为城市的失落空间，经过空间的更新，逐渐打造成为一个精致的中古潮流商业街区，使得消费者在面对同质化、众享化、规模化的商业空间时，可以通过不同商业空间的营造拥有不同的购物体验；同时，行人也可通过中古街步行直至轨交站点，浏览沿街形形色色的商品，不用购物也可以"window shopping"，丰富了通往轨道交通站点的行走路径，仿佛开启了一段关于时尚的时空旅程，从这一头走到那一头，

图 3.110- 图 3.116　地上公共空间基础设施
资料来源：笔者自摄

从 20 世纪到 21 世纪，遍览关于时装、态度、生活的故事。

　　而从空间营造角度来说，以化零为整的方式，将原本的失落空间重新赋予新的价值，在中庭打造了集合城市明星小店、酒吧 vintage 中古设计师家具买手店等于一体的中古街。同时结合景观及座椅设置，提供了一个集购物、展览、交流、活动于一体的多样性全域消遣场景（图 3.117- 图 3.122 ）。

　　在商业空间和用户消费时间之间的冲突越来越明显的时代，漫选中古街的打造不仅提供了一种以漫步叙事的方式探索城市的方式，更是为城市失落空间的再更新提供样本。

　　（4）弹性机制——安义夜巷

　　安义路，位于静安嘉里中心南北两片区之间的内街，全长 264m。通过允许临时性占用车行空间，安义路在周末的晚上化身为"夜市"，各国美食小吃，工艺品售卖，还有临时的空间占用用于露天演唱，高档商业前的台阶化身为游客的座椅，可以坐在台阶上享用美食的同时享受街角的歌声。安义路的夜市也为城市公共空间的更新提供了思考。空间的活用机制，促进了空间的多模式、多时段利用，营造了充满活力的丰富场所和地区形象，是具有代表性的弹性空间案例，也

图 3.117– 图 3.122　漫选 ReMention 中古街
资料来源：笔者自摄

给予城市更新更多的思考。在进行城市更新的时候，也应该通过对于城市公共空间的弹性管理，允许在不同的时间段，鼓励公共空间服务更多的人群；在工作日特别是上下班高峰时期，允许车行通过，而在双休日的晚上，则可以允许空间的临时占用，创造更多的城市公共活动和交流。

就夜市空间而言，安义夜市也独具自己的特色。有质感的构筑物搭建、个性化的品牌标识设计、周到的休憩设施，便捷的交通位置，开拓了公共空间更多的可能性，让安义夜巷市集成为城市空间中人文、自然、艺术、交流的窗口。实现了社交、生态、运动、艺术与商业的自然融合。呈现出一座大都市品质夜生活应有的模样（图 3.123– 图 3.127）。

3.4.5　小结

静安寺站点周边最后一公里的更新发展具有系统性且较为全面。首先，静安寺站点内部的步行流线较为清晰明确，易于人群疏散；并且将过街系统和站点内部空间相结合，可直接通过非付费区达到过街需求。其次，地铁与公交系统之间的公交换乘系统以及公交系统与各地块之间商业、办公间的连通组织地区有序的交通体系：以地铁站为中心组织过街人车分流，组织公共停车与地铁换乘；与此同时，站点通过系统性的地下步行网络、空中廊桥、交通"安全岛"等方式，为行人过街提供便利；而站点周边的小街密路网的城市格局，也从行走体验上提高了站点周边连续步行的感受；站点周边的建筑物、停车场、各种设施之间的相互连通，使静安寺地区成为综合商业、步行、交通、换乘一体化的步行连通区域。第三，站点周边的多样化城市功能为静安寺周边最后

图 3.123－图 3.127 安义夜巷

资料来源：笔者自摄

一公里营造了多样化的具有包容性的空间氛围，既有高端的商业商务，也有具有日常性和烟火气的街头商业。第四，最后一公里的空间设计不仅具有高大上的精细化设计手法，也具有更多日常的设计，以番禺路、长乐路为代表的小街道，其街道界面的设计对外开放且极具公共性，而街道空间的设计不仅考虑了街道的公共服务设施布局，也保障了小街道的空间氛围。最后，通过空间的弹性管理运营机制，允许空间的临时占用，允许空间的多模式、多时段及临时功能的运用，营造了充满活力的丰富场所和地区形象。

3.5 徐家汇站

徐家汇占地约 4.04km²，是上海中央活动区之一，也是上海重要的商业中心，徐家汇分布有各类奢侈品、中高档服饰、餐饮、电子数码产品、娱乐等设施，同时也有天主教堂、天文馆、土山湾博物馆等著名的历史文化场馆，是集文化、休闲、娱乐、购物等为一体的大型综合商圈。徐家汇地铁站位于上海徐汇区的核心区，2021 年 9 月徐家汇日均进出站客流约 15 万人次，在上海所有轨交站点中居第 4 位；日均换乘客流约 19.2 万人次，同样居上海第 4 位。目前，徐家汇站点已开通 3 条地铁线，即 1993 年开通的轨道交通 1 号线、2009 年开通的轨道交通 9 号线、2013 年开通的轨道交通 11 号线。

轨道交通 1 号线作为上海开通的第一条地铁线路，北起宝山区富锦路站，南至闵行区莘庄站，是联动上海南北区域的重要通道，沿线串联了宝山区、静安区、黄埔区、徐汇区、闵行区，除徐家汇站外，还经过了上海南站、陕西南路、一大会址·黄陂南路、人民广场、上海火车站等重要客流集散点。共设置站点 28 个，其中高架站 9 个，地面站 4 个，其他均为地下站形式。

轨道交通 9 号线西起松江区的松江南站，东至浦东新区的曹路站，途经松江新城、佘山、七宝、徐家汇、世纪大道、金桥等重要区域，串联了松江区、闵行区、徐汇区、黄浦区与浦东新区。已建车站 35 座，除 4 座高架站外，其他均为地下站点。

轨道交通 11 号线作为国内第一条跨省地铁线路，也是目前最长的贯通运营的地铁线。采取 Y 形的线路运营方式，主线西起嘉定区的嘉定北站，经普陀区、长宁区、徐汇区，东到浦东新区的迪士尼站，支线西起江苏省昆山市的花桥站，汇于主线的嘉定新城站，其中花桥站 – 安亭站为跨省段。11 号线不仅串联了国际旅游度假区迪士尼，还途经了重要的地铁换乘节点江苏路站、曹杨路站等，是联系嘉定新城与上海市区的重要通道。共设站点 39 个，其中 15 个为高架站，1 个为地面站，其余均为地下站。

3.5.1　长距离步行站内空间布局

由于徐家汇站点是三线换乘站，且 3 条地铁线均为直接联动市中心与郊区的骨干快速线，且三条线的建设时序不同，故站内换乘流线随着周边城市的不断开发更新而在不断地调整。乘客通过 L 形与 Y 形连接通道进行换乘，但由于 3 条线路站点设置相对分散，换乘走行距离相对较长。1 号线、11 号线为南北向线位，9 号线为东西向走行。站台形式均为地下岛式站台，站厅层位于地下一层，1 号线站台层位于地下二层，9 号线站台层位于地下三层，11 号线站台层位于地下五层。站点共设置 20 个出入口，其中 1–14 号口邻近地铁 1 号线，15–18 号口邻近地铁 9 号线，19、20 号口邻近地铁 11 号线（图 3.128、图 3.129）。

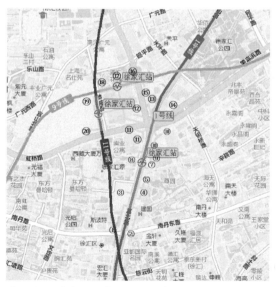

图 3.128　徐家汇站出入口及换乘通道平面图
资料来源：上海地铁

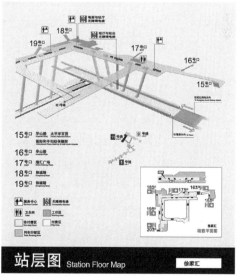

图 3.129　徐家汇站分层平面图
资料来源：上海地铁

图 3.130　柱子表面的广告屏
资料来源：笔者自摄

图 3.131　墙面装饰及广告电子屏
资料来源：笔者自摄

图 3.132　高峰期拱形长通道两侧电子屏
资料来源：笔者自摄

图 3.133　平峰期拱形长通道两侧及尽头电子屏
资料来源：笔者自摄

　　大型广告屏幕及其带来的较高商业价值是徐家汇站的重要特点之一。除常规地铁站点墙面、柱面张贴的广告牌，大型 LED 广告屏是徐家汇站具有更高商业价值的重要因素。一方面，立柱表面装有电子屏幕（图 3.130），墙面结合电子屏幕进行一定设计装饰（图 3.131），使其具有更好的广告展示效果和吸引力；另一方面，拱形长通道两侧及尽头设置有巨型 LED 屏幕（图 3.132），播放动态广告视频，平峰时长通道两侧屏幕不投入使用（图 3.133），仅尽头屏幕播放视频；人流高峰期长通道两侧屏幕开启，分时段使用策略可提升广告投放效率。

　　从过街功能来说，各线路站点内部路径简洁易于辨识，且可通过非付费区兼顾过街的功能；但 3 个站厅并不能通过非付费区直接连通，仅可通过付费区直接连通。

　　但与此同时，由于站内流线的拉长，直接导致徐家汇站内换乘时间相比其他换乘站点要长许多，从一定程度上影响了行人的步行和换乘体验。不同线路的站台相距较远，虽然拉长了人行动线，可避免人流高峰期的拥挤，一定程度上保障了安全，但 1 号线与其他两条线路的换乘走行距离相对较长，最远处需 5 分钟才可抵达；尤其在换乘时需经过一个拱形长坡道（图 3.134），为行人带来的第一感受便是行走距离较长。虽然客观上换乘时间较长，但乘客丝毫不会迷失在宽阔的空间内，因为地面、墙面、柱面和顶部均配置了指引标识（图 3.135、图 3.136），大部分还会标明换乘所需步行时间，让行人有充分的心理准备。

站内的换乘空间以通行功能为主，设有几个分散的小型商业及便民设施（图3.137），对于客流量较大的徐家汇站而言功能布局相对合理。为尽快完成客流的疏散，避免人群在某个节点过于集中，产生安全隐患，少量便民设施的设置可以满足换乘人流对于基本功能的需求。

图 3.134 拱形长坡道
资料来源：笔者自摄

3.5.2　不断更新的站外步行体系

（1）徐家汇的建设与发展

徐家汇的形成可追溯至明代，因著名科学家徐光启大学士在此著书立说并安葬，而得名"徐家库"，后因肇嘉浜与法华泾两水会合于此，改名为"徐家汇"。近代发展过程中，徐家汇藏书楼、依纳爵公学（徐汇中学）、自然博物馆、徐家汇观象台、徐家汇土山湾印刷馆等皆因天主教耶稣会及工业文明的发展而兴建，保留至今成为近代文明发展的见证，也是现代社会近距离接触当时历史文化的窗口。

图 3.135 吊牌指引标识
资料来源：笔者自摄

20世纪80年代徐家汇开始了商业建筑的三期开发建设，一期工程为1992–1994年建设的东方商厦、太平洋百货、汇联商厦等10个项目，二期工程为1995–1997年建设的港汇广场、汇金广场、美罗城（图3.138）等商业购物中心，三期工程于20世纪末建设完成。至此，集百货商店、购物中心、大型电子电器专卖店、大型休闲餐饮娱乐城/街、大型超市为一体的徐家汇商圈基本形成。

2010年，美罗城开始进行整体改造，以街、道、廊的形式，打造各具特色的功能分区；前身为"徐汇剧场"的美罗城5楼引进赖声川的精品剧场"上剧场"，成为首个入驻大商场的时尚话剧艺术中心；打造屋顶花园并与文化元素结合，服务年轻群体。2013年原西亚宾馆作为城市更新的试点，由酒店改造为智能化新型办公楼T20大厦，大厦内设置立体停车场（图3.139），用于缓解徐家汇周边停车难的问题。同时上海六百、港汇广场、太平洋百货、汇联商厦等立面改造、内部品牌及空间调整也同步进行。

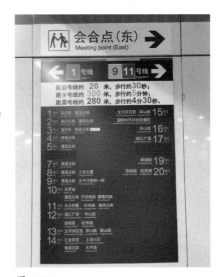

图 3.136
资料来源：笔者自摄

2017年《徐汇区徐家汇地区发展"十三五"规划》提出"商务商业核心圈"与"四大功能区块"的战略布局（图3.140），通过加强连通互动，打造徐家汇地区发

图 3.137 站内小型商业设施
资料来源：笔者自摄

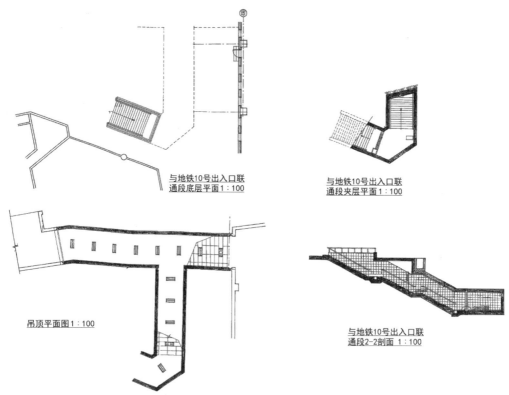

图 3.138　美罗城地铁 10 号出入口连通段平、剖面

资料来源：徐家汇文化娱乐中心项目，1993

图 3.139　T20 大厦立体停车场

资料来源：笔者自摄

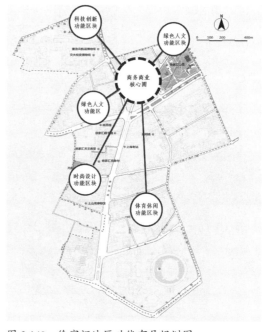

图 3.140　徐家汇地区功能布局规划图

资料来源：《徐汇区徐家汇地区发展"十三五"规划》，2017

展"大圈"。推进落实"徐家汇空中连廊"项目，形成可供行人漫步的"空中花园"，同时以此为契机，进一步优化徐家汇地区慢行步道整体系统建设，营造小尺度慢行交通氛围，并将区域开放式公共空间、绿化小品等有机串联，实现与轨道站点、公交场站、停车场等公共交通体系的有机接驳，为市民提供休闲游憩的空间。

（2）地下空间系统的构建

徐家汇枢纽站在方案研究阶段，为尽量实现地铁"零换乘"，原计划新建9号线于虹桥路下，11号线建于华山路下，与已建1号线平行或交错，但这些方案由于施工时需要封闭主干路，为本就拥堵的徐家汇区域带来更大的交通压力；同时施工不能影响客流量已超负荷的1号线的正常运行，导致新建车站空间无法与1号线车站距离过近。

经过长约8年的研究，最终在2006年确定了"环港汇广场"方案，此方案中9号线、11号线线位均避开了城市主干路——华山路、虹桥路，主要对已建地下空间进行利用。9号线借用港汇恒隆广场商业大楼与北侧住宅区之间已建的地下车库空间，原港汇广场地下一层改为站厅层，竖向打通地下二层、三层，合并改建为站台层（图3.141）。11号线线位选取恭城路西侧大宇地块地下，为地下5层车站，地下一层为站厅、换乘通道层，地下二、三层为停车库，与港汇地下车库连成一体，地下四层为设备层，地下五层为站台层（图3.142）。9、11号线在其相交节点

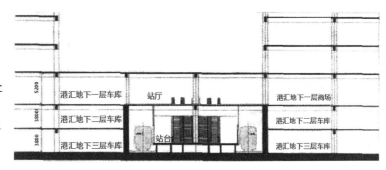

图 3.141　地铁 9 号线徐家汇站剖面图

资料来源：《上海市轨道交通徐家汇枢纽"环港汇"方案设计》，2006

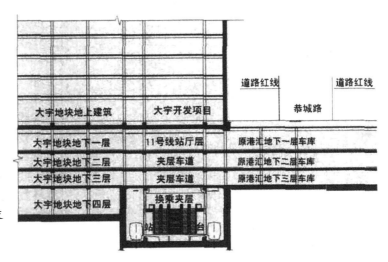

图 3.142　地铁 11 号线徐家汇站剖面图

资料来源：《上海市轨道交通徐家汇枢纽"环港汇"方案设计》，2006

可进行站台间直接换乘，9、11 号线与 1 号线的换乘通道设置于港汇广场下。

新建部分避开了主干路及地铁 1 号线，避免了对徐家汇地面交通及轨道交通的大规模干扰。由于 9 号线站台及换乘通道占用了部分港汇地下停车空间，因此 11 号线徐家汇站地下二层、三层补还港汇作为停车库。徐家汇地铁站是国内首次尝试将已建车库改建为地铁站。虽然站台间存在一定距离，换乘走行距离较长，但考虑徐家汇站的客流量较大，拉长换乘通道、扩展换乘空间有利于分流，避免过度拥挤，有助于保障站内空间的安全有序。

（3）二层连廊系统的构建

徐家汇地面道路为五路交会，其中虹桥路 - 肇嘉浜路、漕溪北路 - 华山路为主干路，漕溪北路下穿与衡山路相连通，地面道路横向跨度较大，导致地面过街不便。同时地下步行系统主要服务于地铁站内换乘，对行人通过地下空间步行到达周边各地块的吸引力不强。因此，构建二层连廊系统对徐家汇商圈的步行通行功能而言，十分重要。

2015 年徐家汇公布"一环加一线"的二层步行连廊设计方案，其中"一环"衔接港汇广场、东方商厦、太平洋数码、美罗城、T20（原西亚宾馆）、飞雕国际大厦、汇金百货、上海六百、太平洋百货等建筑和徐家汇公园；"一线"连接港汇广场、徐家汇中心等地块（图 3.143）。

2020 年，徐家汇天桥连廊一期建成，天桥横跨肇嘉浜路，并连接汇金百货与汇联商厦；连廊位于肇嘉浜路南侧，东起汇联商厦，向西南延伸经美罗城至太平洋数码二期，一期、二期工程范围图详见图 3.144。天桥连廊二期主要包括漕溪北路天桥、虹桥路天桥及东方商厦内部通道改造，预计 2021 年年底建成开放；天桥连廊三期工程为跨越宜山路、恭城路、华山路的连廊系统，将结合徐家汇中心的建设逐步建成；天桥连廊四期工程将结合六百商厦的改造方案，连接太平洋百货同步实施，三期、四期范围图详见图 3.145。

空中连廊集行人过街、观赏、整合商业资源等多种功能为一体：实现了空间上的人车分离，保障了通行便利性与安全性；增加了开放、舒适的公共活动空间，宽阔的平台空间结合怡人的景观设计，营造了具有艺术气息的城市景观平台；同时强化了商圈内各类建筑之间的联系，利于片区商业价值与休闲购物体验感的整体提升，形成"徐家汇城市商业综合体"。

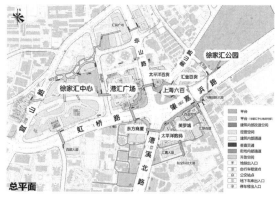

图 3.143　徐家汇二层连廊规划平面图
资料来源：《徐家汇商圈平台总体布局论证》，2015

图 3.144　徐家汇二层连廊一期与二期范围图
资料来源：笔者自绘

图 3.145　徐家汇二层连廊三期与四期范围图
资料来源：笔者自绘

图 3.146　徐家汇站及周边地块平面图
资料来源：笔者自绘

（4）步行体系的评估

就地块连通性而言，徐家汇站目前在使用的出入口共有 18 个（图 3.146），其中与周边地块地下直接相连的出入口共 6 个，分别为 4 号（百脑汇）、5 号（百脑汇）、9 号（美罗城）、11 号（东方商厦，图 3.147）、12 号（港汇恒隆广场）、13 号口（太平洋百货，图 3.148），不同出入口的环境品质因所衔接建筑的新旧程度而有所差异。部分地面出入口与建筑组会建造（图 3.150），部分出入口设置在交叉口周边，并结合口袋公园打造了宽敞、怡人的公共空间（图 3.149）。其余出入口均与地面人行道衔接。

图 3.147　品质较好的与东方商厦衔接的 11 号口
资料来源：笔者自摄

图 3.148　设施陈旧的与太平洋百货衔接的 13 号口
资料来源：笔者自摄

图 3.149　与地面衔接的 1 号口及周边口袋公园
资料来源：笔者自摄

图 3.150　与建筑组合建造的地面出入口
资料来源：笔者自摄

图 3.151 二层连廊平台
资料来源：笔者自摄

图 3.152 大尺度地面交叉口影响步行连续性
资料来源：笔者自摄

图 3.153 二层连廊自动扶梯
资料来源：笔者自摄

总体而言，地铁站在地下连通了周边主要的商业建筑，同时由于三条线路的出入口相对独立、分散，使出入口的辐射范围较广，可服务较多地块，与周边连通性良好。

就步行连续性而言，徐家汇站外步行空间以二层连廊及地面空间为主、地下连通道为辅，衔接周边沿线地块，地铁站点前往邻近商业、文化等地块的步行连续性良好。

由于二层连廊系统尚未建设完毕，已投入使用的上海六百与T20间跨肇嘉浜路的天桥主要服务于行人过街，T20与美罗城间二层平台串联沿线商业的同时，提供了观赏休闲平台（图3.151）。二者均位于漕溪北路东侧，对于前往美罗城、T20、百脑汇等东侧地块的行人而言，步行连续性较好。但对于大部分行人而言，多需要通过地面人行道集散，尤其对于前往西侧、北侧地块的行人而言，由于肇嘉浜路、虹桥路、漕溪北路等街道尺度较大，地面过街距离较长，一定程度上影响了步行连续性（图3.152）。待未来二层连廊系统建设完成后，更大范围的步行连续性将得以保障。

虽然大部分二层连廊接地点均设置自动扶梯（图3.153），对出行不便的老年人及儿童十分友好，但部分节点仍只有楼梯，且少有电梯设施，对于残障人士而言十分不便。因此，徐家汇站对于中青年而言，即使有时过街需在交叉口等待，但整体上步行连续性良好；对于老年人及残障人士而言，步行连续性待提高。

3.5.3 休闲多元的复合功能业态

就徐家汇片区而言，围绕轨交站点周边的非居住功能混合程度较高，不仅有大型商业、商务办公设施，还散布着居住、公园、文化场馆、游览设施等，且公共服务功能比重相对较高。徐家汇片区整体功能以商业休闲为主，各功能业态相互穿插，分布相对均匀。

徐家汇板块作为上海城市副中心，站点直接相连港汇恒隆、太平洋百货、美罗城等高端商业综合体；但除了站点周边直接相连的高端商业，站点周边的其他道路分布了与高端商业截然不同的功能业态，充分体现了徐家汇作为城市副中心的多样性和包容性。例如，天钥桥路分布有多种多样的上海本地小吃，从糕点桃酥，到烤鸭烧鹅，本地美食吸引了居住在周边的人以及外来游客的光顾，特别是双休日期间，人头攒动，使得整个街区十分具有烟火气。而又例如衡山路，作为上海著名的历史街区，结合徐家汇公园打造了成为以观光、旅游为主的街区，周边分布有较为小资精致的店铺。而徐家汇站点距离淮海中路约 500m，因此站点周边向北延伸的功能与淮海中路的年轻化功能相呼应。

就步行流线而言，徐家汇以商业、休闲流线为主，混合有居住、办公、通勤人流，混合程度较高。同时，徐家汇站作为三线换乘的轨道交通站点，有着大量站内的换乘需求。地下步行路径串联了地铁站及邻近商业、办公建筑，空中步行路径则覆盖了更广的范围，包括了徐家汇公园等较远的休闲游览功能。

3.5.4 宽敞怡人的步行环境品质

（1）站内步行环境

舒适、宽敞的换乘空间是徐家汇站内空间的一大特点。通过地面铺装、立柱样式、顶面及墙面材质等，配合适度的照明和良好的通风系统，营造了风格统一、简洁大气的空间氛围。宽敞的站内空间使得即使在大客流期间，行人依然有较为舒适的步行体验。

人性化设计要素的引入，为公共空间增添了许多温度。除了配备无障碍电梯，还在有高差的地方设计了无障碍坡道（图 3.154），服务出行不便的人士；随处可见的标识使得行人在偌大的换乘空间内行走并不会迷失方向，标识不仅指明了方向，更是标明了到达目的地的距离；考虑站内空间较大，为方便乘客标定所在位置，在付费区内设置了会合点（图 3.155）。

图 3.154　站内无障碍通道（左）
资料来源：笔者自摄
图 3.155　站内会合点（右）
资料来源：笔者自摄

图 3.156　舒适的地面人行道
资料来源：笔者自摄

图 3.157　舒适的地下通道环境
资料来源：笔者自摄

（2）站外步行环境

徐家汇站及周边区域具有良好的步行环境及步行体验感。一方面，站点周边地面人行道及二层连廊宽度适宜，部分人行道及平台空间结合景观、文化建筑有独特的设计感，营造了轻松、舒适的步行氛围（图 3.156）；另一方面，地下通道照明、通风等设施条件良好，通道空间充裕，整体风格简约，打造了较高的地下空间步行环境品质（图 3.157）。因此，行人整体具有良好的步行体验感。

同时，站点周围伴随周边功能业态不同，空间营建的风格也有所不同。与紧邻站点周边宽阔道路和高大宽敞的城市格局不同，天钥桥路以开敞的商业空间界定行走界面；而衡山路则以整洁有序、布局合理的街道设施来界定步行空间，更有余庆路、天平路等街区小路以小街密路网的形式布局站点周边区域。通过不同的街道空间营造，打造不同的城市行走体验，也丰富了对于城市的认知。

3.5.5　小结

徐家汇地铁站及周边步行空间体系主要有两大特点。一方面，徐家汇站作为三条快线地铁换乘站，由于建设时序、实际交通条件及交通需求等限制，三条地铁线的站台存在一定平面距离，导致 1 号线与 9 号、11 号线换乘距离较长，造成一定不便。但不可否认的是，拉长人流换乘动线避免了高峰期人群过度集中，一定程度上保障了站内换乘安全。另一方面，徐家汇站打造了以二层连廊平台以及地面人行道为主，地下通道为辅的立体步行体系。由于徐家汇为五线交汇，其中两线为主干路，街道尺度较大，车流量较高，导致地面过街存在不便，而地下通道系统主要服务于地铁集散客流，对片区内各地块之间的客流吸引力及服务功能不强，因此，需要构建二层连廊平台服务商圈人流的过街需求，同时结合景观、商业外摆等设施，营造环境怡人的二层平台空间，在提供通行服务的同时，提供驻足、休闲的场所。

作为三线换乘的大型轨道交通枢纽，徐家汇站周边以高混合度的商业、办公、公园等功能为主。徐家汇地铁站及周边立体的步行空间品质较高，步行连续性较好，步行系统与徐家汇商圈的更新升级同步进行，不仅解决了既有的步行及过街问题，良好的步行体验感还作为徐家汇的品质提升的重要一环，促进了徐家汇及周边的进一步发展。其人性化的指引标识、充足的步行空间、与建筑二层商业外摆及景观结合的二层平台、在不影响既有线路的前提下新建地铁线的设计方式等，均对未来此类站点及周边区域的更新有参考价值。但与此同时，局部地面步行空间受"宽马路、大车流"的影响，连续性及步行体验欠佳，有待于未来进一步更新进行改造优化。

3.6　陕西南路站

　　陕西南路位于中央活动区内，在城市中的地理位置处于静安区、黄浦区、徐汇区三区交界处，是一个集公园、商业、文化于一体的综合型宜居街区，周边聚集了巴黎春天、百盛、iapm、二百永新等众多大型百货商场，同时也位于衡山路 – 复兴路历史文化风貌区内部。衡复风貌区是上海中心城区成片保护规模最大、历史风貌保存最完整、以花园住宅为主要特征的风貌区，整个区域 7.66km²，有着深厚的历史人文底蕴，是上海城市文脉的发源地和承载区。不仅保护了有历史文化的风貌建筑，武康路、岳阳路等历史风貌道路的整治，更传承了高品质生活的街道环境，建业里、永平里、衡山坊等成片保护利用，从"面"上强化了有温度的特色街区[15]。

　　陕西南路开辟于 1911 年，是法租界公董局的越界筑路，1914 年法租界扩展后该路被划入法租界。淮海中路是上海最繁华的商业街之一，建立于 1900 年，南连上海新天地休闲商圈、思南公馆区域、打浦桥商圈和上海文化广场，北邻花园饭店、锦江饭店高档宾馆区。周边上海音乐学院、上海交响乐团、艺术家公寓等文化院校及设施的聚集，使得这里的历史情调增添了更多文艺色彩。

3.6.1　便利通达站内空间布局

　　陕西南路地铁站本身规模适中，是随着地铁线路建造时序而逐渐衔接起来的交通站点。1995 年 4 月 10 日，上海地铁 1 号线开通运营，陕西南路站投入使用。2010 年平行的 10 号线开通后，两线换乘需通过 10 号线 6 号口在站外进行，为此还在 10 号线陕西南路站试行推出了一项便民服务新举措——掌心换乘卡。

　　随着 2015 年 12 月 12 号线的垂直衔接，终于实现了三线的站内换乘。三线站厅站内空间联通，使得站内换乘便利可达。12 号站厅以垂直的方式联通 10 号线和 1 号线的站厅，联通茂名南路环海中路交叉口至襄阳南路南昌路交叉口将近 700m 的距离，可通过付费区直接联通。12 号线与 10 号线步行大约 1 分钟就可快速实现换乘。

　　站内流线清晰且付费区和非付费区空间秩序分明。各线路站厅的空间设计，均结合过街设施进行设计，可直接通过非付费区进行过街。1 号线站厅的 1 号口线虽不能通过非付费区与2、3、4 号口直接相连，但可通过换乘通道与最近的 10/12 号线形成换乘。与此同时，1 号站厅内 2、3、

4 号可直接通过非付费空间联通，在达成过街空间的同时，也可作为城市空间的风雨走廊，为一段约为 200m 的道路提供遮风避雨的空间。

3.6.2 外延连续的慢行生活圈

（1）地铁上盖和交通核

作为典型的 TOD 地铁上盖项目，环贸中心可视为巨大具有重要城市影响力的城市交通核。环贸中心包含两栋分别为 28 层和 32 层的办公楼、两栋 24 层住宅及 iamp 商场，总建筑面积约 27 万 m²。除了通过在地下一层商业区东侧和南侧分别设置的连通口（图 3.158、图 3.159），[16] 乘客在东南角的扩大站厅可直接完成进站检票从而快速到达 12 号线和 10 号线站厅，轨道交通空间也获得了非常方便友好的室内界面，在空间整合中也实现了公共空间的内置和商业景观的外溢，极大缩短了商业空间与地铁公共区的步行距离。其中位于环贸广场一侧的出站口有 4 个，与建筑直接连通的出站口有 3 个。但由于内部衔接空间与地铁站闸机相距较近，缺乏更大空间的疏散距离，消费人流与交通客流在高峰时段较为密集。

环贸地下面积 12 万余 m²，地上 7 层，地下 2 层，还设有 2 层停车场，可提供近 800 个停车位，地上塔楼部分与地铁站位间距控制在 6m 左右，10 号线车站上方流线型沿街商业高度不超过 2 层，整合 10 号线出入口、风井的同时，延续了淮海路的整体商业氛围。而 12 号线车站上方区域则处理为沿街景观，有效缓解庞大商业体量对行人的压迫感。

对于位于中央活力区的陕西南路站点而言，为应对十分有限的土地资源，"向空中要土地"成为诸多地铁上盖最佳的选择。将地铁上盖空间结合站点打造成为城市立体交通枢纽，在快速疏解人流的同时，更是为人们创造全新的生活娱乐工作场域，激活一方"上盖经济"。围绕轨道交通站点的复合紧凑开发，将公共交通出行和多元便利的生活服务深度融合，引导市民出行方式进行结构性转变。而另一方面，由于上盖物业带来的经济效应将反哺轨道交通的运营和维护。通过创造多功能且短距离的生活圈，减少人们获取足够信息、商品、服务的成本，实现更美好的社区

图 3.158　环贸地下层站厅和商业平面关系
资料来源：潘维怡，张少森 . 关于商业开发与地铁站整合模式的案例研究 [J]. 建筑结构，2013，43（S2）：156-160.

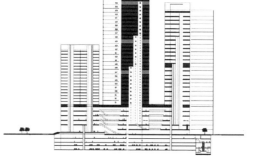

图 3.159　环贸东西向剖面
资料来源：潘维怡，张少森 . 关于商业开发与地铁站整合模式的案例研究 [J]. 建筑结构，2013，43（S2）：156-160.

生活和可持续的城市发展。

（2）路面过街优化

站点周边毗邻茂名南路、陕西南路、长乐路、南昌路、复兴中路等步行街道，以小街道密路网的城市格局为主；道路宽度多以 9m、12m 为主，以南昌路为代表的单向一车道、街边停车道和单向自行车道，以及以长乐路为代表的双向一车道、双向自行车道的道路断面类型在站点周边居多。对于行人行走的连续步行体验而言，存在较低的干扰。

与此同时，陕西南路周边的步行系统也随着站点不断完善和站点区域的能级提升而不断优化。为应对淮海中路 15m 左右的道路宽度且提高站点周边连续步行比例，淮海中路的不同街段提高了斑马线的布置。例如，在淮海中路中段多处未设置红绿灯的地方布置斑马线，为道路中段的过街提供支持。由于淮海中路是上海最繁华的商业街之一，为进一步提升站点周边的商业环境和行走的舒适度，沿着淮海中路中段，每相隔 80 ～ 90m 设置一个斑马线，而车行在遇斑马线则需慢行且在有行人过街的时候，停车以供行人优先过街，为行人提供安全的步行环境。又如淮海中路和陕西南路的交叉口，毗邻三条线网的出站口且直接紧邻 iapm 商业综合体，为应对大量的进出站人流和周边地区人流的汇集，交叉口在原先的斑马线基础上，增加了两条对角斑马线，在路中间呈现直角交叉的形式，行人可以沿着斑马线直接走到马路的斜对面。所有方向的车辆都受到红灯控制，停止行驶，包括右转车辆。而行人可通过六条斑马线通行，对角斑马线的投用将行人和车辆的通行时间岔开，既保证了行人的通行安全，也提高了车辆的通行效率。

（3）公共交通换乘便利

为提高站点周边的步行连续及其人流的快速疏散，站点周边的公共交通换乘十分便利。从淮海中路上的 10 号口步入地面层，步行 50m 可与位于淮海中路和陕西南路上的 2 个公交站点直接连接，实现不同交通方式的快速高效换乘（图 3.160）。

与公共交通换乘相比，停车场的布局相对较少。除了与商业结合布置的集中停车场外，部分停车采用街边停车的方式，例如南昌路一侧设有街道停车位。从一方面说，停车场的设置较少，不利于交通工具的衔接；但从另一方面来说，对位于市中心的站点采用停车折减，也从一定程度上减少私家车的使用，鼓励更多的人采用公共交通的方式到达中心城区，进一步减少城市核心区路面交通的拥堵。

3.6.3 活动密集的功能复合圈

站点与周边物业联通的通道不仅具有人流疏散和过境的功能，更是由于通道空间商业空间的布局，提高了通道空间的多样化步行体验。例如，陕西南路站与环贸 iapm 商场的内部衔接空间，环贸通过通道与站厅空间直接相连，且环贸入口与地铁检票口直接毗邻，有利于地

图 3.160　10 号口直接连接公交站点
资料来源：笔者自摄

图 3.161　iapm 室内高端品控
资料来源：笔者自摄

图 3.162　与住宅紧密结合的底商精品零售
资料来源：笔者自摄

铁的出站人流直接与物业相连；且直接相连的物业通道空间，商业氛围较为浓厚，主打户外休闲、餐饮美食，以及居家日用、服装配饰等功能，以便于通勤的人群购买日常所需。相较于环贸上层的高端商业美食，与地铁站点直接相连的地下二层商业构成趋于日常，可以为来往的人流提供基本所需（图 3.161）。

与此同时，步行街道所直接联通的区域，借助步行可达范围与连续度较高的优势，街区借助底层商业，沿街立面将商业空间向步行街道开放，打造积极的商业界面。将服务功能紧凑积聚，其中服装、精品店等其他零售的数量种类多，服务于周边社区居民、学校的公共设施丰富。例如复兴中路（图 3.162）两侧街道尺度亲人，首层乃至二层的里弄界面精致优雅，一层布置大量精品零售店，街道围墙的部分阻隔一定程度地保障了私密性。

陕西南路站点周边最后一公里的复合型功能是使得陕西南路片区成为城市公共活动中心的基础。时尚名品荟萃、温馨典雅的购物环境、众多高档餐饮娱乐名店以及优越的酒店服务是淮海中路商圈高能级服务和高品质商业的铭牌。而除了地铁上盖商业 iapm 之外，1 号线站点周边建筑类型多为商业设施和办公楼，如百盛百货，巴黎春天、永新大厦和国泰电影院等，也协助构建淮海中路商圈高能级的商业服务。而沿着淮海中路两侧布局的新型商业空间，巧妙地将科技、艺术等元素融入，充分体现了最后一公里多元多样且个性包容的空间。而除了商业空间外，以上音歌剧院、上海文化广场、工艺美术博物馆为代表的文化型节点，以及周边配套的琴行、展示厅、教育机构等服务配套，充分提高了最后一公里的功能多样性。汾阳路与淮海中路路口的淮海国际广场底层利用建筑前区与人行道的高差与铺装设置，以及部分商业外摆提升了空间的精致度（图 3.163）。

除了时尚潮流、服务多元的商业功能以外，陕西南路最后一公里也因其悠久的历史风貌而闻名；而历史建筑特殊的建筑形式和空间布局也打造了极具地域特色的商业街区。历史风貌街区大量的高密低层里弄布局，其周边的商业大部分是贴合老住宅单元小尺度而排列构成的，形成独具特色的一层合院式布局。结合富有上海特色的建筑形式，既丰富了行走体验，也老屋新生，进一步促进了老建筑的更新，使其焕发新的活力。

除了商业空间、历史文化节点外，轨交站点周边布置有两个 20000m² 左右的公园绿地，淮

图 3.163　上音歌剧院及周边配套
资料来源：笔者自摄

图 3.164　热闹的襄阳公园
资料来源：笔者自摄

图 3.165　复兴中路的拐角小巷
资料来源：笔者自摄

图 3.166　1 号口连接巴黎春天
资料来源：笔者自摄

茂绿地和襄阳公园。人气颇高的襄阳公园位于淮海中路 1008 号，南临淮海中路，西为襄阳北路，北界新乐路，园门内一条南北向的宽阔大道，两旁高大虬劲的悬铃木浓荫蔽日，木下长椅座无虚席（图 3.164）。道路两侧有法国式轴对称几何形的花坛，种植四季花卉，与园外淮海中路上的景观交相辉映，舒适的遮蔽环境吸引了众多前来游乐、遛狗、舞蹈的人群。复兴中路西至上海交响乐团处的宝庆路地带，东至老西门，算是居民闹市区，热闹而不杂乱，拐角小巷（图 3.165）界面整齐，尺度宜人，与街道衔接关系流畅，历史风貌保留的赤瓦坡顶特色鲜明。拐到商业街分岔出的"支流"中，还会有些意想不到的惊喜，偶尔瞥见慕名而来的人们排了很长的队伍，在等待某种美食出炉；又或是一些个精致的古着店里拥簇着试戴的顾客。

3.6.4　注重细节打造品质空间

（1）具有导向性的站内空间设计

作为三线换乘的站点，站域换乘虽较为复杂，但通过具有导向性的站内空间设计，使得出口繁多、换乘流线较为复杂的站内换乘空间秩序井然，易于辨识。对接巴黎春天商业综合体的 1 号口（图 3.166）通过暖色调的橱窗展示和 1、12 号线换乘通道形成标识性；明亮的换乘大厅服务窗口（图 3.167）则直接面对与环贸连接的 6 ～ 8 号口，现代感极强的商业地下界面和地铁内饰融为一体，通过高差的设置形成视野开阔的换乘体验。

陕西南路站 10 号线转 12 号线的换乘大厅充满活泼的现代气息，吊顶装饰通过线性斜交的装饰效果（图 3.168），在焦点处设置点光源，立柱通过鲜艳明亮的效果减弱粗壮结构的沉重效果。与商场衔接的出站通道（图 3.169）利用协调统一的配色和现代拼贴的处理方式，视觉上能涉及到各个换乘方向的人流，尽量避免了长通道带来的压抑感。

不仅如此，在换乘通道站厅展窗布置了长达 30m 的展览橱窗（图 3.170），在不同时间段有不同的展示主题，例如中国传统文化乐器、大英博物馆的主要藏品等世界文化、大师绘画作品展、健康知识宣传栏等，将世界文化、艺术精华带入地铁站通道空间中，引导乘客的停留观赏。通过宣传彩屏、实物展示等方式，营造富于文化艺术氛围的空间界面作为展览的场地，同时利用橱窗的照明来打破线性通道的单调。

（2）公共空间节点放大

为应对瞬时人流，站点周边的公共空间打造针对性地对部分节点采取了放大处理，以应对并容纳瞬时人流，尽量减少瞬时人流所带来的拥挤等问题。例如，紧邻环贸 iapm 商业综合体的街

图 3.167　换乘大厅服务窗口
资料来源：笔者自摄

图 3.168　10 转 12 号线明亮的换乘通道
资料来源：笔者自摄

图 3.169　衔接环贸广场的出站通道
资料来源：笔者自摄

图 3.170　12 号线展览橱窗
资料来源：笔者自摄

道一侧，对于建筑前区进行一体化设计，将人流空间考虑进来，通过绿化空间的植入对街道空间进行人行的分流（图3.171）。具有前瞻性的建筑前区设计，不仅可以承担外溢的人流，还可以为城市的街道空间提供更多的空间以支持丰富的城市活动。例如，在商业密集的街区中开辟的小花园和其他公共空间，可为购物疲惫的人们提供停留的休憩空间，而自然放大的节点空间也具有开阔的视野窗口（图3.172），具有良好的视野，为空间体验的趣味性增添了不少层次。

（3）包容多元的空间体验

如果说南京东路是上海商业繁荣的象征，那么原法租界范围内平行于1号线的淮海中路则更多地表现为一种典雅多样的品位和格调。原名"霞飞路"的淮海中路林立的商店装潢典雅高贵，中式古典、欧陆新潮及跨世纪大都市的建筑风格各具风采（图3.173）。以高雅浪漫著称的百年淮海路，无疑是世界级的购物天堂。而平行于12号线的陕西南路是上海市的一条重要街道，转身进入深邃弄堂里途径喧闹的菜市场，尽头是小尺度创意摊贩和精致洋房的嘉善老市（图3.174），东侧即可偶遇法式里弄步高里，门牌上的法语名"Cité Bourgogne"（图3.175）仍旧清晰可见，历史文化单元和街区式商业节点串联起来，促进了街区慢行系统的体验品质。

除了站点周边的2条主干道各具特色，3条支路南昌路、襄阳南路、汾阳路更是市中心闹中

图3.171　与人行道自然衔接的外溢导出
资料来源：笔者自摄

图3.172　公共空间内置"窗口"
资料来源：笔者自摄

图3.173　繁忙的淮海中路
资料来源：笔者自摄

图3.174　嘉善老市
资料来源：笔者自摄

图 3.175　步高里里弄
资料来源：笔者自摄

图 3.176　生活气息浓郁的南昌路
资料来源：笔者自摄

图 3.177　汾阳路舒适的林荫遮蔽
资料来源：笔者自摄

取静的好去处。南昌路、襄阳南路是市井氛围浓郁、便民设施齐全、充满格调的生活性街道，其中南昌路（图 3.176）包括租界时代的陶而斐司路和环龙路，著名住宅有 110-134 号上海别墅、136-146 号别墅等。东段雁荡路口 47 号的科学会堂，原为法童公学，路南侧不远有复兴公园。汾阳路（图 3.177）与淮海中路斜交，浓郁的音乐文化氛围和高大的行道树相互呼应，连接上海音乐学院、工艺美术博物馆、白公馆和上海教育会堂，终点处是三岔路口处的俄国诗人普希金纪念碑。

陕西南路站周边多数街道有明晰的过街斑马线或指引标识，步行空间铺装、卫生良好，通过铺装的景观化处理、商业街面的展开、人车分行标识的清晰化设置，与公共建筑、地下商业、公交站点以及地铁站点共同形成可直达的一体化步行系统。

通过塑造截然不同的街道风貌，塑造个性包容、多样丰富的空间营造也从侧面支持陕西南路站点区域中央活力区的城市定位。

3.6.5　小结

陕西南路站点位处上海的中央活动区内，是城市综合服务功能高度集聚的区域。陕西南路站域空间随着站点线路的更新而不断扩大和优化，站厅以折线为高效换乘形式的线性空间，并充分利用商业和地铁的地下共享界面，在满足用地退界的前提下，商业综合体贴邻地铁站位布置，空间组织高度集约。而站域周边城市结构以小街密路网的形式进行延伸，提高斑马线的布局密度，以提高路面空间步行的连续度。

站域周边多样化的商业区，通过舒适的慢行系统，将周边相对复合的城市环境有机串联。通过慢行微循环等线形界面和站域空间中的转换空间、集散空间相互叠合联通，将历史单元和交通型、服务型、景观型节点串联，共同构成站点外延的点、线、面步行连续体验，地上空间步行延伸范围广。周边功能紧凑有致，公共功能的复合度和开发强度差异化特征明显，服务人群种类丰富，无论是可达性、服务范围、用地类型多样性方面来看均有较高品质。

3.7 虹桥火车站

虹桥综合交通枢纽位于上海市中心城西部，虹桥机场西侧，距离市中心约20km，是上海大都市圈的结构重心，并处于上海市区与长三角地区交通衔接的门户位置，是涵盖航空港、高速、城际铁路、磁悬浮、城市轨道交通、公交车、出租车等多种交通方式的轨、路、空三位一体的，日旅客吞吐量在110万人次的超大型、世界级交通枢纽中心。依托交通区位优势，虹桥综合交通枢纽以服务长三角腹地为主要发展方向，融合交通、经济、社会等功能于一体，发展功能定位为上海面向长三角的综合交通枢纽和区域商务中心。枢纽规划范围为东侧外环线A20、西侧华翔路、北边北翟路、南边沪青平高速公路的合围区域，整个规划用地约26km^2。枢纽核心区内各交通主体的平面布局由东向西依次为航站楼、东交通中心、磁浮、高铁、西交通中心。机场跑道、磁路线及高铁轨道均为南北向布置。核心区西片北起青虹路，南至徐泾中路，东接西交通中心，西临铁路外环线，占地1.4km^2。

3.7.1 换乘便捷的站内空间布局

虹桥火车站地铁站，位于上海虹桥综合交通枢纽正下方，是上海地铁2号线，上海地铁10号线和上海地铁17号线的换乘站，也是10号线主线和17号线的终点站。上海虹桥火车站站2号线、10号线和17号线位于同一层面，共有3个岛式站台，其中2号线和17号线为双岛式同站台换乘站，10号线则使用另一个岛式站台。

如图3.178所示，2号线由市区往徐泾东方向的列车与17号线由虹桥火车站开往东方绿舟的站台位于同一站厅，因此，从市区通过青浦方向的乘客可以免于站内过长的换乘流线，可直接在同一站厅进行换乘，在大大缩减了轨道交通换乘流线的同时，也减少与通往地铁站的人流产生交叉，造成站内拥堵。同样，作为17号线的终点站，乘客也可在同一站厅直接换乘2号线前往市中心。

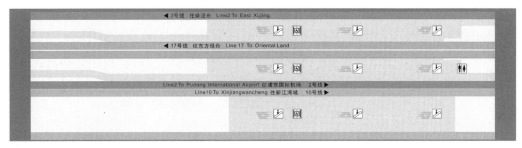

图3.178　虹桥地铁站站层图
资料来源：上海申通

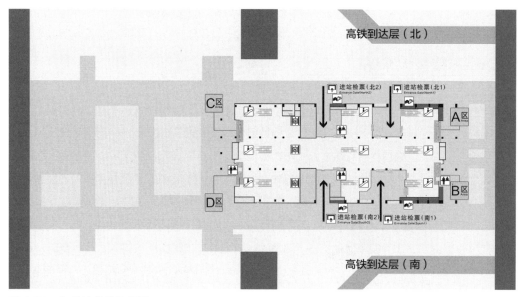

图 3.179　虹桥地铁站站厅图
资料来源：笔者改绘

3.7.2　高效集约的步行网络连通

（1）轨道交通与换乘

虹桥火车站不仅是重要的三线换乘站，每日更是承担大量的铁路交通人流。而轨道交通与铁路交通的换乘系统构建是虹桥火车站最为重要的步行系统空间。

由图 3.179 可见，虹桥地铁站的站厅层位于虹桥火车站集散和检票通道空间的中间，行人可通过南北两侧进出地铁站，进入虹桥火车站的售票层。为进入虹桥火车站乘车，乘客可向东西两侧进行疏散，即可乘坐扶梯进入铁路出发层。由于东西两侧皆可通往出发层，因而在轨道交通和铁路交通换乘时不会因为寻找目的地而造成停留。与此同时，火车站的售票层也是到达层，以与地铁站站厅平行的方式，布局高铁到达层（南/北）。因此，对于到达站点的铁路交通乘客而言，可通过最短的路径直接换乘轨道交通。

除轨道交通外，在火车站售票和达到层向西侧走，则可直接通往上海虹桥长途客运西站及数个机动车停车场；而向东侧一直行走约 15 分钟，即可直达虹桥机场 T2 航站楼；除此之外，到达层南北两侧还布局有出租车停靠站点。到达层宽敞的步行通道以及明确的接驳信息，指引无论是铁路达到还是轨道交通达到的乘客，快速寻找到换乘交通，有利于人流的快速疏散，避免人流的聚集。

（2）联通的地下步行系统

虹桥火车站片区不仅注重站域地下空间及步行系统的构建，更是注重作为城市巨构，如何消解其对于城市肌理割裂的影响。因此，虹桥火车站周边区域的开发首先着重其与虹桥火车站的步

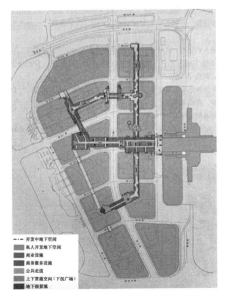

图 3.180 虹桥 CBD 一期地下步行系统示
意图

资料来源：笔者改绘

行联通，通过增加站点与周边地块的联通，带动周边片
区的持续开发。例如，虹桥 CBD 一期的地下空间控制
性详细规划强调地块之间的连通性，在各地块间形成了
以中轴线、下沉式广场、地下街和地下通道为主体的互
连互通的地下步行系统（图 3.180）。

虹桥交通枢纽地下步行网络与周边开发地块地下
一层空间相连通，成为核心区西片地下人行活动空间的
骨干。地下空间主轴和步行通道内间隔一定距离布置尺
度宜人的广场空间、下沉式庭院等，增强地下空间的安
全性、可识别性，提高地下空间的内部环境质量，同时，
步行界面遍布丰富的商业，营造出令人向往的舒适地下
步行街道（图 3.181- 图 3.185）。下沉广场和内院等
空间处理手法，将原本封闭、单调的地下空间打开，与
室外环境融合渗透，大大提高了地下空间步行路径中的
景观丰富度。

图 3.181- 图 3.185　虹桥综合交通枢纽地下步行空间

资料来源：笔者自摄

（3）立体交通核

虹桥枢纽作为高能级的交通结点，自身也是巨大的立体交通核。首先，虹桥西侧的交通广场与高铁站房、磁浮车站等地下空间连成整体。交通广场采用了与普通地下车库不同的设计形式，用下沉式的布局，将原本位于地下层的车库打造成为半地下车库，使车库的环境更接近建设于地面的多层车库；车库紧邻广场侧采用全部敞开的形式，并结合广场景观设计布置安全隔离设施，将人流从交通枢纽节点引入停车广场和集散空间，并逐渐过渡到地面层。此外，枢纽建筑的开发深度以地下2至3层为主，局部地区开发地下4层，且大多用于布局机动车停车。整个枢纽建筑形成一个巨型的交通核，并布置多首层格局，各层与不同的交通方式直接相连，便于来访人流的快速疏散。

（4）二层连廊辅助联通

为进一步提高站点及其周边区域的连通性，除了地下步行系统的连接之外，虹桥商务区核心区也采用2层步行系统，周边区域与站点进行贯通。在与市政道路相交处设置天桥以连接两侧地块内的二层连廊或建筑内部空间，注重建筑景观功能与休闲功能的体现，提升二层连廊的景观品质，充分考虑人性化细节设计，实现与二层连廊（建筑空间）的无缝对接，提高行人步行的安全性和舒适性。二层步行系统是商务核心区北片区重要的商务活动联系通道，可有效沟通各商务楼宇、轨道车站、公共交通等公共设施空间，满足商务区核心区北片区行人过街的交通需求，有效实现人车分流。同时过街天桥兼顾行人过街需求和公交换乘需求（图3.186、图3.187）。

3.7.3　多层高密度的立体功能区

（1）通过地下空间开发提高整体开发强度

为应对虹桥枢纽的高人流量及相应的空间及功能需求，虹桥枢纽及其周边的开发也应适当提高开发强度，以满足需求。根据区域航空限高要求，虹桥CBD一期建筑高度不能超过43m。这就意味着虹桥CBD一期无法达到传统CBD的超高容积率，唯有高强度开发地下空间才能满足

图3.186、图3.187　过街连廊
资料来源：笔者自摄

其较高的空间需求。空间的稀缺性也决定了虹桥 CBD 一期的地下空间将发挥更高的价值。虹桥 CBD 一期地下空间规划从控制性详细规划的层面进行编制，虹桥 CBD 一期地下空间开发规模为 101 万 m²，主要功能设施分为地下公共服务、地下步行、地下停车以及地块地下商业，并对各地块的地下空间标高、通道参数、退界等提出了指标控制。在此规划的指导下，虹桥 CBD 一期地下空间开发利用最终规模超过 150 万 m²，已接近地上建筑面积（170 万 m²）。从另一个维度来说，地下空间结合轨道枢纽站的开发，其地下开发量需要交通支撑，而稳定的人流量是地下功能得以实现的保障。

（2）结合步行路径布置多元服务功能

虹桥枢纽站内空间功能布局，着重在步行路径周边布局诸多服务功能和配套设施。在铁路交通到达层也即轨道交通站厅周边步行空间，集中布局商业娱乐、餐饮服务、文化休闲等功能，为进出铁路交通的旅客提供行程中必备的服务。为避免影响交通流线，商业服务及配套设施位于到达层的南北两侧，从而预留出足够的空间予以行人通行。

而站点周边与虹桥商务区核心区的联通空间，也优先将商业配套服务功能沿着步行通道布局在地下一层，局部设置到地下二层。使得来往的行人，无论是来访的旅客，或是前往商务区的上班族，或是来此购物的人，都可以沿步行路径购买自己的所需。

（3）新型商务区的示范标杆

与枢纽站点直接相连的虹桥商务区，旨在打造依托交通枢纽，充分发挥集聚、辐射效应的上海第一个功能合理、交通便利、空间宜人、生态和谐的低碳商务示范区，是上海第三代 CBD 的窗口。

为实现具有创新性的第三代商务区的定位，CBD 核心区对其多样化的功能进行细化，基于商务、商业、休闲的大分类基础上，完善办公（56.3%）、会议 / 会展（8.4%）、酒店（9.5%）、公寓式酒店（8.0%）、文化娱乐（4.8%）、商业（12.0%）以及其他公共设施（1.0%）的功能布局。而由各层功能空间布局可见（图 3.188），由虹桥火车站直接通往商务区的通道空间，也即地下空间，基本以购物功能为主，以满足来往旅客基础的需求；而与此同时，随着地面层数的提高，商业购物的功能逐渐减少，而商务功能的占比明显增高。从空间感受来说，地面层及地下层具有更多公共通道和公共性的空间周边，分布有较多的商业功能，具有较为活力的空间感受；而三四层的功能布局因需保护办公环境而布局较少的商业服务设施，使得空间相对私密。

地下层功能布局　　地面一二层功能布局　　地面三四层功能布局　　标准层功能布局

■ 商务
■ 购物
□ 休闲
■ 酒店
■ 公寓式酒店

图 3.188　各层功能布局

资料来源：《虹桥商务区规划实践交流——从城市规划到建设实施》

3.7.4　步行空间环境品质营造

（1）枢纽空间设计简洁明确

虹桥枢纽的空间设计简洁大气，易于识别，有助于人流疏散。针对虹桥枢纽大人流集散的特点，站厅采用了最简洁的一字形空间布局，首先，将轨道交通的站厅层置于中间，两侧辅以服务；且南北两侧人行通道宽达 20 多 m，为旅客疏散提供了空间基础。其次，包括自动售票机在内的车站服务，以及餐饮服务大量集中于站厅中间布置，从空间层面自动划分了过境人流和需要在此消费的人流，在满足了旅客餐饮服务的同时，也为交通疏散提供空间基础。第三，枢纽空间内的标识系统醒目且数量较多，无论是指向铁路出发到达，还是轨道交通进出，抑或是公交巴士换乘机动车停车，标识均醒目明确。在有限的空间内将全面的信息准确地传达给过往的旅客，有助于人们快速地寻找到目的地。

（2）地下空间光环境和风环境营造

虹桥商务区核心区的空间设计讲究光环境的设计，采用主动和被动的方式为建筑空间营造较好的自然环境（图 3.189、图 3.190）。建筑物光环境直接影响着用户的生理、心理健康，自然光不仅符合人的心理需求，还会对人的身体健康产生积极影响，尤其是在严重缺乏自然光的地下建筑中，更应该注重自然光环境的营造。虹桥枢纽及商务区核心区有较大比例的地下空间开发，而自然光环境的营造为提升地下空间的品质起到了至关重要的作用。通过主动采光方式，通过光纤管或镜面反射等方法将自然光引入地下空间；而采用被动采光方式，在地下建筑物中设置一定的建筑空间以捕捉阳光，例如下沉式广场、中庭、天井、天窗和侧窗等。在商务区地下空间的营造中，采用被动方式创造光环境，具有较高的经济可行性并可以大大改善地下空间的体验感、舒适度和可识别性度，也对人流疏散起到了积极的作用。

除了光环境的营造，虹桥商务区地下空间的风环境营造也是该项目设计的关键。由于与地面的连接通道有限，封闭的地下空间不利于地下建筑物的通风；而通风不畅会导致污染物积聚，潮湿增加，进一步损害人们的生理健康。虹桥商务区地下空间采用下沉式广场和天井等自然通风方

图 3.189、图 3.190　空间光环境

资料来源：笔者自摄

式，增加空气的流通，从而大大改善了地下空间的空气质量（图3.191、图192）。但是在相对远离下沉式广场和天井的地下空间，空气质量则明显变差；加之这些地下空间部分地段呈现停车和商业混合的现象，因而导致空气进一步恶化，在空气不流通的同时掺杂着大量的汽车尾气，这给地下空间的环境感受带来了负面影响，而空气环境不佳直接或者间接地表现为位于这些地段的商业空间呈现出较为失落的状态。

（3）注重尺度感的地下空间设计

地下空间的设计，特别是空间尺度的把控，直接影响在地下空间行走的人的心理感受。因此，虹桥商务区部分下沉广场的开敞空间设计，将沉闷的空间打破，在一定程度上释放了空间的局促感。除了运用下沉广场的手法打破空间的单调秩序，虹桥商务区的地下一层采用6m的层高设计，地下空间层高的提高可以相对减少地下空间的压迫感。同时，地下商业设施和地下连通通道也适当拓宽了行走道路的宽度，在预留商业空间的同时，也为顾客留出充足的步行空间，虹桥商务区的地下连通通道和地块内通道宽度不小于6m，重要地块不小于8m。

图3.191、图3.192　空风环境营造手法
资料来源：笔者自摄

但在减少地下空间压迫感的同时，由于拓宽的步行通道，导致步行通道尺度较大，在人流较少及通道活动较少的时候，会凸显空间尺度的巨大。

（4）活力多元的街道界面

虹桥商务区的公共空间设计注重步行活动空间的界面设计，以活力多元的活动和环境优美的绿化空间

图3.193　活力开放空间
资料来源：笔者自摄

将物业内外的空间联动起来，在为商户带来人气的同时也丰富了公共空间的活力。例如，申虹路两侧地块内建筑的围合内庭院，在交通流线上与外部公共开放空间相连接，从而将活力的空间氛围从景观绿轴一直延伸到各地块核心区域；通过将绿色生态环境引入各组团内部，让人们可以沿着绿色自然而然地步入建筑之中，从而为各组团不断聚集人气与商气。通过围合与半围合的空间分隔、私密与开放的环境营建，将原本简单的步行道路与建筑内院转变为相互连通的功能复合型公共空间，在丰富步行界面的同时，丰富了街区空间的环境，为人们提供了工作之余放松以及社交的重要场所（图3.193）。

（5）中央轴线营建

虹桥枢纽的中央轴线景观绿地定位为公共绿地，位于商务区核心区域，虹桥火车站西侧，东

起申虹路，西至申滨南路，南至邵虹路，北至苏虹路，绿地周边自东向西毗邻虹桥天地、万通中心和新地中心三大商业综合体，绿地总长度约280m，宽度70～110m不等。通过打造具有地标性的公共景观绿地，为人们提供可以自由进出和使用的、供大众游憩的城市空间；而从虹桥枢纽及其周边一公里的空间塑造而言，中央绿轴是区域城市空间形象的重要节点，对于提升整体城市空间的品质和魅力，有着不可替代的作用。

中央轴线景观绿地采用了"流"的设计理念，塑造流动的空间形态的同时，将人与空间很好地融合起来，成为最后一公里的公共活力区。中央绿轴以流动的空间形态将多样化的功能嵌入其中；通过联通的步行路径将中央轴线和周边商业产生链接，将周边丰富的业态功能和中央轴线的公共空间有机联系起来，打造新型商业社区休闲场所。而步行系统的打造作为"流"的基础，串联了以中央轴线为核心的公共空间：首先，绿地上步道的侧石采用曲线形辉绿岩压顶，侧石基部选用彩色马赛克装饰，独特的步行空间具有良好的空间引导性和延伸性，简洁又大方。其次，步行串联的景观空间进行了四季且具有层次性的设计。整体基调以绿色为主，突出春华秋实的景观效果；而绿地两侧呈阵列式设计，采用季相变化明显的实生银杏，中间配以疏林草地的形式，主次分明，保证了景观空间的可视性。第三，步行空间内也布置了相应的供人们休憩停留的空间，例如，在邵虹路一侧增加了木平台、木躺椅（防腐木）组合，现已成为午后商务人士休憩交谈的好去处。第四，步行路径周边摆放了各式各样的城市艺术品，为空间增添了活力和不一样的颜色。例如，广场上用红色雕塑（绒线球）来点缀，以组团式方式布置于绿地之中，形成了一道靓丽的"红色情缘"（图3.194-图3.198）。最后，由于绿地下层布置有一定数量的电梯井、通风井、空调外机、消防水管、污水管道等多种设施，上层公共空间设计则运用不同高低、形态多样的艺术锈钢板来装饰突兀的通风井，景观效果甚好。

（6）"地标式"下沉式广场

下沉式广场可以实现地上地下统一协调、自然过渡，是重要的城市开放空间。除了引入自然光和通风的作用，下沉式广场还为虹桥CBD一期各地块提供了标志性的公共开放空间。这些下沉式广场是整个地下空间网络的重要节点，可以说是虹桥CBD一期地下空间项目的"地标"。同时，通过提供餐饮和便捷通往周边商业服务的通道，以及定期举办主题活动（如图所示的"潮好玩"活动），下沉式广场为虹桥CBD聚集了很多人气和活力（图3.199-图3.201）。

3.7.5 小结

虹桥火车站站点周边最后一公里城市更新，是以步行系统带动片区更新的典型实践。首先，作为城市重要的三线轨道换乘站点，也是城市最主要的铁路交通枢纽，虹桥地铁站站内空间的布局简洁且易于识别，而站内换乘流线采用同站台换乘的方式，可以将轨道交通换乘人流和换乘铁路交通人流有效地分流开来，很好地避免了人行流线的交叉和拥堵。其次，轨道交通站点和周边物业建立了舒适连续的步行通道系统，不仅结合铁路交通出发层、站厅层东西两侧联通的长途公交、地下停车等交通换乘，形成了多首层的立体交通核，更是通过联通的步行系统将周边空间功

图 3.194- 图 3.198　地铁上盖中央轴线景观
资料来源：笔者自摄

图 3.199- 图 3.201　下沉广场及地面主题活动
资料来源：笔者自摄

能打通，将人流引入虹桥商务区核心区乃至周边区域，将由铁路交通枢纽的巨构建筑造成的城市割裂进行缝合。第三，围绕步行连通系统打造了丰富多元的商业功能，使得行人在经过漫长的换乘步道的同时也可以享受高质量的城市服务；而有步行通道直接连通的虹桥商务区更是以打造上海第三代 CBD 为目标，围绕步行直接联通范围布置高密度商业，将商务办公功能置于上层空间，在激活空间活力的同时也为办公提供良好的氛围。最后，站点空间的空间设计以快速疏散人流为主要目的，因而设置了指示明确、图标明显的各类空间和方位标识，且人行步道预留宽度巨大，便于身处换乘空间的旅客快速辨别方位，做出路径选择，并做到人流的快速疏散；而站点周边最后一公里的空间设计，结合城市商务区的高能级定位，塑造了宜人包容、丰富多元的空间感受，使得虹桥枢纽片区不仅是城市的过境空间，更是具有世界级影响力的重要目的地。

但与此同时，由于虹桥火车站特殊的城市功能定位，导致站点建筑体量巨大，对于城市割裂的作用难以简单地通过步行系统的连通和功能业态的布局进行弥补，其对周边的持续带动和更新仍需对于城市肌理的断裂予以持续的关注。其次，也是由于枢纽及其片区的空间尺度巨大，导致连通站点与商务区的地下步行连通道过长，行人需行走约 15 分钟才可达，后续持续的城市更新可考虑在部分路段设施代步履带等方式，缩短从虹桥枢纽至商务区的步行时长。第三，从空间塑造角度来说，过长的地下空间仍然会使行人感到不适，后续可继续考虑地上地下一体化的方式来进行持续的空间更新；同时，绿化空间考虑不足，对于底层高密的商务区而言，仅有中心绿轴的集中绿地打造，远远不能满足人们对绿化空间的需求，通过点状绿地、线性绿地的持续置入，合理利用街角、街边、建筑中间等夹缝空间、零碎空间、灰色空间等进行绿化空间布置，以进一步丰富站点周边最后一公里的城市空间质量。

3.8　梳理与研判

本章节案例调研是以前述章节的综合分析为基础，深入展开站台层（站内流线）、系统层（可达范围）、功能层（功能业态）与空间层（空间品质）等 4 个层面所包含的平面布局、流线组织、空间形态、服务设施、家具、铺地、景观等设计、现状展示与评述。与前述章节综合分析偏向定量及二维平面分析不同，本章节案例调研侧重从站点及所在区域的历史沿革、自身特色出发，尽可能从步行者视角开展详细论述，是对前述章节偏理性分析的重要补充。

从站点选取上，结合考虑客流量、城市空间布局、站点属性等方面，选取陆家嘴站、徐家汇站、人民广场站、静安寺站、陕西南路站、虹桥火车站站、五角场站作为具体调研的对象。从调研框架上依旧遵循于站台层、系统层、功能层以及空间层的详细调研，强调翔实具体的事实细节与从步行者视角出发的主观感受相结合的记录方法。选取的站点大多数为换乘站点，或站点之间距离较近，基本已经形成了步行联通的区间（如五角场站），且站点本身位于城市中心、副中心或对外综合交通枢纽等重要区域，均匀分布在上海城市空间的多个方向。

就具体调研内容而言，站台层强调站台的形式（如岛式、侧式、双岛式等）的记录，换乘的形式、空间规模，以及站台层、站厅层的流线组织等内容；系统层则关注以站点为核心扩大连续的步行范围的具体内容，如站点出入口设置数量、形式、位置，以及站点周边城市空间环境的步行连续性等方面的内容，特别是在与站台层调研结合考察调研其与站点周边开发物业之间的空间联系程度；功能层则关注站点及站点周边城市空间环境的功能业态组成，着重关注站台、站厅及站外步行环境的功能业态类型、布局及规模等情况。空间层则关注整个站台层、系统层所涉及的环境设计、空间特色、街道家具、设施设备、导视设计、无障碍设计等空间品质方面的内容。

　　总体来看，所选站点及其站点周边区域的现状，均反映出较好的步行者体验以及较高的空间品质。从对各站点及其周边最后一公里现状更新的深入分析可以看出，在站台层、系统层、功能层以及空间层方面，各站点虽然以不同的方式进行空间表达，但空间表达的目标或是效果较为趋同，主要表现在如下几点：

　　（1）在站台层面，首先注重对于多线换乘站点予以相对拉长换乘流线、扩大站厅面积等方式，加大对于大人流的承载力度，以缓解位于站台层的人流拥堵；其次，在站厅层的设计，注重换乘流线和过街流线的梳理，使得轨道交通站点的站厅层兼具过街功能，不仅服务于轨道交通进出客群，也服务于路面过街的人群。

　　（2）站点及其周边区域的步行联通系统层面，首先注重与多种交通方式的换乘系统搭建，考虑与公交、非机动车、出租车、机动车停车场等多种换乘方式的系统连接，特别是作为城市重要枢纽建筑虹桥枢纽，更是打造了多首层的交通核，在各个基准层面构建与不同交通方式的连接。其次，与周边区域通过地下联通道、二层连廊、路面慢行系统等方式，延伸并联动周边的地块，以徐家汇和陆家嘴为二层连廊建设的典型代表，而位于中心城区的静安寺、陕西南路等站点，则借助于周边"小街区、密路网"的城市格局，进一步提高站点周边的步行连续度；在遇到步行横跨较宽的道路时，部分站点设置路中交通岛等方式，例如静安寺周边，让过街的人可以在中间稍做停留，进行二次过街。

　　而从站点周边最后一公里的功能构成层面来说，上述分析站点大多位于主城主中心和副中心，因而站点及其直接相连的地块多以商业商务为主，是区域发展强度的极核。其次，部分站点和周边区域联通的通道两侧，多布置餐饮商业等功能，比如五角场、虹桥火车站等站点，在提高了站点周边最后一公里连通度的同时，也丰富了行走体验。第三，以陕西南路、静安寺代表的站点，其周边最后一公里的城市功能布局，集中考虑了站点于城市的核心定位，注重其包容性的功能布局，包含不仅商业商务，更是将多种文化设施、公共服务、公园绿地等布局在站点周边。但与此同时，也有一些站点周边的现状功能过于单一，以陆家嘴为代表的站点，虽设置了较长的通道连接周边物业，但是地下步行路径周边仍有大比例的空间处于控制状态，路径空间稍显单一。

　　（3）从空间营建的层面来说，目前多数站点的空间品质呈现较高的水平。首先站内空间层面较为注重标识系统及公共服务空间的营造，以明确的标识系统指引人流的快速疏散。其次站外步行联通空间多考虑了公共空间具有地域特色的营造，例如静安寺、陕西南路等站点周边的空间设计，不仅将着力打造其作为中央活力区核心节点的商业商务空间，更是将周边历史保护街区的空间格局进行了延续，辅以商业、餐饮等功能将空间活化。但目前个别站点仍存在因地下空间过长且空间设计较为封闭而导致的地下步行环境较差的问题；以及部分站点周边的公园绿地等规划布局较为欠缺，这也是后续更新规划需要持续解决的问题。

4

最后一公里更新方法总结

4.1 站内步行流线梳理

4.1.1 更新原则

（1）功能布局合适，易于高效疏导人流

对于轨道交通站点站厅内部的步行流线而言，在人流高峰的情况下有效地疏散乘客、加速人群流动是其最主要的设计原则，而其疏解能力依赖于合理的站内功能布局。在满足车站的基本功能之外，应考虑地铁车站的区位，地铁线路周边的环境以及土地开发现状，同时还应考虑地铁车站同路面建筑的相互配合以及衔接，满足地铁高峰时期的乘客乘降设施等。在设计的过程中应将车站内部的每一个功能空间进行合理的布置，最大限度地保障地铁站内空间的合理布局，科学疏解人流。

（2）步行空间具有可识别性

站内空间的设计应充分考虑站内空间、功能、方位等可识别性。在站内空间设计的过程中应充分考虑城市的特点以及优势，将城市的特点有效地融合在设计中，让城市通过地铁车站将城市的活力与特色展现给每一位市民，每一位来城市工作、休闲的人们。同时，车站出入口以及站厅的位置等都应设置明显的标志，以专业的建筑语言对每一位乘客进行出行以及空间引导，便于步行者准确定位，提高过境效率。

（3）步行空间行走安全舒适

站内步行流线的舒适性是以人为本设计的关键。站厅内空间如何做到行走安全舒适、便捷通畅是我们在车站设计过程中需要面对并且解决的主要问题。当下我国多数地铁车站为了降低人们对于地下空间以及光线的不适应问题，已经有效地采用了光、声以及电的手段来进行缓解或者消除，要让每一位乘客感受到舒适的乘车体验。

地铁车站的安全性主要指的是地铁车站的防雪能力、防滑能力、抗震能力以及抵抗自然灾害的各种能力，保障人民生命和财产安全。面对上述可能危害到地铁运行安全的问题，在地铁车站的设计过程中要全面地建立健全相应的监督控制网络，要将消防问题进行全面的梳理和分析，在设计车站的过程中要有相应的消防设备、通风排烟设备等。

4.1.2 站内流线便捷

地铁站内便捷换乘，在确保地铁系统使用顺畅和乘客安全舒适的前提下，换乘站设计应综合比选各种换乘方式，尽可能缩短换乘距离，减少换乘高度，以减少乘客换乘所需时间，提高换乘速度。因此，在面对 2 条或 2 条以上多条线路换乘时，地铁车站换乘形式与组合方式设计优化可有效缩短换乘距离，提高换乘速度，进而满足乘客便捷、准时、快速的出行要求。换乘车站的换乘方式与规划线网走向和线路敷设方式、站址环境、超高峰设计换乘乘客流量等关系较大。线路的交叉方式影响着换乘车站的换乘方式，根据不同的线路交叉方式，车站有十字换乘、T 形换乘、L 形换乘、通道换乘、平行换乘等方式，应综合考虑多种换乘形式进行比较分析。例如十字换乘节点位于站台中部，可实现站台中部换乘，站台两端进出站，换乘客流与进出站客流流线较分明，可以避免换乘客流与进出站客流冲撞冲突，但十字换乘的换乘能力有限，遇到突发客流极易造成拥堵。又比如T形换乘，线路相交时，采用一条线路的车站有效站台中部与另一条线的车站有效站台端部相交的形式，换乘较便捷，但换乘节点处存在瓶颈，有效站台相交处客流较大，极易造成拥堵。

对于乘客而言，站内步行环境的便捷和舒适是选择某一种交通方式的重要因素，换乘距离越短越好，所以对地铁而言，要从使用者的需求出发，消除建筑中的不合理之处，建立人性化的换乘系统。因此，在最后一公里城市更新的工作中，应将站内步行流线及空间的更新工作前置，重新梳理线网规划，将车站和线路作为一个整体来考虑，采用最合理的换乘模式，优先选择最便捷的换乘条件。

同时，换乘车站站台承担着进出站客流和换乘客流双重压力，因此站台本体的设计宽度需保证乘客进出站和换乘流线的顺畅。应充分考虑换乘站客流大的特点，结合进出站和换乘客流资料分析，进行面积测算，适量拓宽站台尺度，以应对节点换乘的换乘车站在客流高峰期易出现的"瓶颈"现象。因此，需适当增加换乘节点楼扶梯宽度，优化换乘楼扶梯方向布置，减少站内换乘客流和进出站客流的相互影响，以保证运营安全。

4.1.3　空间秩序分明

站内步行空间设计应有利于乘客对空间产生意象和感知，即一方面要增强空间彼此之间的差异，使空间富有变化；另一方面是以清晰的脉络构建丰富变化的空间，形成空间序列。

增强空间变化，即增加站厅内部空间彼此之间的差异程度，便于乘客记忆路径，更好地在地铁车站中寻找自己的目的地。对于空间"廊"和"厅"的区分，可以将站厅层设计为供人休息、交流、约会、集合的"厅堂"空间，在其中设置绿化、公共艺术等景观元素，或者座椅、矮墙等休息设施，提高让人停留驻足的机会。将具有单一交通功能的线性空间，变成具有公共社会交往功能的厅堂空间，以丰富空间的感知。其次，对于空间动静区分，可以在交通建筑功能中引入商业功能，在通道沿线设置餐饮、书店等小型商业，在动态空间中引入静态元素，将原本平淡无奇的交通空间变得富有灵性，增加地铁车站的文化内涵以及乘客的参与性。

应建立一个完整的、有秩序的空间结构体系以提高地铁车站空间的丰富性。乘客对地铁车站的空间体验是在一个动态的过程中形成的，在整个的步行过程中，一个有秩序的、完整的空间体系能在乘客头脑中形成空间结构的骨架。快捷地掌握了空间的结构，就有利于乘客更好地在空间结构基础上形成空间认知，更加便于乘客在车站中寻路，从而提高人流疏解的效率。

4.1.4　地下空间联通

城市地上、地下空间一体化的发展趋势愈加明晰。目前，国内以轨道交通为中心的地下空间开发基本呈现独立空间开发的形式，未能与周边形成较大范围的网络系统，在极端天气里市民出行依然会受到影响。地下空间网络建设对于我国城市地下空间的开发和利用具有极为重要的现实意义，尤其是在气候比较极端的南北方城市，通过局部通道的连接，逐步串联起中心城区主要的建筑和公共空间，将城市其他功能和交通服务设施相融合，赋予单一功能的交通空间更多其他的城市服务功能。这样一方面可以实现城市用地布局的优化，有效地利用城市空间，实现城市土地资源的集约化和可持续利用；另一方面可以提升城市中心区的环境品质，为市民的出行提供良好的步行环境[17]。

对于站内地下空间的打造，应充分结合地下空间及轨交站点进出入人群的需求，从功能业态、集散需求、景观环境三大需求入手，提出具体的空间策略，进而达到"地上多元功能、地下繁华活力、地上亲切宜人、地下快捷高效、地上大气整体、地下精致细腻"的设计图景。

具体来说，首先应创造便利舒适的行人环境。保障行人步行的安全，避免车行对行人的干扰，减少寒冷冬天及炎热夏天的气候影响，连接众多建筑和公共空间，为城市提供一个让人安全行走且充满活力的地下步行环境。其次，织补城市空间结构。以地铁枢纽站为起点的人流集散点，从城市空间的视角，向地面、地下和周围地区辐射发展，有机并系统地整合城市的地下和地上空间。"立体化"的交通模式逐渐成为疏解城市交通的重要手段，地下空间网络体系实现了人车空间分层，既有效疏散了人流，也减少了人流与车流的相互干扰，城市交通得到了一定程度的缓解。第三，应推动城市商业等服务业的地下化发展。有效地将分散的商业设施、公共服务设施和城市公共空间串联集聚为一体，形成休闲、娱乐、教育、购物、交流和交通集散的场所，使得城市功能混合化，以实现空间的高密度、高效率利用，创造更多富有商业价值的空间。第四，促进城市公共空间的复兴与繁荣。地下空间网络与城市轨道交通、写字楼以及公共空间和景点有效连接，以舒适、安全、有趣的步行空间刺激城市公共空间及产业的发展。第五，城市土地资源的集约化和远期发展研究。为应对土地资源有限或城市人口增长，城市的发展逐渐向高密度、高集约的方向发展，地下空间网络将有效利用城市空间，最大化利用城市有限的土地资源，基于可持续发展的思维逻辑，在城市核心节点进行高强度的开发，以实现城市土地资源的集约化发展。

地下空间规划应不仅限于现状的空间连接，更需要远景的战略设计，构建良好且能让全民方便、安全使用的网络系统，以支撑富有活力的经济和高品质的生活。围绕公共交通线网及节点的城市开发，向城市重要节点空间延伸，如海滨、公园绿地、医院、大学、商业等公共空间，并为有活力的社区和街头绿地提供通道。系统性地将节点空间贯通相连，可以为市民和游客提供更加丰富多样的公共空间功能，满足日常出行娱乐的需求。

从地下空间的提升策略来说，可以从如下几个维度着手。首先，应从线型空间向网络空间的构建转化。地下空间网络建设由最初的个体或数栋相邻建筑的线型连接，逐步扩散发展为数个街区互相连接的网络格局。其次，应从单一的交通联系功能空间向复合功能空间转化。为增加经济效益，将商业建筑相连接来引导和吸引人流进入商场。而当地下空间逐步发展呈网络化时，人们习惯了地下空间的宜人环境，也逐渐向准公共空间发展，功能由单一的交通功能向商业、娱乐休闲、城市观景等转化，功能趋于复合[18]。最后，应从内部空间塑造转向内外空间兼顾的涉及。强调提升地下内部空间人性化的同时，也应强调其与外部空间的景观衔接和塑造。具体站内步行流线设计要求详见表 4.1。

1. 周边：公共设施（或者私有）		
	1.1	商业设施相互连接，使地上、地下形成一个整体
	1.2	文化休闲设施植入，博物馆、银行、邮局、电影院、网吧、健身中心以及文化味十足的展览厅、画廊和书店
	1.3	配有公共座椅、饮水机、储物柜、电话、地图和信息亭等基础设施
2. 通道：地下步道		
	2.1	尽可能创建直线路径、保持视线
	2.2	无障碍设计
	2.3	为行人提供安全/舒适/便捷的人行网络系统
3. 出入口		
	3.1	结合公园、广场、重要步行街和其他公共空间，加强地下空间的连接和入口点设置
	3.2	为路网与社区或行政区的连接点提供活跃的街头生活
	3.3	车行出入口结合地面交通组织和地块内部交通微循环进行合理设置
	3.4	善于利用自然光线，增加公共艺术、座位和美化等功能，并提供无障碍出行
	3.5	融入建筑物/购物中心等公共建筑，并明确开放时间
4. 场所：下层广场/地下大堂/中庭		
	4.1	加强公共设施、地下层广场/地下大堂/中庭和地块的连接
	4.2	补充和延伸地面步行系统，而不是作为行人活动的主要场所替代地面步行系统的功能
	4.3	利用场所作为水平交通和垂直交通的交叉点，又将富有阳光空气感的室外空间纳入室内，形成内外空间的有机交融
	4.4	结合公共设施，兼具服务功能，有咖啡馆、餐厅、零售店等，为使用者提供便利
	4.5	加强公共艺术文化建设，如转变为举办展览、演讲、放映及装置艺术的空间
5. 界面：通道立面与顶棚		
	5.1	消解通道空间封闭感
	5.2	界面和顶棚装饰及照明，注重高质量的艺术和灯光设计
	5.3	空间设计结合人流方向，引领方向感
6. 标志：标识系统		
	6.1	改变出入口、通道、空间界面的颜色、标识和质地等方式来增加可识别性
	6.2	结合界面、下层广场、通道进行人性化设计
	6.3	标志性构筑物的导向和光线提供视觉线索
	6.4	设计能增强方向感/提高导航及寻路系统（视觉线索、指示牌、地图等）
7. 周边：地下停车		
	7.1	统一地块，尽可能合并使用出入口
	7.2	地下车库相互联通
	7.3	交通诱导系统和智能停车系统，引导智慧出行
	7.4	人车分流，车行系统设计

资料来源：笔者总结

4.2 站域步行系统构建

4.2.1 更新原则

（1）接驳设施便捷化、集约化布局

轨道交通站点作为城市核心区及交通系统中的重要节点，承载了城市空间新的增长极核，其周边通常涉及多种交通方式的换乘，并伴有较强的人流集聚性；而便捷集约的接驳设施可以有效疏解人流，保障交通组织工作的安全性。因此，紧邻轨交覆盖区的站域空间，应优先考虑并布设交通接驳设施，充分利用建筑底层或地下空间进行集约化布设，各种交通方式接驳换乘距离原则上不应大于100m。

（2）打造连续、便捷、安全的慢行系统

作为城市功能和空间网络的结构性中心节点，轨道交通站点需要通过连续、便捷、安全的步行网络系统，将中心节点的功能和服务，延伸至城市腹地，带动更大范围内的区域整体更新和再更新。通过多元化接驳设施、慢行系统、空中廊道和地下通道的多维步行过街系统的连接，打造平整、顺畅、连续、通达的步行系统，旨在打造高效连接集聚城市商业设施和其他服务设施的重要基础设施，为人提供公共休闲、交往、融合空间的重要载体，鼓励更多的人选择步行或骑行的出行方式。

4.2.2 换乘便捷连续

随着轨道交通的建设和发展，人们的出行理念及出行方式发生了重要改变，轨道交通分担率不断上升，已成为大中型城市居民主要的出行方式之一。建立高效的接驳方式是组织站域交通的关键因素，建立以轨道站点为中心的综合换乘体系，要同时考虑站点位置特点、站点规模以及各衔接交通方式其本身的特点，分析研究站点人流的主要流向及其他交通流向，了解各种交通方式的空间特征，分层次构建换乘枢纽，在具体设计中以人为本，优先考虑行人的便捷和舒适，在空间上形成人车分离，组织规划好站点区域的交通衔接。

首先，在布设接驳设施时，人行流线和车行流线的安全性控制，特别是处理不同流线之间可能存在的线网冲突问题，并可借助计算机仿真技术，确保交通组织方案满足安全标准。其次，为实现人流的快速疏散，还应注重轨交站点周边的交通组织，特别是与周边其他公共交通和慢行系统的无缝衔接。在保障充足的公共交通换乘空间的同时，应优先布设公交接驳场站、出租车上下客区、非机动车停车场等于紧邻车站出入口处，站场紧邻道路的公交站点应靠近轨道站人流出入口；通过完善的基础设施，例如连续的公共通道、明显的指引设施等，引导公共交通方式的便捷换乘。第三，可通过集约化布局交通网络来鼓励集约出行。例如，通过设置"合乘车道"，即"公交专用道+多乘员车道"的复合型车道鼓励集约出行。在公交线路设置较少的道路，通过设置共乘、合乘车道有效提高公交专用道使用效率的同时，可促进多人共乘，减少单人单车出行的比例，也可以降低汽车排放污染。

　　建立基于城市轨道交通站点的换乘系统对提高换乘效率、增大换乘客流、减少出行总时间、降低出行总费用等起着重要作用（见表4.2）。

换乘系统的重要作用 表4.2

换乘效率最高化	通过站点周边科学合理的换乘设施布局，缩短换乘距离，力争实现各种方式与轨道交通之间的"零换乘"，提高轨道交通及其换乘系统的整体服务水平和效率
换乘客流总体最大化	通过换乘规划，尽可能扩大轨道交通的辐射范围，增强轨道交通客流吸引力；通过交通换乘，提高轨道交通出行总量，改善走廊内出行结构，从而促进公共交通客流分担率的提升
出行总时间最短化	通过高效的"零换乘"设施，缩短换乘距离，减少不同方式之间的换乘时间，实现出行总时间的最短化
出行总费用最优惠化	建立以轨道交通为主体的客运出行系统，系统内出行费用相比其他出行方式实现最小化一方面需提高换乘效率，减少出行时间费用，另一方面需尽可能实现收费系统化，减少换乘费用

资料来源：笔者总结

　　换乘接驳系统进行规划时，应注意以下原则（见表4.3）：

换乘接驳系统规划原则 表4.3

符合交通政策	以城市交通管理政策为指导，以轨道为中心引导公交线网及设施布局，加强城市外围区轨道交通站点与私人交通（小汽车和自行车等）的换乘
合理满足需求	尊重城市土地利用和交通发展的实际情况，满足不同的换乘方式，分析轨道交通站点周边客流的方向性，合理规划其交通换乘设施（公交站场、公共停车场和自行车停放场等），确保设施与客流主方向相符；合理确定设施规模，同时满足换乘客流需求
方便乘客换乘	一方面，结合轨道交通站点的出入口合理布局交通换乘设施，缩短乘客换乘时空距离，尽可能形成立体换乘系统；另一方面，加强乘客的引导，在城市轨道交通站点对步行乘客吸引的有效范围内、在站点与其他主要换乘设施之间设置交通指引标志，引导乘客方便、快捷换乘

资料来源：笔者总结

　　轨道交通站点出站后主要有步行、非机动车、公交、私家车和出租车等换乘方式，最佳方式是在轨道站点核心圈层（50～100m）解决全部的换乘，通过不同距离布置慢行系统、公交站台、私家车及出租车临时停靠点，满足不同人群的需求，实现在核心圈层所有方式的互相换乘，达到出行效率最大化。

　　轨道交通站区内各交通方式等接驳交通都必须在轨道交通站区统筹考虑。然而，综合考虑多种接驳交通并不意味着各种方式在所有类型的轨道交通站区内所占的比例相同，根据轨道交通站区的主导功能及所处城市空间结构，应制定差异化的交通接驳策略，为轨道交通站区提供更具针对性的接驳服务。因此，在接驳设计中应着重考虑如下几种交通方式的接驳：

　　（1）步行接驳

　　步行交通是轨道交通站点换乘最基础也是最重要的方式，步行交通的构建直接决定着换乘的体验。人行设施是换乘接驳的最基本保障，而"步行友好"则是打造步行空间的基本原则。要在交通接驳布局中满足人们的步行需求，也要针对不同的站点类型布置合理的步行设施。

图 4.1 地面步道
资料来源：笔者自摄

图 4.2 过街天桥
资料来源：笔者自摄

图 4.3 地下通道
资料来源：笔者自摄

常规的步行设施包括：地面步道（图 4.1）、过街天桥（图 4.2）、地下廊道（图 4.3）等，还有一些行人渠化空间、阶梯坡道等其他设施。这些换乘设施应与步行系统、站点以及地上地下建筑进行一体化设计，以行走体验为指导，避免绕路。

步行接驳通道作为商务中心区和文教中心区的主要接驳方式，由于这两类站区通常位于人口、车流高度密集的城市中心区域，高密度的商业商务开发带来了就业岗位的高度集中，易在上下班高峰时段形成集中的交通出行，对轨道交通站区交通环境造成很大压力。而完善的步行接驳设施可以有效地将这一影响降低至较小的水平，同时也不会对轨道交通站区的景观环境造成太大影响。

（2）非机动车接驳

非机动车换乘应在所有轨道交通站区加以倡导，因为与公交车和私家车换乘相比，它更具灵活性，且换乘效率更高，尤其对于社区中心站点和普通站点而言。但与此同时，自行车接驳主要存在无序停放和不良天气出行困难等问题，若此类问题得到有效控制和解决，自行接驳轨道交通可在很大程度上代替普通公交车和私家车出行。

非机动车停车场地设置要结合轨道站点的类型、规模等情况进行整体考虑，将距离控制在距离站点大约 50m 范围内，避免过长的步行距离导致行人丧失积极性。与此同时，合理规划的非机动车路网也可以有效地促进非机动的使用，例如：适宜的非机动车路网系统和专用道等，在提升使用非机动车的便利性和安全性的同时，也可以有效提高使用非机动车的积极性。

（3）公交接驳

建立便捷的城市公共交通换乘接驳网络，鼓励更多居民使用轨道交通出行。同时，合理的公交接驳方式可减少接驳的行走距离，减少行走的疲劳感，高效地疏散换乘人流，避免人流堆积产生安全隐患。

在站点设置方面，优化公交接驳站位置，将轨道站点外公交换乘步行距离控制在 3 分钟或

50 ~ 100m 以内，轨道交通站点出入口道路两侧均设置公交站点接驳；根据轨道站点类型，将接驳公交站设置成公交接驳场站、港湾式公交站等形式；同时，完善公交站雨棚、座椅、线路牌、连接轨道站点出入口的风雨连廊等配套设施；公交线路牌增加轨道站点标识、站点出入口编号、方向指引等信息；完善轨道站点出入口外公交线路的信息并定期更新。

在线路规划方面，公交车在线路布局上应考虑辐射更广范围的地区，尤其是轨道交通暂未服务到的区域，使轨道交通站点向外延伸具有更广的范围，增强轨道交通与周边地区的联系，合理安排过境公交、始发公交和区域环线公交等线路。

在公交场站方面，场地空间允许的情况下，在一些集散量大、客流量多的站点设置公交场站，以步行廊道的方式连接，特别是涉及到一些对外交通的站点，还要考虑对外往来的因素。

（4）机动车接驳

"P+R"停车场在场站设置方面应考虑利用郊区的"剩余空间"，避免占用过多的地面空间。轨道高架下的空间、防护带路侧空间、商务及商业楼地下停车、立体停车场以及轨道交通的地下空间，都是设置"P+R"停车场的优先选择。

结合城市高密度开发的特征，对当前站点周边的停车场进行改善和管理，通过清退一些使用率低、占地面积大的停车设施，腾出更多的土地空间发展其他类型的功能。

4.2.3　慢行立体安全

立体慢行系统是一种立体发展的步行系统，即步行系统在水平和垂直（空中和地下）两个方向上发展。这种三维式发展不仅把有限的步行平面空间衍生成立体、多层次的步行空间，而且将不同性质的步行人流组织到垂直方向上不同的标高平面，然后用垂直工具如电梯、楼梯等使之相互联系，保证不同的标高平面的人流不互相干扰。

立体慢行系统作为城市空间的组成部分之一，应在满足居民出行的交通功能基础上，提高步行空间的环境质量，从而提高行人的步行感受。具体而言，立体慢行系统可以分为地面慢行系统、空中慢行系统，以及地下慢行系统。

地面步行系统是立体步行系统建设的基础，也是建设方案和技术最为成熟的一种步行系统。其在空中步行系统与地下步行系统相互转换的过程中充当纽带的作用，二者都需与地面步行系统相连接来形成一套完整的城市立体步行系统。一般来说地面步行系统组织形式可分为鱼骨式、树型式、线性式和网络式（见表 4.4）。

空中步行系统位于地面以上，独立设置或与建筑物及其他城市设施相结合，以满足步行活动需求。空中步行系统最基本的作用是满足步行活动，包括联系道路两侧、连接建筑或街区、集散人群。除交通功能外，空中步行系统还可与商业、休闲、娱乐等结合。一般来说空中步行系统组织形式可分为并联式、串联式和放射式（见表 4.5）。

地下步行系统早期仅仅是供步行者穿越街道片段的穿越性空间，即地下通道，后来随着开发规模的扩大，地下通道商业行为也正式与地下通道结合；目前其可与地下交通、商业、娱乐、公

地面步行系统组织形式　　　　　　　　　　　　表 4.4

	空间模式	参考案例	组织优点
鱼骨式	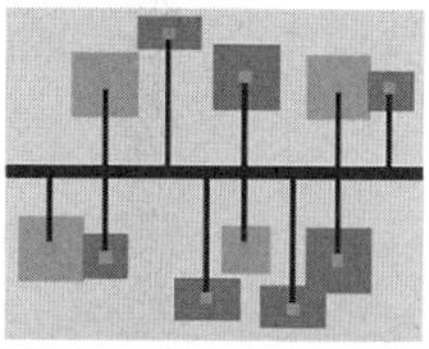	 上海南京东路	变形能力、适应能力强； 路径选择多样； 空间开放性、渗透性好； 明确的功能分区
树型	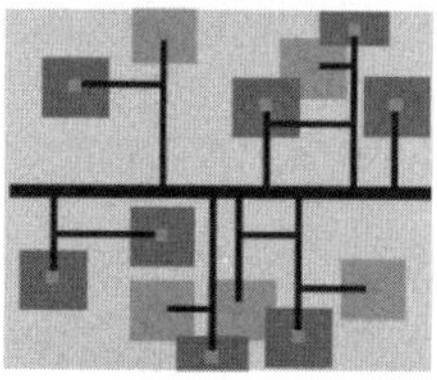	 上海淮海中路旁	体现城市步行生活多样性和内在秩序，赋予城市形态很强的整体性； 有助于营造社区安全感； 主、次道路层级清晰，分流效果明显
网络式	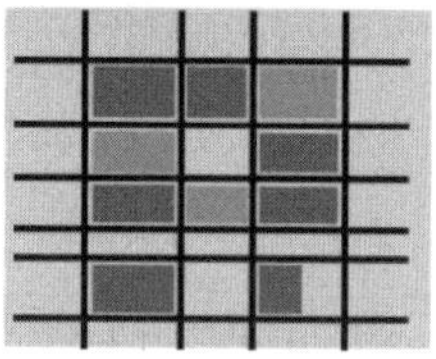	 上海陕西南路站周边	变形能力、适应能力强； 路径选择多样； 空间开放性、渗透性好； 明确的功能分区
发射型	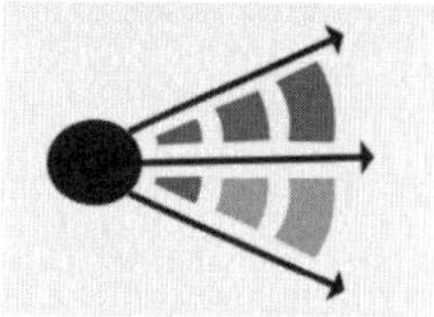	 上海陆家嘴	空间感受宏伟、流畅、轴线感强； 空间延续性、伸展性、导向性强

资料来源：笔者总结，照片笔者自摄

空中步行系统组织形式　　　　　　　　　　　　表 4.5

	空间模式	参考案例	组织优点
并联式	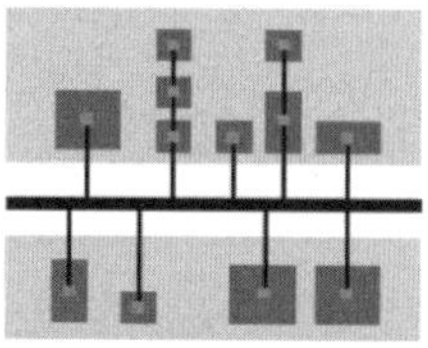	 东京汐留廊桥	并联式步行系统组织不同建筑属性的建筑单元与空中步行空间相连，成为连贯的城市景观要素；依靠系统规划与公私合作模式，通常是一个系统规划及多方合作的过程，主要步行连廊由"公"负责
串联型	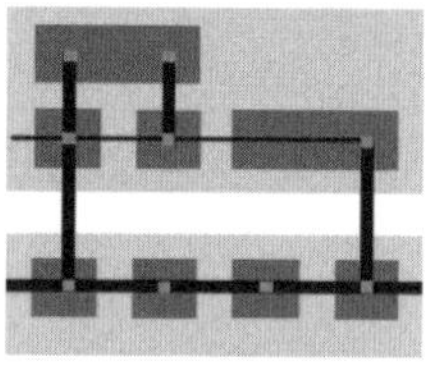	 徐家汇连廊	串联式慢性系统串联单元具有开放性，且功能相关，以主要开发商为主导的立体步行系统建设开发，也存在政府主导建设的系统，通常是若干年演化、完善的过程
放射型	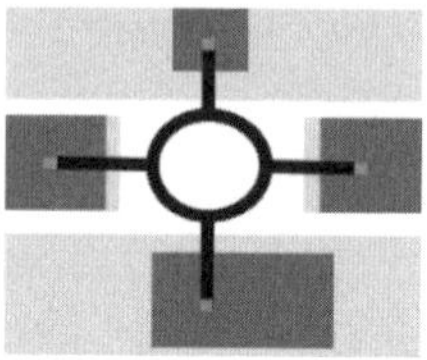	 陆家嘴连廊	多处于空中步行系统端点或重要节点处； 由某个大型建筑或平台向周边多个方向发散

资料来源：笔者总结，照片笔者自摄

共空间等职能空间整合，形成复合的城市空间；一般来说地下步行系统组织形式可分为并联式与串联式（见表 4.6）。

立体慢行系统包含步行步道、公共活动空间、垂直交通构件等构成要素，不同类型的步行系统的构成要素及其作用如下，这也是在最后一公里慢行系统中所有着重构建的组成部分（见表 4.7）：

与此同时，认识到不同慢行系统的优缺点，地面步行系统、地下步行系统与空中步行系统，并在实际的规划设计过程中，有针对性地规避缺点而将优点最大化。

首先，对于地面步行系统而言，其优点在于自然采光、自然通风，能耗低；易于集散人流；且与城市开放空间和自然环境联系紧密。但其缺点在于机动车与步行者位于同一水平面，可能互

地下步行系统组织形式　　　　　　　　　　　　　　　表 4.6

	空间模式	参考案例	组织优点
并联式		五角场地下空间	不同属性的空间单元分别与地下步行空间相连； 各建筑空间单元既保持相对独立又彼此沟通； 步行者对各建筑空间单元有更大选择性
串联型		陆家嘴地下空间	没有严格的空间分隔，保持空间彼此间的流通和延伸； 有利于人流集散； 空间导向性强

资料来源：笔者总结，照片笔者自摄

立体慢行系统类型　　　　　　　　　　　　　　　表 4.7

类型	构成要素	主要形式	作用
地面步行系统	步行通道	人行道、步行街	交通通行
	公共活动空间	城市广场、公园	供行人休憩、娱乐、交流等
地下步行系统	各种地面以下公共步行通道	过街通道、地下交通枢纽站	交通通行
	垂直交通构件	楼梯、电梯、扶梯、踏步、坡道	将地面和地下步行系统连接在一起
	与地面联系节点	出入口	地下空间的起始或转换点，具有明确的界定域和导向性
	开敞空间	中庭、出入口空间	供行人休憩、娱乐、交流等
空中步行系统	各种二层及以上的公共行通步道	过街天桥、空中走廊	交通通行
	垂直交通构件	楼梯、电梯、扶梯、踏步、坡道	将地面和空中步行系统连接在一起
	平台	空中平台	供行人休憩、娱乐、交流等
	与地面联系节点	出入口	空中空间的起始或转换点，具有明确的界定域和导向性

资料来源：笔者总结

相干扰；易发生交通堵塞；商业活动场地被限制在道路两侧；休闲与文化等功能空间与商业活动空间穿插，功能混杂；气候会对商业活动产生影响；占地面积严重不足且经常被随意停放车辆、沿街商业摊贩、临时建筑任意侵占；且常受建筑施工、市政施工的影响，导致缺乏连续性等。

其次，对于地下步行系统而言，通过结合地下交通，特别是地铁换乘枢纽，将人流引入地下空间，可进一步带动大型商业设施；可进行全天候的商业活动，而不受地面环境限制；可将被分割的城市公共空间重新进行连接，形成完整的城市公共空间系统；有战时防护作用；利于解决由于功能复合而出现的多股流线，多向进出口，内外交通连接等问题，可增强空间的有序性、导向性；可转移低密度商业，创造持续发展契机。其缺点在于与城市开放空间和自然环境联系较差，几乎仅能依靠人工控制来维持运作，无法依托自然环境自行调节，运营成本较高；建成后的不可逆性；与外界环境缺乏有机联系，易使人们产生封闭感、迷惑感，对地下步行系统的规模、形状、走向、和邻近建筑间的关系等难以形成全面清晰的印象；前期建设成本高、施工难度大、周期长；且存在较大安全隐患，发生火灾等灾害时不易疏散人流。

最后对于空中步行系统而言，其优点在于丰富的景观层次；可提高与步道系统相连的个别建筑的可达性；易与城市环境保持开放的关系；丰富人们的步行视角，增加步行活动的趣味性，丰富城市空间景观；有利于在三维空间重新组织城市空间碎片，修补城市功能和形态；且引导性、路线性较强。其缺点在于不利于老龄人、儿童、孕妇、身心残障者等行动不便人群的通行；易造成视觉中断，街道的连续性被截断，破坏原有街道的尺度和比例；不利于未能与空中步行系统相连的建筑和城市公共空间的发展。

具体而言，立体慢行的构建需要从全维度系统贯通和全要素品质营建两个维度去设计。首先，为达到便捷高效，需注意站点出入口数量，地面出入口设置位置，与公交接驳的系统，非机动车道的设置，路网／支路网密度，立体换乘平台的设置，以及地下停车与站点出入口步行距离等。其次，为达到连续平整，应注意控制连续步行距离，立体过街设施，地下步行通道设置，和地下步行道连通地块数等。为达到步行系统的顺畅通达，应多样化地下商业空间与站点衔接方式，注意地下车行道设置，地下车行道服务（连通）地块数，以及地上空间与地面、地下层衔接方式，空中地面地下步行道开发条件等。全要素品质的营建应注重步行安全、感受舒适，以及场所空间感受的愉悦。为打造安全的步行环境，应控制街道设施、地面铺装、路灯指示牌等设置、步行路权保障、步行优先区设置、步行道宽度、地面步行公共通道、廊桥宽度等要素。而基于步行安全的基础之上，提高步行环境的舒适度，则应注重街道尺度引导、街区规模、出入口广场空间设置和面积要求、步行道路网密度、绿道设置、地下步行道宽度、重要城市界面、人性化尺度、户外活动空间规模等维度。在实现安全和舒适的基础上，为进一步打造令人愉悦的公共空间，则需更精细化地管控建筑底层通透率、商业界面连续度、建筑连廊、公共空间场所感、地方文化特色、精细化城市小品、视觉活跃的步行空间、公共艺术设施、广告标识等具体要素。

通过立体过街方式来提高立体慢行的长度，以及连续慢行覆盖的范围，以带动周边地块的联动发展。尽可能增加站点出入口数量；高能级站点如枢纽站和中心站，应不少于 6 个且出入口应尽量结合周边支路设置；立体过街设施应与站点一体化设计，鼓励通过空中廊桥的设置及地下步行道，无缝衔接周边吸引点功能如大型商业、办公楼、酒店公寓等。提高连续步行距离，核心站点周边连续步行数建议不小于300m，地下连续步行地块数不小于8个地块。通过打破公属私属的治理边界，构建顺畅通达的公共流线。公共通道、核心区范围内的地下通道、过街设施及空间廊桥，建议通过一体化规划设计、运营管理的方式，打破公私权属的壁垒，进行7×24小时开放。

4.2.4 步行体系构建

构建完整的最后一公里步行系统，是为了使流线更有条理性、更加便捷，重点在于围绕核心站点空间的车行以及人行交通的组织。轨道交通站点周边交通组织，应体现以人为本、步行优先的思想，使人行和车行空间相协调，组织好与景观、环境的关系，因地制宜、灵活布局。重点体现在如下6个维度：

（1）有序到发

保证轨道交通站点及周边交通的有序到发，需要优化片区道路网络建设，构建尺度适宜的街区；分离人流和车流，减少过境交通的影响；合理组织交通流向，条件受限时采用成对单向交通；保证步行的优先通行权，提升绿色出行服务水平；强化项目交通标识指引和节点信号管理，提升通行和集散效率。

（2）街区尺度适宜

街区尺度是核心制约点，街区尺度是影响车辆到发效率和人行安全的重要因素。街区尺度直接影响到步行可达性，对中长距离的公交出行和中短距离的慢行出行均形成制约。过宽的街道将增加行人过街距离，影响步行体验和舒适度；过窄的街道则无法满足车辆的通行需求，造成缓行甚至拥堵。平衡人流与车流需求，打造尺度适宜的街区，才能保证各交通流的有序、高效。

轨道站点周边路网密度也是提高站点可达性的重要指标，增加轨道站点周边支路网密度，优先打通有规划、未实施但具备实施条件的道路，打造宜居的街区尺度。

主、次干路交通流量较大的街道区段，在不影响主线交通情况下，应尽可能增加过街设施，适当缩短过街设施间距，道路过宽可考虑结合中分带，考虑设置交通绿岛等二次过街设施。

（3）人车分流，避免大量过境交通

人流和车流的无序混行将影响交通安全和通行效率。尤其是轨道交通站点前的道路，过境通过型车流过多，一味且无序地增加机动车道的宽度，无法确保足够的步行空间，易造成过街困难。

通过街道空间设计或交通管控等方式，可引导过境交通由轨道交通站点外围通过，并降低轨道交通站点临近道路交通量。同时可充分利用站点的地下或高架行人通道作为行人过街设施，尽可能实现人车分离，从而避免人车混行带来的不安全因素和拥堵，提升使用者的舒适感。

（4）合理组织交通流向

根据交通需求预测及分析，确定街道的交通流方向，街道空间受限时，在通过充分调研、论证、征求各方意见后，可考虑通过成对单向交通组织的方式，形成片区道路微循环。

车流量大的公建区和住宅区道路可采取单向组织方式，既能减少交叉口信号系统的相位，又能保证主要交通方向车流的通行效率，同时还可保证转向交通不受影响。

（5）公交优先

提升公交的优先通行权，有条件时可设置公交专用道，限制私家车通行。鼓励在最后一公里区域内通过绿色交通的方式进行衔接，提高公交车辆的运行速度和准点率，最大限度增加客运通行量并减少行程延误，在公交优先的同时不会使其他交通恶化，保证到发交通的高效、有序。

采用集中与分散相结合的布局形式，合理安排公交车站布局。在轨道交通沿线的主要公交走廊上优先设置港湾式公交停靠站，减少公交车停靠对正常通行的影响；公交站台及前后 50m 范围内的车行道路应禁止机动车长时间停靠，避免影响公交车的通行效率。

（6）信号管理及标识指引

重要节点的交通信号管控和清晰的标识指引是保障交通系统有序运行的重要设施。轨道交通站点周边的信号系统应结合公共交通的集散特点进行设置，以及时高效地疏散人流。道路间距基本一致的情况下，整条道路可设置绿波信号，从而提升整条道路的通行性。优化和完善信号相位、配时设置，避免机动车与行人或非机动车之间的冲突，改善交通秩序。

标识系统应明确指示轨道交通站点、机动车或非机动车停车场、换乘通道等设施，减少交通流线的绕行与交织。与交通信号系统结合设置，明确并强化优先通行次序，减少过街冲突，保障人行和非机动车的过街安全。同时应定期检查、维护、更新，保证其清晰明确，且与最新的交通管理措施相匹配。

站域步行系统的构建要素总结详见表 4.8。

站域步行系统规划设计细则表 表 4.8

1. 有序到发	
	街区尺度适宜
	1.1　增加轨道站点周边支路网密度，打造宜居的街区尺度
	1.2　交通流量较大的街道区段，在不影响主线交通的情况下，尽可能增加人行横道等过街设施，适当缩短过街设施间距
	人车分流，避免大量过境交通
	1.3　引导过境交通由轨道交通站点外围通过，降低轨道交通站点邻近道路的交通量
	1.4　充分利用站点的地下或高架行人通道作为行人过街设施，尽可能实现人车分离
	合理组织交通流向
	1.5　根据交通需求预测及分析，确定街道的交通流方向
	1.6　街道空间受限时，通过成对单向交通组织，形成片区道路的微循环
	公交优先
	1.7　有条件时设置公交专用道，限制私家车通行
	1.8　合理安排公交车站布局，在轨道交通沿线的主要公交走廊上优先设置港湾式公交停靠站
	1.9　公交站台及前后 50m 范围内禁止机动车长时间停靠

1. 有序到发

	信号管理及标识指引
	1.10　轨道交通站点周边的信号系统应结合公共交通的集散特点进行设置
	1.11　道路间距基本一致的情况下，整条道路可设置绿波信号
	1.12　优化和完善信号相位和配时设置，避免机动车与行人或非机动车之间的冲突
	1.13　标识系统应明确指示轨道交通站点、机动车或非机动车停车场、换乘通道等设施
	1.14　标识系统应明确并强化优先通行次序，减少过街冲突
	1.15　定期检查、维护、更新标识和信号管控系统

2. 便捷换乘

	符合交通政策
	2.1　以城市交通管理政策为指导，以轨道为中心引导与其他交通方式的换乘
	合理满足需求
	2.2　分析轨道交通站点周边客流的方向性，确保交通换乘设施与客流主方向相符
	2.3　合理确定设施规模，满足换乘客流需求
	方便乘客换乘
	2.4　缩短乘客换乘时空距离，尽可能形成立体换乘系统
	2.5　设置交通指引标志，引导乘客方便、快捷换乘
	2.6　针对不同的站点类型布置合理的步行设施
	2.7　结合轨道站点的类型、规模等情况布设非机动车停车场地，将距离控制在站点 100m 内
	2.8　对站点影响范围内的非机动车路网进行合理规划，提升出行者选择非机动车的积极性和安全性
	2.9　优化公交接驳站位置，将换乘步行距离控制在 3 分钟或 200m 内
	2.10　完善公交配套设施，强化轨道、公交换乘导引标识
	2.11　规划公交线路，以延伸轨道交通服务范围
	2.12　场地空间允许的情况下，在集散量大、客流量多的站点设置公交场站
	2.13　利用郊区的"剩余空间"，设置"P+R"停车场 / 库
	2.14　对当前站点周边的停车场进行改善和管理，清退使用率低、占地面积大的停车设施

资料来源：笔者总结

4.3　功能业态提升

4.3.1　更新原则

（1）围绕轨交场站周边用地呈圈层式布局。最后一公里区域应优先布置各类交通接驳设施和集散空间，优先考虑绿地广场、商业商务、旅馆酒店、文化休闲设施以及城际通勤人口的居住社区等，提高场站周边区域的承载功能和开发强度；而在毗邻最后一公里区域内可相应降低公共性功能的局部以及开发的强度，形成圈层化布局的城市片区格局。

（2）场站周边提高功能混合程度，多元化功能混合方式。尤其应当鼓励核心区范围内各类功能的混合；有条件的情况下，应利用轨交站点及接驳设施进行整体性综合开发，这将有利于功能的集约高效布局，协调各片区之间的整体关系，结合城市公共设施、历史保护、交往空间、环境景观等方面的整体要求进行开发设计。如遇特殊情况，如历史保护、公共空间的贡献等，可将相邻的地块结合起来进行一体化考虑，综合平衡。另一方面，功能的复合集约不能片面地关注容积率和建筑密度的增加，市场吸引力也是极为重要的一环；不同套型、规模档次的住房混合开发，不同功能空间以引导不同规模不同主题的城市公共活动的开展，提高该地区的公共吸引力和活力，才得以让高度紧凑的建筑环境实现真正意义上的功能复合和紧凑发展，以更加包容的姿态吸引更多的目标人群。

（3）根据需求适度提高场站开发强度。根据城市及片区予以站点的定位，以及周边区域发展的需求，依据圈层式发展的理念，适度提高紧邻场站片区的开发强度，具体体现在容积率、居住人口，以及就业人口的密度等指标。可将轨交站点及周边区域的开发视为城市的一个片区、一个综合体、甚至一座新城进行发展，进一步强化其功能和布局的紧凑、混合、高效。功能之间的互相融合，体现出"整体大于部分之和"的集聚效应，激发出最后一公里区域更大的发展潜能，并且以交通基础设施的建设带动土地的增值，进而以土地的增值反哺城市的发展，从而确保城市土地经济效益、社会效益、生态效益的最大化。

总体上，最后一公里范围内的功能布局应秉承集约复合的理念，同时以人为本，融入服务市民、提升市场吸引力的公共功能，充分利用有限的城市土地资源，发挥其在经济、社会等多方面的潜力。

4.3.2 功能多元构成

最后一公里是聚集多种功能为一体的综合区域，体现出较强的多样性和混合性。有最先进、最发达的现代服务业，比如金融、保险、证券、会展、中介、咨询等生产性服务业，以及各种特色的大商店、大型百货公司等购物场所、娱乐休闲场所等消费性服务业。甚至还包括某些无污染的城市综合功能区小型制造业和大量的城市居民生活所需的公共设施、基础设施和居住地。而多元化、服务型、外向型是这些功能的主要特点，且这些功能强调创新、智能化和人为导向，对空间的布局设计提出新的要求，更多强调不同的功能之间的混合，需要提供人们相遇、停留、交流和聚会的高品质公共空间。办公设施、商业服务类设施、公寓住宅等设施，可以通过多元化的功能植入，打造功能多元的最后一公里区域。

办公设施——主要是办公（包括金融、贸易）及其衍生性的建筑即会议和展示。办公一般是指写字楼、酒店、公寓三位一体，底层配套零售、娱乐设施，有些甚至还配套一定规模的会议及展示空间。虹桥商务区一期工程以总部经济和商业办公为主要业态，结合酒店、商业、零售、文娱，打造功能混合多元的商务区。

商业服务类设施——主要指零售、餐饮、娱乐及文化建筑，是现代综合功能区不可缺少也是最基本的功能之一。商业服务类设施为工作人员提供生活与休闲的便利，也为最后一公里区

域提供生气与活力。例如五角场—江湾体
育场（图 4.4），通过地下连廊将两个站点
相连，并通过商业活化站点空间，丰富站
区活动，以多元的功能提高出站点周边步行
环境的活力。

　　公寓或住宅——在聚集了多种功能的
最后一公里区域内，就业密度一般较高，虽
在区内不可能强调其居住功能完全由区内自
身平衡，但在最后一公里区域还是需要保持
一定量的住宅或公寓。一方面满足必要的就
业居住，另一方面，增加居住空间可促进用

图 4.4　五角场 - 江湾体育场地下连廊
资料来源：笔者自摄

地性质平衡，缓解上下班高峰交通量，减少市政设施由于夜间完全停用造成的浪费。酒店或商住
设施则比较特殊，一般兼有综合服务和居住双重功能，其中酒店也可作临时性的办公场所，因此
还具有办公职能。

　　强调一定比例的功能混合，可充分发挥综合功能区的人气和活力，而且具有可持续发展的特
征，使最后一公里成为商务办公、会议展示、商业、文化娱乐、酒店、住宅、公寓等功能的混合区，
并成为具有 24 小时活力的城市公共活动结点。

4.3.3　立体集约复合

　　城市土地稀缺导致高密度、高人口数量成为城市发展的主流，城市高密度的发展催生了城市
土地集约利用，产生了城市立体化。最后一公里的集约化、三维立体化的综合空间利用，改变了
传统的二维开发模式，构成一个地上、地面、地下互动的空间体系。而空间的立体三维开发意味
着联络与交流的多维化与多通道性，更意味着解决问题途径的多样化。

　　最后一公里的立体化开发主要是指城市基面的立体化，而基面主要包括绿化景观基面、交通
基面、公共活动基面以及建筑设施基面等。立体化的主要表现，是指这些城市基面在立体空间内
以某种适合发挥综合功能区功能的方式相互穿插与重叠甚至交织在一起的形态机制，而这种立体
化的机制形态就构成了达到集约化目的的基础。最后一公里的发展为其三维立体化发展提供了许
多有利条件与基础，但同时也为立体化的建设形成了诸多限制与不利因素，如许多基础设施与建
设已经定型，使最后一公里区域空间与形态的立体化开发丧失了许多有利机会。在进行最后一公
里建设的前期规划与设计研究时，如果能够根据现实情况事先研究最后一公里内立体化的可能性
与前景，可为今后的城市容量的扩张与城市功能矛盾的解决提供有利条件与基础。

　　功能立体集约复合开发，则首先强调规划设计的整体性。传统的规划设计是各自为政、独立
开发、独立设计、独立建设、独立运维；而整体开发是指以单个用地的集合体为开发单位进行开发，
要求统筹红线范围内整体开发、规划设计、建设、运维，对于有限的空间资源进行最大限度的利用。

首先，最后一公里区域应充分挖掘地下空间潜力，以补充地上功能，支持核心商务区运作。通过构建连通、便捷有序、体验舒适的地下慢行网络，提升轨交服务水平，实现城市公共功能及公共空间的一体化发展；围绕"增加土地价值＋融合业态功能＋利用轨交价值"三大核心功能布置地下空间功能业态，构建大尺度的地下基盘系统；关注人的交流与活力，实现整体空间环境设计，促进街道与地上地下空间交通组织的融合。

通过对国内各先发案例的地下空间开发进行总结，可以归纳出如下经验：

（1）针对地下空间开发强度，能级最高的核心区开发强度大约在 1.0 ~ 2.5；次一级重点区域核心区开发强度大约为 0.15 ~ 0.3；一般片区核心区开发强度约为 0.1 ~ 0.15；一般的生活性片区开发强度约为 0.03 ~ 0.05。

（2）新城区整体：发展较好的城市新区地下空间一般开发强度在 0.4 以上（忽略部分小片区最核心地区较高的开发统计数据）。由于统计范围较大，包含部分非建设用地及道路、绿化等公共用地，相当于毛容积率的统计。因此开发强度在数值上远小于单地块的统计情况（见表 4.9）。

国内新区整体开发案例开发强度情况　　　　　　　　　　　表 4.9

区域名称	功能定位	占地面积（km²）	地下空间开发面积（万 m²）	地下空间开发强度（m²/m²）
深圳前海	现代服务业合作区	15	630	0.42
深圳福田中心区	城市核心区	6.07	300	0.5
南京江北 CBD	国家级新区	10	450 ~ 480	0.45
杭州钱江新城核心区	行政商务中心区	4.02	200 ~ 230	0.55 ~ 0.57
长沙高铁新城	远期城市副中心	47	1471	0.31

资料来源：笔者总结

（3）市级核心区：发展较好的市级核心区地下空间一般开发强度在 1 左右，其中类似 CBD 核心区的强度可达到 2 以上（见表 4.10）。

国内市级核心区开发案例开发强度情况　　　　　　　　　　表 4.10

区域名称	功能定位	占地面积（km²）	地下空间开发面积（万 m²）	地下空间开发强度（m²/m²）
上海北外滩地区	中央活动区	0.81	75.7（新建）	0.93（无车区 230）
上海西岸传媒港	城市文化科教片区	0.19	47	2.47
南京江北 CBD	中央商务区	0.62	148	2.39
上海虹桥	城市副中心	1.4	130	0.93
深圳华强北片区	商业区	1.45	140	1
北京中关村西村	高科技商务中心	0.5	50	1
北京亦庄火车站地区	新城商业商务中心	1.13	67.7	0.6
济南中央商务区	中央商务区	3.2	200	0.63

资料来源：笔者总结

（4）重点区域核心区：上海、深圳重点发展区的地下空间开发毛容积率一般在 0.14 以上（见表 4.11）。

国内重点区域核心区开发案例开发强度情况　　　　　　　　表 4.11

区域名称	功能定位	占地面积 （km²）	地下空间开发面积 （万 m²）	地下空间开发强度 （m²/m²）
上海莘庄站片区中心	片区中心	1.8	25	0.14
上海三林地区中心	片区中心	1.56	22	0.14
深圳梅林片区	城市片区	4.32	110	0.25
南京百家湖片区中心	城市片区	2.1	66	0.31
杭州萧山区南部片区中心	片区中心	1.8	22	0.12

资料来源：笔者总结

（5）一般片区核心区：上海、深圳次要发展区地下空间开发的一般强度约在 0.01 以上（见表 4.12）。

国内一般片区核心区开发案例开发强度情况　　　　　　　　表 4.12

区域名称	功能定位	占地面积 （km²）	地下空间开发面积 （万 m²）	地下空间开发强度 （m²/m²）
上海惠南新市镇中心	片区中心	0.75	7	0.09
上海唐镇新市镇中心	片区中心	0.66	9	0.14
深圳龙城中心	片区中心	2.72	27	0.10
南京胜太路生活中心	片区中心	1.43	17	0.12
杭州靖江镇生活中心	片区中心	0.69	6	0.9

资料来源：笔者总结

（6）一般生活性片区：上海、深圳一般发展区地下空间开发的一般开发强度约在 0.03 左右（见表 4.13）。

国内一般生活性片区开发案例开发强度情况　　　　　　　　表 4.13

区域名称	功能定位	占地面积 （km²）	地下空间开发面积 （万 m²）	地下空间开发强度 （m²/m²）
上海田林居住片区	城市片区	4.6	16	0.03
上海松江新城居住片区	城市片区	7.5	23	0.03
深圳坂田生活片区	城市片区	2.8	11	0.03
南京江宁街道生活片区	城市片区	3.6	15	0.04
杭州萧山区北干生活片区	城市片区	2.3	6	0.03

资料来源：笔者总结

（7）针对地下地上开发容量比，先发城市高能级核心区地下地上开发容量比约在 1/4 ～ 1/2 之间（表 4.14、表 4.15）。高能级核心区地下商业开发容量比 15% ～ 30% 之间。

国内先发城市高能级核心区地下地上开发规模情况   表 4.14

区域名称	上海北外滩地区	上海西岸传媒港	上海虹桥	深圳前海	深圳福田中心区	北京中关村西村	北京亦庄火车站地区	长沙高铁新城	济南中央商务区	南京江北CBD	杭州钱江新城核心区
地上建筑面积（万 m²）	190	100	300	2600	1050	100	260	4500	800	420	460
地下空间开发面积（万 m²）	76	47	130	630	300	50	67.7	1471	200	148	200-230
地下空间开发与地上建筑面积比（%）	40	47	43	24	29	50	26	33	25	35	43-45

资料来源：笔者总结

国内先发城市高能级核心区地下开发规模情况   表 4.15

区域名称	济南中央商务区	深圳湾超级总部	南京江北 CBD	湖南金融中心	上海北外滩地区
地下商业规模（万 m²）	40	36	28	30	76
地下空间开发面积（万 m²）	200	240	148	160	22
地下商业规模与地下空间开发面积（%）	20	15	19	18	29

资料来源：笔者总结

第二，伴随轨道站点能级越高，地下空间开发需求越高，公共服务性功能比重越大，而地下公服相应占比越多，地下停车占比越少，地下空间需要限制利用得越少。轨交站点能级最高的区域，地下公服片区开发一层，围绕站点周边可进行局部的两层开发，并鼓励公共交通，地下停车结合停车共享和配建折减，充分利用地下空间开发浅层和中层；轨交站点能级中等的区域，建议地下公服围绕站点周边地块以一层开发为主，地下停车按照标准需求配建，考虑停车共享和配建折减，且地下空间开发以浅层、中层部分开发为主；而在轨交站点能级较低的区域，建议地下公服以局部开发为主，以连通站点为基础，地下停车按照标准需求配建，考虑停车共享和配建折减，地下空间开发以浅层为主，局部开发中层。

第三，关于地下步行空间的设计策略，地下空间商业步行道路宽度——主通道宽度不应小于9m；局部地铁集散口可以放大到12m；次通道宽度不小于6m。其次，地下空间路权分级——人和车产生矛盾时，行人空间有限；地下民用设施与市政设施发生冲突时，市政设施优先；交通和管线产生矛盾时，管线优先。

最后，停车模式和交通管理也应有相应的调整和策略。（1）建议打造停车共享，并提倡错峰使用停车场，提高泊位使用周转率；通过停车共享，归并地块停车出入口，减少停车对地面交通影响。（2）实行停车折减策略，即对于停车系统的设计要从"按需定供"向"以供定需"转变，以压缩汽车出行的需求，通过合理控制停车库的供给引导出行者采用更便捷更经济的公共交通。

（3）为保证非机动车系统的正常有效运行，需提供合理的停车空间与设施。停放区以100m的服务半径作为设立原则，并结合轨道车站、广场、重要公告建筑等人流集散点进行布设，以提供良好的轨道接驳。（4）打造地下交通无缝衔接，以公交枢纽为核心优化地下空间竖向换乘，衔接轨道交通，形成地下综合交通无缝换乘。

4.4　空间品质优化

立足城市既有公共空间发展的共同诉求，应进一步完善既有公共空间的设计优化引导，有效落实更新设计的特色概念、保障地区乃至城市既有公共空间的整体品质。对最后一公里区域中公共空间更新要素的提炼，有助于公共空间品质的提升，实现区域既有公共空间网络的网络化、人性化、文脉化。具体来说，目的有如下三点：

（1）塑造网络化的城市既有公共空间结构。建设凸显生态、景态、文态、路态、业态等五位一体的公共空间体系，强化网络化的空间结构，保证空间整体性和环境品质，形成极具吸引力的生活、工作、休闲共融的城市公共空间环境。

（2）构建人性化的生活平台。突出人文关怀，通过公共空间的多元化塑造，有效激发该地区活力，提升公共区域的公众吸引力。一方面能引导密度更高、尺度更宜人的公共空间，并提升空间的安全性、包容性；另一方面通过引导各公共空间运营与营造，激发城市与社区内全民运动，引导活力健康的公共空间生活氛围。

（3）引导文脉化的空间场景。在规划实施中强调城市空间营造的品质保障，提供更高质量与精致化的场景细节，关注重要城市界面、各类景观设施、公共家具等的设计引导，给地区建设以美学与感官上的风貌控制。

4.4.1　更新原则

（1）丰富多样且高品质的公共空间网络。将公共空间体系与业态复合发展相连接，通过街道系统、空中连廊及地下步行网络所串联起的公共空间，将地铁站与周边主要商业和公共目的地衔接。通过合理利用城市闲置或剩余公共空间，如地下通道、建筑退后以及开放的建筑底层等，在不影响步行流线的基础上，可创造更多商业及其他空间，吸引不同目标人群驻足消费，也能吸引高品质租户，提升区域租金。丰富多样又可体现在公共空间的多功能营造，最后一公里不仅需要满足人流的通行需求，还可为其创造购物、休憩、聚会等多元化的活动机会。其空间设计应以丰富城市居民在轨道站域公共空间的活动选择、加强最后一公里城市更新项目的吸引力为目标，创造回访性高的城市空间。

（2）具有包容性和人性化的公共空间。从设计元素来说，空间设计应符合人性化的要求，注重空间的安全性、舒适性、愉悦性，是面向所有人群满足各年龄层需求的具有包容性的空间，供儿童（0～6岁、6～12岁、12岁以上）、青年、老年、残疾人等在内的不同群体相互交流。

最后一公里的空间设计应遵循以人为本的设计理念，尽量使空间适用于每位使用者的行为需求，创造宜人的步行空间环境、适宜的空间尺度、人性化的无障碍设计等多方面，提升空间内对各类人群的关怀与服务，营造更加人本化的空间氛围。而从空间使用来说，应是营造全天都可使用都具有活力的公共空间。良好的最后一公里公共空间不仅需要在早晚通勤高峰具有活力与吸引力，也需要在全天各时段、全年的不同季节，创造有凝聚力、安全、高度利用的公共空间。具有包容性和人性化的空间应积极衔接周边空间。最后一公里区域内的公共空间不是孤立的个体，而是需要与周边用地与其他分散的（横向与竖向）公共空间有机衔接起来，从而形成规模效应；在空间设计上也应编织节点－路径－区域，组成完善的公共空间网络体系。

（3）具有地方特色的城市公共空间秩序和意向。最后一公里区域内的设计是具有本地化社区发展特色的空间营造，可以通过组织临时性活动、在开敞空间提供咖啡座或商亭等社区化场所等营造措施，将地铁站周边的公共空间打造为城市目的地。如果地铁站不再是"中转站"，而是成为市民驻足、停留和消费的活动聚集地，则既有助于提升非通勤客流，也能通过"自上而下"的规划与"自下而上"的社区参与相结合，打造本地化的社区特色品牌。

（4）具有环境保护及节能意识的绿色空间。最后一公里区域内的公共空间，应进行宜人的绿化与景观设计，积极改善城市生态环境，促进自然通风、温度调节。此外，若在公共空间的设计中，事先考虑到雨水收集、节能等环保手段，会更有助于减轻轨道交通站点周边区域开发的环境负荷。同时，依据最后一公里区域的历史文化、自然文化特征、用地现状以及社区积极程度，公共空间不可千篇一律（即不必从设计形式上统一为立体系统步行系统、口袋公园或纵向流线公共空间），而应具备因地制宜且与自然环境共生的特征。

4.4.2　室外步行系统空间

室外公共空间主要包括街道与广场绿地以及相关设施，当前城市居民主要活动的公共空间包括：街道、广场绿地、建筑前区空间等。

（1）城市街道

作为城市空间的核心要素之一，街道空间是城市空间最为基本的骨架。它与城市功能紧密关联，城市道路交通功能和基础设施的重要承载空间；街道空间也与人们的生活息息相关，既是城市公共活动最为频繁发生的场所，也是人们获取城市印象、寄托城市情感的重要对象。

为此，美国 NACTO 于 2013 年发布的《美国街道设计指南》（Urban Street Design Guide），《街道抗争：城市革命手册》（Street Fight: Handbook For An Urban Revolution），其作者 Janette Sadik-Kha 恰是 NACTO 的主席。今年 5 月 21 日，由 Janette Sadik-Khan 领导的 Globe Designing Cities Initiative（GDCI）与 NACTO 共同发布了《Global Street Design Guide》（全球街道设计导则），提出街道的整体设计方法，包括价值导向、调查评估、规划原则、设计要素、运营管理等全过程非常详尽的内容，对规划师、设计师、政府管理人员、建设与维护人员都有非常实际的指导与借鉴意义。上海在 2016 年 10 月发布了《上海市街道设计导则》；2018 年北京发布《北京街道更新治理城市设计导则》，认为：在新时代中，首都街道建设和管理面临着四个转变：从以车优先转变为以人优先；从道路红线内管控转变为街道空间整体管控；从政府单一管理转变为协同共治；从部门多头管理转变为平台统筹管控。

从全球视角来看，城市街道发展的规划与设计及更新朝着"人性化、精细化、多样化"的趋势发展。首先，人性化。诸多导则的核心原则在于"在街道设计中优先考虑行人"，在内容中强调了行人、自行车、公交系统的设计要素，街道是市民体验城市的基础空间，街道设计应该从建筑到建筑，多模式的街道，比汽车导向的街道能够服务更多的人，有的导则中考虑了货车服务、街头商业设施的设计要素。其次，精细化，街道空间的精细化处理，主要体现在街道空间要素组成和设计的精细化，如慢行道的精细化设计。第三，多样化，2015 年底，上海市规划和国土资源管理局编制《上海市街道设计导则》，共包括 3 篇 10 章，对街道内涵、目标导向、设计要求、管理建议进行全面阐述。旨在明确理念、凝聚共识，统筹协调相关要素，转型政府部门管理方式，提升街道设计与建设水平，引导沿线业主和市民积极参与，对规划、建设、管理全过程进行指导。全面拓展街道的认知和设计维度。强调关注不同功能片区交通特点，关注不同路段功能与活动差异，关注社区道路、步行街等特定道路类型。全面归纳与明确街道在城市交通、市民生活与城市发展等方面的职能与作用，以综合体现城市街道发展的多样化需求。

具体来说，提升户外空间品质的策略主要从如下几个方面展开。交通上，由"主要重视机动车交通"向"全面关注人的流通和生活方式"转变；空间上，由"道路红线管控"向"街道空间管控"转变；技术方面，由"一般的工程设计"向"整体空间景观环境设计"转变；评价方面，由"强调交通效能"向"促进街道与街区融合发展"转变。以街道类型为依据，明确与街道空间相关的公共管控要素，包括建筑控制线、退界距离、临街面覆盖率、街墙高度、积极界面、公共通道、沿街广场绿地等，逐步被纳入各地方城市设计管控体系进行。将刚性与弹性管控要素相结合，在保障精细化街道建设的同时，为规划、设计、建设、管理的不同阶段预留弹性。

公共空间的提升应以慢行友好为导向，将街道塑造成为安全、舒适、宜人的高品质城市空间，鼓励步行以及自行车与公交出行，促进市民健康，塑造街区活力，实现城市低碳可持续发展。在有限的街道空间内，应通过各种车道以及人行道的合理组合，对相关交通工具提供恰当和必要的服务，使街道的综合效益最大化。例如，徐家汇地铁站出口的街道设置边界可达的慢行设施，并仍预留充足的空间予以步行（图 4.5）。

本研究归纳出城市街道空间的要素指引（见表 4.16），希望通过对要素的提升，来整体优化户外公共空间环境。

图 4.5　徐家汇地铁站出口的慢行设施
资料来源：笔者自摄

1. 边界			
	1.1	围墙界面	具体控制要素
		提升街道沿线围墙的艺术性、透绿性	
		居住小区、大型公共设施、教育设施等地块内避免设置实体围墙	围墙通透率、街墙贴线率
		宜利用水景、灯光与壁画等设计手法，对实体围墙进行一定的装饰；对通透围墙宜结合绿植形成立体绿化	
		对道路红线内不设置线型带状绿植空间的界面，宜在沿线围墙内种植乔木，以保证绿化视觉效果	
	1.2	建筑立面	横向分段宽度上限值横向分段距离
		建筑界面应通过清晰可读的纵向和横向元素进行立面划分，形成韵律感，使建筑尺度人性化，增强街道界面韵律感，增强步行友好度	
		鼓励建筑一层或一、两层形成底部段，强化纵向构图与开敞	
		中段立面通过纵横交错的划分形成清晰的构图	
		最顶层进行适度异化处理，形成建筑顶部	
	1.3	行道树	色彩、种植间距、本土植被占比
		通过种植行道树，起到遮阴、滤尘、减弱噪声、改善道路沿线景观环境和美化城市的作用	
		道路弯道外侧行道树应沿边缘整齐连续栽植，预告道路线形变化，但应满足交通视距要求	
		行道树应尽量选择本地植栽，维持地区生态体系	
		行道树应尽量选择落叶树种，夏季提供遮阴，冬季保障阳光能够照到街道	
		支路鼓励进行主题种植，塑造街道特色，建议选择花木及红叶等树种	
	1.4	建筑界面	贴线率、建筑高度
		强调整齐连续，鼓励通过拼接形成连续界面，控制建筑底层开口	
	1.5	透明界面	通透率、实墙长度、纯玻璃幕墙界面的连续长度上限值
		街道沿线建筑首层应形成通透界面，促进行人与室内活动的视觉联系，活跃街道氛围，增添视觉趣味，在夜间提供辅助照明，增加街道安全性。	
		实墙长度不得过长，并应进行艺术化装饰，如设置显示屏等，增强街墙的多样性、复杂性及互动性	
		商业设施在夜间关门后应保留通透界面，应采用通透式防盗网，并将防盗网置于玻璃后方	
		鼓励玻璃开窗与木材、石材、清水砖、混凝土等纹理和色彩感强的材质进行搭配，并塑造界面的纵向和横向韵律感	
		沿街界面不宜采用反射率较高的玻璃	
		地块出入口应采用通透式大门	
2. 场所			
	2.1	街道广场	广场面积、硬质比
		街道中心设置广场，广场成为街道的活动中心	
		入口的空间场所应有一定的放大，以容纳聚集的人流和标志步行街的开始	
		通过不同的广场嵌套来引导空间，它们之间有一定的限定，又相互流通，广场大小、形状与个性有变化以增加趣味性和识别性	

2. 场所		具体控制要素
	2.2　活动场地	活动场地面积
	鼓励在街道布局一定的运动场地与活动设施	
	保障不同年龄人群对活动场地的需求，并通过设计手法提升其可辨识度，与相关设施统筹考虑	
	2.3　袖珍公园（口袋公园）	绿地率
	利用公共通道、社区入口空间，引导设计口袋公园，供居民日常休闲交流使用	
	使用高大乔木及灌木结合街边休闲设施打造开放式交流空间，宜优先选用本地的绿化品种	
	配置与设计应依据所在区位、符合其主要使用人群的生理和心理需要以及行为特征	
3. 出入口		具体控制要素
	3.1　交叉口	转弯半径推荐值过街设施间距
	应尽量缩减路缘石转弯半径，形成紧凑型交叉口	
	较小的路缘石转弯半径可以引导车辆减速转弯，保证行人安全，提供更多的路口步行空间	
	3.2　地块出入口	出入口间距与开口位置、方向
	入口的位置应靠近公共交通的站点，或与市民主要来源方向接近	
	3.3　建筑出入口	沿街建筑人行出入口距离
	入口应具有良好的识别性和可达性，并具有一定的趣味性	
4. 通道		
	4.1　机动车道	机动车道数、宽度；林荫路比例、行道树间隔
	应当在保证基本机动车交通需求的基础上，压缩机动车行驶区域，并缩短行人过街距离	
	更宽的车道鼓励更快的驾驶速度，而狭窄的街道有助于促进慢速行驶，并由此降低事故数量及严重程度	
	对行人而言，较窄的车道有许多好处，包括减少过街距离和信号周期等	
	4.2　步行通道	步行通道最小宽度、材质、色彩
	步行通道为路侧带中专供行人通行的部分，应根据人流需求，合理确定步行道宽度，提供畅通、安全的步行环境	
	步行通行区宽度应综合考虑街道所在地区的用地功能、开发强度、功能混合方式与程度、界面底层功能类型、道路等级、公共交通配套以及街道空间尺度等因素	
	步行道不宜过宽，以免感觉空空荡荡	
	步行通行区宽度应考虑婴儿车、轮椅及携带行李的需求	
	地面铺装应统一协调设计，兼顾车行、自行车行、人行、盲道、轮椅等的使用	
	步行通道铺装宜选用平整、耐磨、防滑、便于清洁、透气渗水、色彩明快的环保材料，符合防滑安全要求	
	步行通道应选择透水率较高的铺装材料，帮助雨洪管理	
	4.3　公交车道	宽度、路面铺装色彩
	合理设置公交车道，提高公交运行效率，增加公共交通吸引力	
	公交车道可沿道路中心带或道路外侧设置	
	公交车道可沿道路中心带或道路外侧设置	
	采用与一般路面有明显颜色差异的其他材质的铺装进行突出标示	

4. 通道		具体控制要素
	4.4 非机动车道与自行车道	机动车道最小宽度 非机动与自行车道 路面铺装色彩自行 车道宽度（双向自 行车、自行车专用 道、与步行通道合 并的自行车道等）
	应强化非机动车路权，提供充足行驶和等候空间，使骑车人不受其他交通的干扰 应重点提升自行车骑行体验，鼓励自行车出行	
	应利用路面标线或标识牌，从视觉上强制区分骑行区和驾驶区	
	主、次干道应对非机动车道车道和车行道进行物理隔离；可在非机动车道两侧种植两排同样的行道树，提供骑行遮阴，营造林阴效果	
	自行车通行量较大的社区支路鼓励在路侧设置自行车专用道	
	应结合广场绿地设置连续的自行车专用道，并与一、二级非机动车通道相连通	
	自行车道及自行车专用道应采用鲜明色彩铺装，并加以明确标识	
	4.5 分车带、停车带、绿化带与设施带	各功能带宽度与长度、空间密度
	设置时，应综合考虑行人、非机动车和机动车的安全、功能和景观需求	
	双向行驶街道，应设置分车带	
	分车带在路段中宜采用侧分带，隔离机动车道与非机动车道；在路口处宜采用中分带，为行人提供过街安全岛	
	人行区域宜在外侧设置设施带，按照集约、美观的原则，对公共标识、电信箱、路灯、座椅、垃圾桶等街道家具和市政设施进行集中布局，形成分隔行人和行驶车辆的缓冲区	
	步行街应将设施带置于街道中央，使两侧商业界面得到更加充分的展示	
	鼓励停车带与设施带合并设置	
	绿化带应与分车带、设施带相结合，设置在机动车道与机动车道或车道与人行道之间，不宜用过宽的绿化带分隔人行道和建筑物	

5. 标志
标志既包括通道、边界、出入口、场所等，也包括相关设施，如设施中的构筑物、建筑界面上的转角或者街道眼（公共眼）等，其空间布局应当恰当且鲜明，体现街道文脉或氛围

6. 周边
6.1 风貌分区
对不同功能的建筑群进行风貌分区
6.2 建筑组合
鼓励建筑组合方式的多样性，功能宜复合多元
6.3 空间尺度
回归人本思维，强调人的尺度优先首先

资料来源：笔者总结

（2）广场绿地

围绕步行系统构建的户外公共空间，还应重视结合"蓝绿网络"的构建，整合与协调城市广场绿地空间结构，对多个人性化尺度的中小型广场进行有序组合，能够在化解尺度的同时，获得空间多样性，满足各类活动需求，从而能够获得更好的使用效果。形成相互连结的广场群，是提升广场活力的重要方式之一。在可步行的范围内设置一系列形状、尺度、气氛、环境各异的广场，形成广场序列，通过路径彼此联系，在丰富空间体验的同时，可以鼓励人们完成较长的步行距离。亦可利用城市消极空间，打造绿地公园，例如徐家汇 1 号口（图 4.6），结合站点周边空间，打造街角口袋公园，不仅提升了环境品质，同时还提供了城市公共活动的场所，丰富了城市公共活动空间。

（3）建筑前区空间

红线内外统一是建筑前区空间发展趋势。传统的规划与设计更多地重视用地红线内的土地出让，而对公共空间建设品质的管控，缺乏必要的引导，规划设计应坚持多维度统筹，在建筑红线与道路空间的过渡空间——建筑前区（地块退界空间）实现红线内外的统一。一般而言，鼓励建筑的退界空间采用开放式设计，形成开放式前区空间，且应控制退界尺度，避免街道空间丧失围合感。通过合理设计退界区域，为行人提供开放、安全、有趣的环境。

建筑前区空间一般分为 3 类。首先是一般性退让空间（图 4.7），一般分布于静态庇荫休闲路侧空间，是进入公共空间的必经空间。

其次是商业商务建筑退让空间（图 4.8），一般位于动态商业交互空间，是进入商业商务区的过渡公共空间，可设置一定的商业外摆。

最后一类是居住小区退让空间（图 4.9）。为保证小区私密性，临街道路外围界限应设置通透式围墙（若现状有高差则为挡土墙），围墙高度低于 1.6m，围墙退让道路红线大于 1.5m。

具体针对建筑前区空间的设计要素及要求归纳，见表 4.17。

图 4.6　徐家汇 1 号出口口袋公园
资料来源：笔者自摄

图 4.7　陕西南路 iapm 退界
资料来源：笔者自摄

图 4.8　虹桥商务区商业
资料来源：笔者自摄

图 4.9　居住小区退让空间示意图，上海复兴中路汾阳路交叉口
资料来源：笔者自摄

建筑前区空间		
	沿积极界面的退界空间应公共开放，与人行道进行一体化设计	
	建筑前区地面标高鼓励与人行道标高保持一致，保证空间的联通与灵活使用	
	建议结合底层界面功能，按实际需要确定建筑前区宽度	
	建筑前区植物种植和景观设计区域应达到 10% 以上，并鼓励设置座椅等街道设施	
	建筑底层为学校、医院、住宅、办公研发等有私密性保护需求的街段，可沿道路红线建设围墙，形成封闭式退界	
	封闭式退界建筑前区植物种植和景观设计区域应达到 50% 以上	
	禁止在退界范围内设置停车位	
1. 居住小区退让空间		
	1.1	沿道路一侧需对围墙进行美化复绿，围墙内侧建筑退让部分应进行层次丰富的绿化种植
	1.2	适用于封闭式小区，沿街界面处理
2. 商业商务建筑退让空间		
	2.1	建筑退线距离应＞6m，软硬比宜 3∶1，绿化覆盖率高，可与街角广场相结合，退让空间应设置外摆等城市家具小品，营造商业办公活力氛围
	2.2	适用于沿街商业办公界面，住宅底商界面
3. 一般性退让空间		
	3.1	退让绿带范围内，组团绿化为主，绿地率应＞75%，可布置休憩设施
	3.2	适用于以绿化为主的城市林阴道两侧，以交通为主的城市干道两侧，开放式小区

资料来源：笔者总结

（4）街道设施

良好的空间要素设计奠定空间基础，而个性化的空间营造需要结合街道设施设计与布置，方便日常公共生活，丰富城市景观，凸显城市文脉，增加城市文化底蕴。

由于 6 类结构要素主要涉及城市既有公共空间结构性要素层面，为满足空间营造需求，增加设施一项，指引城市既有公共空间氛围营造。空间设施主要分为：照明系统、信息设施、招牌、公共家具、休憩设施、交通宁静化设施、人行过街设施、遮蔽设施、绿化种植、公共艺术、小型商业设施、地面铺装等 12 类（见表 4.18）。

1. 照明系统		具体控制要素
为行人、车辆提供照明，增加能见度，保证社会交往空间的舒适度和活动安全性		街灯高度、照明亮度、色温等
	鼓励多维度、多类型的照明形式	
	照明设施风格应反映空间特征及风貌	
	照明设施应兼顾车行与人行的照明需求，避免过度照明形成光污染	
	人行道立灯应控制街灯高度	
	应避免行道树对灯光的遮挡	

2. 信息设施	具体控制要素
形成完整信息类标识系统，为人行、车行提供连续、有效、充足的指路服务信息	
人行指引公共标识宜统一设置在道路交叉口，与设施带结合设置；自行车公共标识应设置在自行车道内侧	布点间距与密度
信息设施样式应与街道整体风貌相协调，设施布置应方便人流集散，对于人流量大或通行区域较窄的街道，应选择体积偏小的信息设施	
行人步行交通密集区域，应设置公共地图（包含核心地区指引图和广域地图）与公共钟表等	
鼓励信息设施智能化，可结合设置无线上网热点并提供路况、停车空位、交通事故、交通管控和天气等高时效性信息	
3. 招牌	
招牌应具有恰当的尺度、风格和数量控制，提升地区识别性，并有助于塑造人性化街道空间，增加步行环境的趣味性	
应允许店铺招牌出挑进入人行空间	招牌高度、尺寸、大小、颜色
核心公共空间界面沿线鼓励沿街商户设置招牌	
在保证步行空间宽度与高度的前提下，对招牌类型不做限制	
招牌设计应具有良好的艺术品质，并与建筑立面相和谐	
核心区和重要活力街道鼓励编制招牌设计导则，对招牌的类型、材质、色彩和发光方式等进行引导，以保障建筑界面和谐	
4. 公共家具	
供更多休憩与活动设施，以及慢行辅助设施	
局部宜选用热烈与跳跃的色彩	公共家具布置间距
增强空间标识系统的可辨识度与互动性	
鼓励景观化或主题化的街道家具设计	
鼓励运用海绵城市的相关技术手段	
鼓励智能化街道家具的设置	
5. 休憩设施	
行人活动较为密集的街道，建议沿街设置沿街座椅及休憩节点，形成亲人尺度的生活空间，为步行者提供舒适的休憩环境，鼓励社交，主动或被动参与户外活动	
休憩节点应结合公交、轨交站点、公共建筑入口等人流量较大的路段和场所布置	休憩设施布置间距与长度
公共通道沿线应布置座椅，座椅方向应朝向开阔地带或人流量大的方向	
休憩节点应综合布置座椅、花钵等休憩和景观设施，可与设施带结合布置，也可独立布置	
休憩节点的座椅材质应有足够的耐磨耐腐蚀特性，且应考虑行人使用的舒适性与安全性，不建议使用石材、钢材导热性强的材质	
休憩设施应与遮蔽设施、景观绿化应结合考虑，作为遮蔽的树种以落叶树为主，夏季遮阳，冬季透阳光	
6. 交通宁静化设施	
降低机动车车速，限制车流，保持城市街道的人性尺度和"人性化速度"，改善步行体验，减少交通事故	布局间距
交叉口铺装与抬高，促使进出路口车辆减速，避让直行非机动车与行人	
取消路口高差可以为行人特别是带行李箱、婴儿车的人和残疾人提供更舒适的步行空间	

6. 交通宁静化设施		具体控制要素
	全铺装街道，鼓励慢行支路与公共通道采用全铺装街道	布局间距
	水平线位偏移，鼓励社区支路、慢行支路和公共通道结合非对称断面设计，形成水平线位偏移	
7. 人行过街设施		
	为行人提供安全、舒适、便捷的过街设施，避免机动车和行人交通冲突	一般间距不大于300m
	应控制人行过街设施间距，减少不安全的穿越行为	
	结合实际条件布局人行横道、人行安全岛、过街天桥及人行地道等	
8. 遮蔽设施		
	应为人行道与非机动车道提供连续、有效、美观的遮蔽设施，提升步行与骑行舒适性，鼓励慢行出行	布局间距、空间密度
	鼓励设置绿化、建筑挑檐、风雨廊、雨篷、连廊等遮蔽设施，实现对主要步行区域及其与建筑主要出入口联系路径的遮蔽	
	行道和主要的非机动车线路上应连续种植行道树	
	东西向较窄的公共空间可以利用街墙为街道空间提供遮阴	
	遮蔽设施应与街道风貌相协调	
9. 绿化种植		
	通过种植景观层次丰富的公共空间景观绿化，为空间提供防护，同时形成连续、完整的景观效果，鼓励与雨水收集系统结合布置	本土植物占比
	鼓励利用绿化带设置雨水花园，结合边沟收集街道雨水径流，透过绿化带的土壤层将表面径流净化，再进行雨水收集或排放	
	鼓励在街道设置花钵，营造温馨、亲近的室外空间环境；花钵可沿路缘石布置；也可设置于步行通行区域和室外餐饮的建筑前区，形成隐形的屏障	
	绿化应尽量选择本地植栽，维持地区生态体系。应选择低维护、高效能的生态绿化群落，增加植物多样性，降低养护、减少干涉	
	应对地表植被和乔、灌木进行综合配置，形成立体景观体系	
10. 小型商业设施		
	通过设置小型商业设施或划定商业活动区域，吸引行人驻留，促进活动多样性，提高城市公共空间活力、使用率和吸引力	空间布点间距
	商业设施及商业活动区域应结合人流量高、转换率较快的区域设置，如轨道交通站点附近、交通枢纽站点、公园绿地、广场等	
	商业活动区域应设置在设施带上，或结合建筑退界空间进行设置，并保证相邻步行通行区宽度，确保行人安全通畅	
	商业活动区域宽度不宜过宽，长度应根据需求、环境来确定	
	鼓励利用流动摊位形成早午餐服务与特色夜市，增加街道或广场等空间活力，需形成统筹管理，避免影响市容及正常出行	
11. 公共艺术		
	设置公共艺术作品，加强公共设施艺术设计，提升街道空间环境整体艺术品质	色彩、材质、高度、展示时间
	公共空间鼓励设置具有较高艺术价值的公共艺术小品，如雕塑、喷泉等，也可设计光景观，增强空间环境吸引力	
	鼓励利用公共空间，进行临时性艺术装置作品展示。广场绿地及街道等人行道铺装可作为公共艺术的展示面进行多样化设计	
	公共艺术应尽量通过色彩、材质、设计主题反映地方文化特色	

续表

11. 公共艺术	具体控制要素
设施应注重艺术品质和细节设计，选用与整体风貌相匹配的街道家具，提升地区文化品位	色彩、材质、高度、展示时间
鼓励民众参与，如通过设计竞赛征集公共艺术作品，鼓励社区居民参与作品选择，增强居民地区认同感	
允许共性和个性有机结合，一般性公共空间应符合设计要求，如同一道路应有统一的设计风格；在特殊路段和个别节点，可以酌情进行特殊设计，但应保证与周围的衔接性	
保障公共艺术的建设资金，建立公共艺术保障机制	
12. 地面铺装	
通过铺装形式限定空间功能分区	铺装色彩、材质
商业街道宜铺设全铺装交叉口，改善慢行体验；铺装上可采用人行道或小方石，形成混行区域，交叉口可考虑取消路缘石高差	
自行车道、公交专用道等宜设置不同的铺装，进行一定的视觉强化引导	
考虑安全性，采用摩擦系数大的材质	
铺装宜多采用透水材料	

资料来源：笔者总结

4.4.3 室内步行系统空间

当前的城市公共空间朝着网络化（脉络化）演进，不同形式、不同层次、不同功能的公共空间在空间结构上空间联通，功能联动。不仅如此，城市公共空间还朝着建筑内部化延伸，如室内、屋顶、天桥甚至是地下空间拓展，呈现复合立体的内部化趋势。

传统的城市设计一般将建筑物之外的室外空间作为主要的研究对象，而现代城市设计的立体化和系统化的发展趋势则开始强调城市中各要素的综合作用。城市的立体化与系统化的建设使得城市不能仅在室外范围内解决城市问题，城市地下空间以及空中步道系统的开发使得城市设计的网络结构必须将建筑内部空间纳入其中。与此同时，现代城市建筑的空间也正在突破自身封闭的状态，而演变为一种多层次、多要素复合的动态开放系统，将城市街道空间延伸至公共空间，将中庭发展为城市交通的集散枢纽，将屋面作为城市多层次的休憩空间等，将建筑内部空间打造成为城市公共空间系统中的有机组成部分[19]。例如作为城市广场延伸的建筑室内空间（IBM Plaza NY）和作为城市集散枢纽的中庭空间（涉谷 Hikarie Tokyo）。

建筑室内公共空间设计应从城市到建筑转向城市与建筑一体化设计。在一体化城市建设的理念下，作为同样承担城市职能、根生于城市空间体系的建筑室内空间，设计应致力于使这些空间同时具备建筑空间与城市空间的双重属性，充分体现建筑空间对城市空间的贡献。主要包括以下目标：建筑公共空间补充与完善城市的功能与品质，建筑公共空间增强城市内部的联系，公共空间带来城市的活力与魅力。

建筑内部的公共空间承担城市功能，为城市居民提供各类休闲、交往的场所，是城市公共空间的延伸，弥补城市公共空间的匮乏及不足，包括空间功能上的补充、空间模式的补充及空间品

图 4.10　涩谷 Hikarie
资料来源：https://www.hikarie.jp/about/index.html

质的提升等。

（1）创造立体混合的核心空间

随着最后一公里区域的人口流动逐渐增加，为了弥补严重不足的公共空间，以轨道交通站点为中心，对其进行再开发，车站导入新的空间功能，除了完善交通功能之外，还具有高密度商业、文化、展览、公共设施等功能，并将这些设施进行三维立体空间上叠加和一体化的设计。

例如，Hikarie 高层建筑位于涩谷站上盖（图 4.10），共 34 层，17 层以下均为公共空间，形式多样，包含地下至 5 层的商业空间，6～7 层的餐饮空间，8 层的创意空间，9 层的展览空间，11 层的空中大堂，13～16 层的剧场空间及 17 层屋顶的露台花园等。常年不间断地提供各种精彩纷呈的公共活动。与此同时，这些公共空间内外设计呈现统一的特征，其开放性、连接性及立面的变化具有相当高的识别性，构成城市的展示窗口。

（2）创造多首层的流线空间

为了让建筑空间更有效地增强城市的交通联系，该策略强调多个首层流线空间的重要性，将整个建筑的室内外空间作为一个整体来考虑，形成下至地铁轨道线路，水平至街道广场以及向上至每一栋高层建筑的充分连接形式，在多个层面形成人流畅通无阻的公共空间，同时在人行节点上布置商业空间，激活以轨道交通站为中心的城市空间。

都市核心（urban core）概念是日本站城一体化背景下提出的城市整合性发展的概念，将核心公共空间、枢纽流线空间与各类服务空间有机结合，并以此概念打造日本诸多轨道交通上盖建筑中的重要核心枢纽部分。在各街区中的公共交通节点上，既提供所在交通枢纽的换乘、进入公共交通站点等流通功能，还提供了辅助公共交通和公共生活的各种商业、餐饮、休闲娱乐等功能，将其紧凑地布置在建筑单体或群体之内，形成具有标志性的建筑体量和室内公共空间。

龙阳路综合交通枢纽城市设计项目中，在现有的 4 条铁路线基础上，新增地铁 18 号线、机场线，并且加入出租车、巴士等公共交通系统，使大量人流能够畅通无阻，同时通过商业和办公功能的联动使空间在整体价值上得到提升。同时，建设了跨地面、天桥、地下多层的城市核，这类城市核与建筑群融为一体，构成了各区域的站前门户空间。

建筑内部公共空间的打造，对城市活力起到促进作用，设计富有特色的公共空间，反映并尊重当地的历史文化与城市特性的同时，将多样的城市活动积极引入建筑内部。

（3）建筑空间向城市延伸

在城市更新区域，将建筑与城市空间一体化设计，模糊建筑室内与室外的界限，将室内空间延伸至室外，伴随自发产生及不定期的城市活动，形成城市活跃区域，为城市区域带来活力与魅力。

位于芝加哥千禧公园的 Jay Pritzker Pavilion，由著名建筑师弗兰克·盖里设计，是芝加哥千禧公园的建筑主体，建筑设计从室内延伸至室外，在大草坪上搭起钢构网架天穹，纤细交错，形成能够容纳 7000 人的大型室外露天剧场，营造了极具视觉冲击力的公共空间（如图 4.11）。作为格兰特公园交响乐团及合唱团的驻地场所，音乐厅举办不同种类的音乐演奏系列和年度性的表演艺术项目，全年举行各类音乐节、表演艺术活动及其他聚集活动。与其所在芝加哥千禧公园一起，成为全芝加哥人气第二高的旅游景点，深受游客及市民欢迎。

（4）在建筑间形成公共空间

利用城市更新的契机，在原先毫无关系的建筑之间加盖顶盖或连廊，形成更多城市与建筑的交汇空间，补充城市较大尺度的公共空间不足，为各类城市活动创造可能。

位于南京东路，第一百货新老两栋楼之间的六合路（如图 4.12），原先承担单一的通行功能。随着"后街经济"的提出，经过 2017 年的改造，结合周边第一百货的整改，六合路迎来了活化再生。六合路被打造成为第一百货的半室外商业街，包含 7 条连廊、4 座跨层飞梯，1 个高 42m、长 80m 的透明顶棚高高架起，如同一把透明伞，为六合路遮风挡雨。三座商场合并成了打造了全长 200 多 m 的夜市，为了烘托商业氛围，连廊幕墙、顶棚上加装了特殊的灯光设施，可根据节假日等不同需求营造特色鲜明的主题空间，创造了一处活跃而富有魅力的公共空间。

（5）建筑空间激活城市文化

在历史街区及原有城市文脉下设计或改造建筑，尊重城市文化和历史，通过创造精彩的建筑空间和多样的城市活动，激活城市的魅力和文化。

位于德国汉堡的易北爱乐音乐厅由原先的码头仓库改造而成，设计充分尊重汉堡的音乐文化和码头历史文脉，将具有弧形屋顶的新颖的玻璃结构置于码头仓库之上，创造城市中看与被看的新空间，通过高品质的空间，日夜不息的精彩活动，成为一座"面向所有人"的新地标，也为整个城市的复兴注入了一剂强心针。

图 4.11　建筑空间向城市延伸　千禧公园
资料来源：http://travel.qunar.com/p-oi4419214-qianxigongyuan

图 4.12　在建筑间形成空间——上海六合路
资料来源：笔者自摄

室内公共空间规划式设计要求详见表 4.19。

室内公共空间规划设计细则表 表 4.19

1. 核心空间	
	1.1 公共空间补充与完善城市的功能品质，创造类型不同的核心空间
	1.2 创造立体混合的核心空间
	入口及门厅
	1.3 紧邻城市公共空间布置，位置易于接纳城市人流
	1.4 鼓励更多的底层架空空间，面向城市开放
	1.5 具有明确的识别性、透明、开放，富有特色，吸引公众
	1.6 高度设计尽可能接近城市标高，所有入口实现无障碍设计
	1.7 设置更多连接，结合建筑功能在不同高度及不同朝向设置入口
	中庭空间
	1.8 根据空间性质设计明确的空间形态：鼓励采用围合式室内空间创造目的地型核心空间；采用贯穿式布局创造流通型空间，将城市人流引入建筑室内
	1.9 根据人员数量、流通性、使用者的心理需求及城市活动中人的聚集程度设计合适尺度及比例的中庭空间
	1.10 为中庭空间提供充沛的自然采光，舒适的温湿度等高品质设计
	1.11 尽可能在中庭中布置座椅、绿植、展览、零售等服务设施
	1.12 结合城市立体化要求，在高层及超高层建筑内布置不同高度的中庭空间
	1.13 积极处理建筑中庭空间与室外城市空间的关系，尽可能将两者在视线及流线上紧密结合起来，有效引导公共性活动
	室内步行街
	1.14 在尺度较大的街区，鼓励使用建筑室内步行街的形式，延伸城市的步行系统，提供丰富多样的空间体验
	1.15 室内步行街既具有街道空间的人情味和活动自由度，又具有现代室内空间的舒适环境和便利设施
	1.16 根据建筑功能及城市需求，创造形式多样的室内步行街，如单层步行街、多层步行街、空中连廊及地下步行街等形式
2. 流线空间	
	2.1 公共空间增强城市内部的联系，鼓励创造多首层的流线空间
	2.2 创造形式丰富的流线空间
	公共楼梯
	2.3 在活跃的室内空间中，让楼梯不仅作为疏散空间，同时成为多功能的交流空间
	2.4 具有开放性的楼梯，布置在建筑的入口附近、临近电梯、扶梯设置，或布置在核心空间内方便可达的区域
	2.5 设计兼顾不同年龄的楼梯使用者
	2.6 高层建筑内，在间隔的几层之间布置楼梯系统，鼓励步行，提升公共空间的使用频率
	电梯及扶梯
	2.7 在流通型空间内，鼓励提供多种类型的扶梯形式，如单层扶梯及多层飞天梯，提高空间流动效率
	2.8 结合无障碍设计，在扶梯入口可见范围内布置垂直电梯

3. 服务空间及设施		
	服务空间	
	3.1	为提升城市活力而设计，鼓励在公共空间内提供各类服务的空间要素
	3.2	服务空间临近核心空间布置
	3.3	服务空间高度可辨，通过良好的标识系统指引
	3.4	整合设计，服务空间设计不影响核心空间的完整形态
	服务设施	
	3.5	依据室内步行空间及停留空间设置布置服务设施
	3.6	提供尽可能多样的服务设施，满足不同年龄使用者需求
4. 空间整合		
	4.1	整合各类核心空间、流线空间与服务空间，形成标志鲜明的核心装置
	4.3	整合城市空间与建筑空间
	4.4	整合建筑间的空间
	4.5	整合建筑空间与城市文脉

资料来源：笔者总结

4.5 标准体系总结

通过对站内步行流线梳理、站域步行系统构建、功能业态提升，以及公共空间品质的提升，四个维度进行关键要素的总结和归纳；并将归纳总结的要素，依据最后一公里城市更新的目标愿景——高效便捷、安全舒适、活力多元、个性包容，进行归类（详见表 4.20），旨在探讨如何设计一个"以人为本、步行优先"的最后一公里区域。

标准体系　　　　　　　　　　　　　　　　　　　　　　　　　表 4.20

1. 高效便捷		
	交通衔接	
	1.1	轨道交通换乘便利，人流得以高效疏解
	1.2	与轨道交通站点无缝衔接，具有良好的便捷性和可达性
	1.3	与各公共交通体系多维联系，空中、地面和地下流线一体化设计
	空间连续	
	1.4	保障公共空间具有一定的连续性，且公共/私属空间相连
	1.5	设置一定引导性的标识，引导连续性空间
	1.6	地下空间联通周边地块，协助快速疏解人流
2. 安全舒适		
	路面安全	
	2.1	路面平整，及时更新
	2.2	运用可渗透式铺装
	2.3	雨雪天可安全行走，有充足的遮阳和挡雨设施

2. 安全舒适		
	行走安全	
	2.4	防护栏、井盖数量和位置合适
	2.5	路灯、指示牌等多杆合一,所处位置不会阻碍行人正常行走
	高品质照明	
	2.6	夜间有高品质照明,亮度适宜
	无障碍阻挡	
	2.7	步行道宽度适宜,步道留有足够的行走空间,没有障碍阻挡
	2.8	机动车 / 非机动车停车位置合理规划,不占据行走空间
	2.9	积极处理建筑中庭空间与室外城市空间的关系,尽可能将两者在视线及流线上紧密结合起来,有效引导公共性活动
	有丰富的视野	
	2.10	有通透丰富的视野,适宜驻足观看
	停留休憩的空间	
	2.11	足够且舒适的休憩座椅,适宜停留休憩,交谈聆听
	设计借助有利的自然环境	
	2.12	空间的营造借助有利的自然环境,比如阳光、微风等
	适宜 24 小时活动开展	
	2.13	适宜全天 24 小时,一年四季,展开挥动
	2.14	保障私属公共空间的全天候开放
	2.15	保障遮阴避雨设施的规划和设计
	具有吸引力的界面	
	2.16	有吸引力或有趣的步行空间界面或立面
	2.17	打造与建筑内部活动产生丰富视觉联系和交流的界面
	2.18	打造活动渗透的界面,例如通过打造开放式商铺、建筑入口,中庭等
3. 活力多元		
	差别化土地开发密度	
	3.1	根据不同地区的发展潜力制定适宜的不同开发密度
	3.2	鼓励在 TOD 更新单元,特别是靠近轨道交通站点周边,高密度开发,高效率利用土地
	3.3	为提高轨道交通站点及沿线的开发密度,可以更改打破规范以提高容积率,促进高密度开发
	通过附加及奖励容积率创造高密度交通节点	
	3.4	更新项目可通过达到更高标准或提供符合条件的设施、福利等来争取更大的密度以及更多的容积率奖励
	3.5	鼓励高品质的设计、完善的基础设施和便利设施吸引和承载更高的密度,而不带来拥挤的感觉
	3.6	考虑站点的连通性,以使经济和人文活力、高运量公共交通及交通网络特性与更高的可达性相匹配
	在城市中便捷出行	
	3.7	步行距离可达各类公共交通方式
	在相同或临近街区内的居住和非居住功能的混合	
	3.8	在 TOD 更新单元内部,居住和非居住功能互补

续表

3. 活力多元	
	3.9 更新单元内部主要功能与更新单元以外的功能平衡互补
	本地服务处步行可达范围
	3.10 生鲜超市、学校、医疗设施或药房，距离 1000m 步行范围内
	公园和游乐场处步行可达范围
	3.11 鼓励 TOD 更新单元内设置公园或游乐场，且每天开放时间保持在 15 个小时以上
	3.12 若公园和游乐场不在更新单元内部的，则鼓励在距离更新单元步行 500m 范围内设置。
	相应激励政策
	3.13 对于提供高比例经济适用房的项目，应予以如快速审批通道，免除审批费等奖励
	3.14 鼓励预留商贩活动的街道空间，且应靠近高人流量的区域，在保证安全的前提下激活街道空间
	3.15 划定无限制贩售区、有限制贩售区和无贩售区
	3.16 鼓励开展公共活动如艺术节、美食节等
4. 个性包容	
	适宜不同年龄、性别、阶级的人群使用
	4.1 空间设计具有包容性，适宜不同的人群使用
	4.2 符合地方或国际标准所规定的无障碍通行要求，使残障人士能通畅无阻碍使用，包括轮椅使用者和视力低下人士
	细节设计
	4.3 具有美感且积极的细节设计
	适宜且美观的选材
	4.4 适宜的用材，美观且耐用
	4.5 考虑到可持续发展，铺装尽可能使用美观且可渗透的材质
	设计具有当地特色
	4.6 体现在地空间或区域的特色
	4.7 着重体现当地的文化特色和内涵
	具有丰富的感官体验
	4.8 从视觉、听觉上可以感受到丰富的空间层次
	4.9 种植适宜的植被
	允许非正规活动的开展
	4.10 允许定时定点，开放一定范围的公共空间，例如美食角等
	4.11 定期开展街道艺术节等聚集人气的活动，以丰富街道空间的体验
	植被绿化
	4.12 层次丰富的公共景观绿化，构建完整的景观效果
	4.13 鼓励结合绿化景观，植入绿色技术，构建可持续生态
	活跃的建筑首层
	4.14 在更新单元内，禁止沿公共开放空间、通道和公园等建造边界墙体，如果需要封闭场地，则应使用半透明围栏
	4.15 活跃的建筑界面，包括拱廊、店面、入口门廊、出入口，以及面向主要街道活动区域的透明窗户等，鼓励至少 20% 以上的临街界面视觉上是活跃的
	4.16 原则上在更新单元内私人建筑活用后退或后退不超过 5m，公共建筑及其里面则后退距离不小于 10m

资料来源：笔者总结

5

最后一公里规划设计实践

上一章节以"高效便捷、安全舒适、活力多元、个性包容"为目标，梳理站台层、系统层、功能层以及空间层4个不同层面的标准体系，对上海轨道交通站点周边城市更新设计方法进行归纳总结。本章对龙阳路站、上海火车站、南京东路站、凌兆新村站4个正在进行城市更新的轨交站点周边区域进行剖析研究，旨在运用并验证最后一公里更新设计方法。

5.1 龙阳路站

龙阳路站位于浦东新区，龙阳路站点是市级最重要的综合性交通枢纽之一，也是上海作为"全球卓越城市"的重要门户。现状龙阳路枢纽地区目前已形成一定规模，是浦东新区重要的交通枢纽节点，是包含轨道交通、磁悬浮、地区公交、郊区公交、出租车及非机动车停车等多项功能的综合性交通枢纽。

龙阳路交通枢纽地区中片区位于龙阳路交通枢纽南侧，龙阳路南侧，北至龙汇路、东至芳波北路、南至王家浜、西至白杨路，面积约44.5hm²。建设中的18号线位于中片区西侧，远期规划的机场线则位于基地内部（如图5.1）。中片区是龙阳路交通枢纽地区的核心地块，也是整个龙阳路地区重要城市形象展示区。上海地产集团进行成片区域开发建设，依托规划实施平台，对动迁、设计、施工、投资、运营进行总控制、总协调；并委托华建集团华东建筑设计研究院有限公司的设计团队作为龙阳路交通枢纽地区中片区位的总控单位，对整个片区的公共性、公益性设计要素进行梳理，并全程跟踪服务，确保好方案落实落地，形成相关成果。

5.1.1 背景介绍

（1）规划解读

根据《浦东新区北蔡培花社区Z000501单元（白杨路以东地区）控制性详细规划（龙阳路交通枢纽地区中片区）》规划发展目标：打造绿色低碳、高效便捷、功能多元的现代化综合商务核心区。功能定位：上海市重要的现代服务业集聚中心，花木 – 龙阳城市副中心的重要组成部分；以商业、商务、文化等功能为主的综合性城市公共活动中心；上海城市级综合交通枢纽的重要组成部分；上海中心城东南部重要的城市门户与城市形象展示区。

基地北至龙汇路、东至芳波北路、南至王家浜、西至白杨路，规划范围总用地44.45hm²。共包括7个街坊，19个地块；地上建筑面积约137.5万m²，

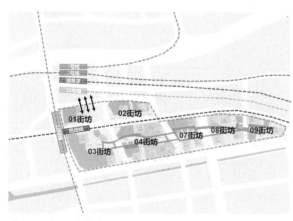

图5.1 龙阳路中片区与交通枢纽关系图
资料来源：笔者自绘

图 5.2、图 5.3 　基地控规图则及重点地区附加图则
图片来源：上海市规划局

用地性质以办公、商业为主，含少量文化设施用地。核心地块容积率达到 8.0，建筑高度控制从 80 ～ 200m（图 5.2、图 5.3）。

（2）目标愿景

龙阳交通枢纽地区是上海市中心城区最多轨交线路换乘的综合交通枢纽，是上海面向未来、面向世界转型发展、迈向"全球卓越城市"的重要标志，是上海加快推进建设创新之城的重大项目。迎着"开放创新的亚洲，繁荣发展的世界"发展契机，上海要优化城市空间格局，从长江三角洲区域整体协调发展的角度，充分发挥上海中心城市作用，构建上海大都市圈，打造具有全球影响力的世界级城市群。

同时，随着上海自贸区、迪士尼、上海东站、张江科学城等一系列重大项目选址落实，浦东新区正在成为承载上海卓越全球城市核心功能的重要地区。龙阳路交通枢纽地区是唯一可以实现快速到达上海全球城市核心区的城市级枢纽，成为上海面向国内，乃至全球的重要城市门户与形象展示区域。

（3）规划理念

以"世界一流综合交通体"为发展定位，怀抱"连接门户·交流桥梁·创意森林"的城市愿景，综合运用"站城一体化"的设计理念，使城市与车站一体化再生，实现城市空间、建筑、景观一体化设计，塑造多样化的城市空间，打造最具魅力的城市标志性交通枢纽区域。

通过"绿色交通模式、集约功能和文化、步行网络、城市地标、智能和环保"五种设计手法，打造"主体化·多元化"的城市空间、"特色化·集约化"的功能配置、"立体化·流动化"的交通模式、"个性化·印象化"的景观设计、"连续化·象征化"的建筑设计、"节能化·低碳化"的节能设计，从而实现"站城一体化"的设计理念，全面建成全球卓越城市的综合枢纽典范。

5.1.2　现状概况

龙阳路交通枢纽地区中片区与龙阳路交通枢纽仅一路之隔（图 5.4），同时中片区与在建的 18 号线和规划的机场联络线都有紧密的关系，为了建立区域最后一公里的步行联络体系，中片

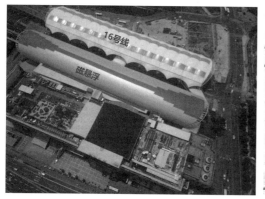

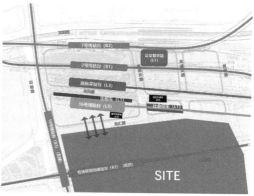

图 5.4 龙阳路交通枢纽鸟瞰图　　　　图 5.5 龙阳路交通枢纽设施布局图
图片来源：上海地铁　　　　　　　　　图片来源：笔者自绘

区与北侧交通枢纽的步行联系是重中之重（图 5.5）。本小节将对北侧以轨道交通为中心，包括公交枢纽、机动车停车场等设施在内的交通枢纽设施的各项功能及建筑形式给出介绍，也包括在建和规划线路的信息。

（1）枢纽内部流线

　　龙阳路地区规划集磁悬浮、机场线（规划）、2、7、16、18 轨交于一体的 6 线换乘站；其中 2 号线、7 号线、16 号线和磁浮（浦东机场至龙阳路枢纽）均为已建项目，2 号线龙阳路站的站厅层设置于建筑龙阳广场的地面一层内，站台层为地下一层岛式站台。7 号线龙阳路站的站厅层设置于 B1 层，站台层为地下二层岛式站台。磁悬浮线路形式为高架线路，站厅层设置于地面二层，站台层为地面三层。16 号线在龙阳路枢纽地区也是采用高架形式，站厅层设置于地面二层，站台层为地上 3 层双岛式站台。

　　18 号线为在建线路，规划在龙阳路南侧龙汇路与前程路之间设龙阳路站，且与北侧的 2 号线及 7 号线换乘。目前，于 2020 年 12 月 26 日开通运营一期工程南段（御桥站至航头站）。其龙阳路站的站厅层设置于地下二层，站台层为地下 3 层岛式站台。

　　机场联络线为预留远期城市机场间快速联系，在龙阳路枢纽地区设置龙阳路站。线路自罗山路转向沿龙汇路北侧走向，由高架线路转向地下线路，在龙阳路枢纽地区内完全采用地下线路。规划站厅层设置在 B1 层，站台位于 B2 层。龙阳路地区规划集磁悬浮、机场线（规划）、2、7、16、18 轨交于一体的六线换乘站；其中 2 号线、7 号线、16 号线和磁浮（浦东机场至龙阳路枢纽）均为已建项目，2 号线龙阳路站的站厅层设置于建筑龙阳广场的地面一层内，站台层为地下一层岛式站台。7 号线龙阳路站的站厅层设置于 B1 层，站台层为地下 2 层岛式站台。磁悬浮线路形式为高架线路，站厅层设置于地面二层，站台层为地面三层。16 号线在龙阳路枢纽地区也是采用高架形式，站厅层设置于地面二层，站台层为地上 3 层双岛式站台。

　　18 号线为在建线路，规划在龙阳路南侧龙汇路与前程路之间设龙阳路站，且与北侧的 2 号线及 7 号线换乘。目前，于 2020 年 12 月 26 日开通运营一期工程南段（御桥站至航头站）。其龙阳路站的站厅层设置于地下二层，站台层为地下三层岛式站台。

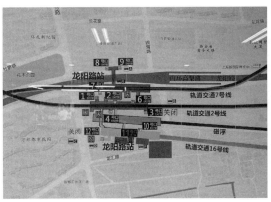

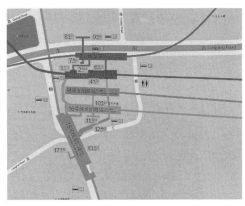

图 5.6 轨交换乘通道布局图（现状）
图片来源：笔者自摄

图 5.7 轨交换乘通道布局图（18号线开通后）
图片来源：笔者自摄

机场联络线为预留远期城市机场间快速联系，在龙阳路枢纽地区设置龙阳路站。线路自罗山路转向沿龙汇路北侧走向，由高架线路转向地下线路，在龙阳路枢纽地区内完全采用地下线路。规划站厅层设置在 B1 层，站台位于 B2 层。

根据图示（图 5.6），7 号线、2 号线、磁悬浮、16 号线基本上并肩排列，建设的 18 号线站房垂直于其他几条线，布设在右下角方向（图 5.7）。整体布局形成 F 形。由于受站型条件以及地块本身地下空间的限制，2 号线、7 号线、16 号线没有富余空间设置如人民广场般的一体化换乘大厅，而是采取通道换乘的方式。目前 2 号线、7 号线、16 号线整体形成单向逆时针循环的站内换乘通道，整体换乘距离较长且曲折。建设中的 18 号线在运营后，将来以通道方式接入现有的换乘通道。据悉，磁悬浮也将开放通道，实现与其他轨道交通线路的站内换乘。

由于各条线路的站厅层设置在不同的标高，导致了换乘通道在竖向的较大落差，换乘乘客可通过扶梯进行上下转换。尤其是在未来 18 号线开通运营后，尽管其和 2 号线、7 号线的站台均在地下，但必须通过地上二层的 16 号线站厅层进行转换；16 号线和 18 号线之间的换乘乘客，则竖向上需从地面三层跨越到地下三层（图 5.8）。

磁悬浮列车龙阳路始发站作为独立的建筑单体，处于龙阳广场与地铁 16 号线龙阳路始发站之间。由于地铁和磁悬浮属于不同的运营单位。故磁悬浮与轨道交通 2 号线、7 号线、16 号线只能进行站外换乘。尽管目前的逆时针换乘通道通过了磁悬浮的站厅层，但进行了物理隔离，换乘磁悬浮的乘客必须出站后，再从磁悬浮的地面扶梯进入磁悬浮。此种方式增加了换乘乘客的换乘距离，较为不便（图 5.9）。

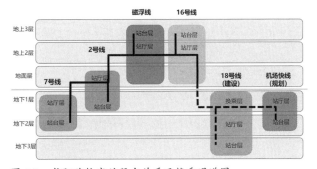

图 5.8 龙阳路轨交站竖向关系及换乘通道图
图片来源：笔者自绘

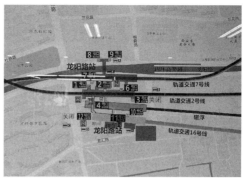

图 5.9　龙阳路换乘通道与磁悬浮之间的玻璃门隔离
图片来源：笔者自摄

图 5.10　轨交换乘通道布局图（现状）
图片来源：笔者自摄

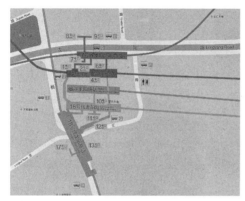

图 5.11　轨交换乘通道布局图（18号线开通后）
图片来源：笔者自摄

图 5.12　龙阳路轨交站地下过街通道
资料来源：笔者自摄

（2）联动周边的步行系统构建

据 2021 年月 12 上海地铁官网显示，龙阳路站包括未来将运营的 18 号线在内，共有 12 个出入口。本书编撰期间，共有 9 个出入口开放（图 5.10）。2021 年 6 月，为配合上海地铁 18 号线龙阳路站施工改造工作，3 号口永久关闭。2021 年 9 月，为配合 18 号线站层与 16 号线站层之间的换乘通道建设，龙阳路站原 11 号口永久关闭并改建为 18 号线的换乘东通道，并在原有 11 号口西侧复建 11 号口（图 5.11）。通过对各个出入口的实地调查，可得知目前龙阳路轨交枢纽除了 2 号出入口可与龙阳广场直接相连通，其他出入口与周边建筑均无直接联通。

站点自身出入口众多，线网交织复杂，且各出入口情况不一，因而对于人流向周边地区的疏散产生一定阻碍。例如，6 号口为只出不进的单向口，面对龙阳广场北侧；由于龙阳路内环高架的设置，此地下过街通道为龙阳枢纽重要的过街通道之一，但缺乏无障碍设施（图 5.12）。

龙阳广场、磁悬浮和 16 号线站台建筑三座建筑并排布置，但作为交通枢纽，建筑首层缺乏联通的步行系统（图 5.13、图 5.14）。地铁 2 号线的站厅层位于龙阳广场的地面一层内，龙阳广场的地面层无法实现南北向互通，必须通过广场的二层进行竖向转换；16 号线地面 1 层封

图 5.13、图 5.14　磁悬浮和 16 号线的地面通道

资料来源：笔者自摄

图 5.15　龙阳路公交枢纽

图片来源：笔者自摄

图 5.16　龙阳路出租车蓄车场

图片来源：笔者自摄

闭；磁悬浮站房的地面层有南北贯通的两条人行通道，16 号线有南北贯通的 1 条通道，步行条件不佳。

　　而从轨道交通与其他交通方式的换乘来看，作为城市重要的交通枢纽站点，龙阳路周边的交通换乘相对便利。站点周边目前设有一处公交枢纽，位于龙通路、龙阳路交汇，共有 6 条公交线路换乘线路，用地面积约 4800m²，管理用房约 256.7m²（图 5.15）。目前公交枢纽仅承担乘客的上客候车功能，集中下客点在 16 号线南侧的龙通路上。同时在 16 号线南侧的龙通路上设有一处公交首末站。

　　除了公交枢纽，龙阳路站点周边还预留有充足的出租车等候空间。由于磁悬浮主要为上海浦东国际机场服务，枢纽地区吸引了部分出租车服务，现状利用 16 号线站房建筑地面层北侧的龙白路满足出租车蓄车功能，目前蓄车规模大概为 15 辆（图 5.16）。可通过 10 号口，也即 16 号线站房建筑的北两侧，通过单向电梯，可直接通向出租车候车点。也可通过磁悬浮 3 号口，穿越龙白路到达出租车候车点（图 5.17）。

　　机动车停车场主要集中于 16 号线站房建筑右侧的地块内，利用 16 号线轨道层下的架空空间，用地面积约 2800m²（图 5.18）。

图 5.17　磁悬浮 3 号口出租车停车处
资料来源：笔者自摄

图 5.18　龙阳路机动车停车场
图片来源：笔者自摄

图 5.19、图 5.20　龙阳路非机动车停车场和路边非机动的停车
图片来源：笔者自摄

非机动车停车目前集中布局于磁浮线与轨道交通 16 号线地上线路之间，用地面积约 3100m² （图 5.19）。道路周边也存在大量的非机动车停车，包括 16 号线站房南侧的空地上。但同时也由于大量共享单车的停放，严重压缩了步行空间（图 5.20）。

（3）周边用地功能单一

交通枢纽的北侧为龙阳路内环高架，与北侧的联系的除龙阳路 - 白杨路的交叉路口外，仅有连接 7 号口和 8 号口的地下通道。枢纽西侧为大型居住小区：万邦都市花园等，私密性比较强，没有开放的步行通道；东侧为 2 号线的车辆段基地及大片未开发绿地，南侧即为龙阳路交通枢纽地区中片区，尚未进行开发建设。

同时交通枢纽区域的功能及业态现状较为单一，商业设施主要以中低端餐饮业态构成，迎合大众消费。但与其他城市交通枢纽核心相比，龙阳路站点周边缺少适宜的商业设施和休憩空间，这也直接导致了龙阳路周边多被视为重要的换乘枢纽，而非重要的目的地。

（4）站点及周边区域的空间设计

首先，空间尺度有待进一步验证。从换乘空间的设计来看，目前龙阳路站的 2 号线、7 号线、16 号线，加之与磁浮线换乘，客流量集中，高峰时段站内的客运组织压力较大。根据 2015

年上海轨道交通客流量统计数据：龙阳路交通枢纽轨道客流量约 22.6 万人 / 日，其中周边地区进出客流量约 10.4 万人 / 日，内部换乘客流量约 12.2 万人 / 日。换乘客流占据龙阳路地铁站全日客流的一半以上。但 2 号线与 16 号联系方向的通道空间相对有限，尺度较小（图 5.21），局部甚至仅可容纳一人站立空间的电梯，以及为了形成有秩序的单向循环换乘系统，临时封闭了部分楼梯空间，狭窄的联通道导致部分通道产生人流拥堵（图 5.22）。

其次，空间缺乏多样化的设计，部分步行段略显单调。2 号线与 7 号线之间的换乘通道是目前整个换乘系统中唯一一部分处于地下空间的，通道通过护栏进行简单分割，墙壁饰有电子广告牌及指示标志，整体空间较为乏味（图 5.23）; 16 号线向外衔接的换乘通道和站厅，空间设计较为缺乏因此视觉感受略显空旷。但也有一些换乘空间做了简单的界面处理，例如换乘通道内设有一幅名为《印象地铁》的照片墙。《印象地铁》长 27m、高 3.4m，每张照片通过 2cm、6cm、10cm 的模块高低错落排列，增添了公共艺术作品的装置性和立体感（图 5.24）。内部行人导向标志明显，并于地面设置了盲道（图 5.25），在上海市的轨道交通站厅慢行设计中处于较高的水平。

图 5.21、图 5.22　龙阳路轨交站 2 号线狭窄的换乘通道
图片来源：笔者自摄

图 5.23　龙阳路 2 号线与 7 号线之间的换乘通道　图 5.24　龙阳路轨交站 16 号线的换乘通道
图片来源：笔者自摄　　　　　　　　　　　　　图片来源：笔者自摄

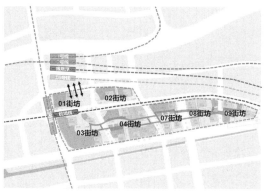

图 5.25　龙阳路轨交站 2 号线换乘通道盲道
图片来源：笔者自摄

图 5.26　龙阳路中片区与交通枢纽关系图
资料来源：笔者自绘

5.1.3　步行系统构建

（1）线网衔接、换乘优化

设计首先考虑各出入口的衔接。如图 5.26 所示，建设中的 18 号线位于中片区西侧，远期规划的机场线则位于基地内部。18 号线与基地的 01 街坊和 03 街坊紧密相连。16 号线是交通主枢纽地块和基地的联系最接近。由于 16 号线早已完成，18 号线在 2015 年已完成施工图编制，彼时尚未有基地的建设开发方案，因此在设计中并未预留与基地的连通通道。

2015 年华东院龙阳交通枢纽换乘方案中，设置单向逆时针换乘通道，确保 2 号线可封闭运营，18 号线及机场线仍按单向换乘思路接入 16 号线站厅（图 5.27、图 5.28）。最终枢纽建成后将实现所有换乘客流均通过东西两侧的两条换乘通道与各线之间单向换乘。

其次，片区更新将与未来贯通的 18 号线进行衔接。2019 年 12 月，开发主体上海地产集团，在设计总控的协助下与申通集团达成共识，签订代建协议。为达到地下空间与轨交车站的一体化、打造龙阳交通枢纽 TOD4.0，开发建设地铁主体外侧与 01、03 街坊地下室可建区域接邻的地下

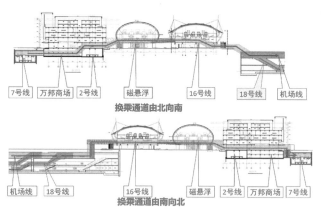

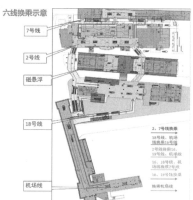

图 5.27、图 5.28　龙阳路中片区与交通枢纽关系图
资料来源：《上海龙阳路交通枢纽综合开发项目总控研究》

区域，结构由申通集团代建。增加的附属工程造价由开发主体地产集团承担，代建的地下部分内容，由18号线项目公司进行规划报审。车站开通必需的13号出入口和1、2号风亭近期实施，未来可由地块进行改造，14号出入口预留，15号口近期暂按临时出入口实施，远期结合地块开发实施永久出入口（图5.29）。

未来实施后，18号线的站厅层通过通道共墙、过渡空间和下沉式广场、地块衔接（图5.30）。01街坊的2条红色通道直接与站厅的公共区相连接；03街坊的3条橙色通道将站厅商业开发区和地块相连，同时在重要节点布设垂直交通核与地面衔接。设计总控要求下沉广场的宽度不应小于13m，连通通道的长度不应小于10m、宽度不应大于8m。

图5.29　01街坊与03街坊地下一层结建区域

资料来源：《上海龙阳路交通枢纽综合开发项目总控研究》

第三，龙阳路综合枢纽的更新，针对与16号线换乘不便的现状，重塑连接通道。根据预测（表5.1），龙阳路枢纽远期高峰小时客流总量为11.4万/小时，其中换乘量5.3万/小时，地面集散量6.1万/小时。换乘量中，机场线-2、18-2、16-2、7-2的几个方向的换乘客流位居前面几位，分别为0.73万、0.67万、0.55万和0.47万人次/小时。从各条线路看，换乘入2号线的客流明显大于2号线换乘出去的客流；换乘出和换乘入7号线的客流基本持平；16、18、机场线换乘入的客流低于换乘出的客流。可知，枢纽的高峰主换乘方向是流向2号线的客流。

地面集散量6.1万人次中（表5.2），2号线客流最大，为1.7万人次/小时；16号线、机场线居后，为1.5万人次/小时；18号线第三，为1.0万人次/小时，7号线最小，为0.5万人次/小时。2号线、16号线、机场线进站客流大于出站客流，18号线进站客流小于出站客流，7号线进出站客流基本持平。

经过以上分析可得知，位于基地北侧的轨交2号线和16号线是中片区轨交出行的重要方向。

图5.30　地下空间衔接地铁方案

图片来源：《上海龙阳路交通枢纽综合开发项目总控研究》

	2 号线	7 号线	16 号线	18 号线	机场线	小计
2 号线		0.31	0.14	0.13	0.19	0.76
7 号线	0.47		0.04	0.15	0.04	0.69
16 号线	0.55	0.15		0.27	0.11	1.08
18 号线	0.67	0.22	0.32		0.31	1.51
机场线	0.73	0.06	0.06	0.38		1.24
小计	2.42	0.74	0.56	0.93	0.64	5.29

资料来源：上海市交通研究中心

远期各条轨道线路地面集散量　单位：万人次／小时　　　　　　　表 5.2

	进站	出站	合计
2 号线	1.1	0.6	1.7
7 号线	0.2	0.3	0.5
16 号线	1.1	0.4	1.5
18 号线	0.3	0.7	1.0
机场线	1.1	0.4	1.5
合计	3.7	2.4	6.1

资料来源：上海市交通研究中心

据测算，龙阳路中片区整体开发后，在未来年龙阳路的流动人次将达到 65 万人次／日，其中包括 30 万人次的枢纽内部换乘人流，以及 35 万人次的轨交进出客流。65 万人／日的交通分散方式：一是二层轨道车站通往开发区域的客流量为 19 万人／日，支撑其交通的是立体的流线组织及站前广场空间（图 5.31）；二是使所有轨道交通都能在付费区内接续，实现顺畅的 30 万人／日换乘流线。因此规划二层公共通道／连通道自商务办公核心区分别向轨道交通枢纽延伸，形成

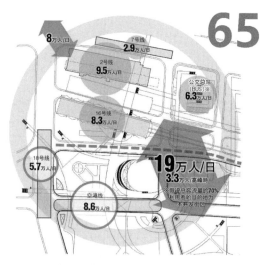

图 5.31　进出站客流量分析
资料来源：《上海龙阳路交通枢纽综合开发项目总控研究》

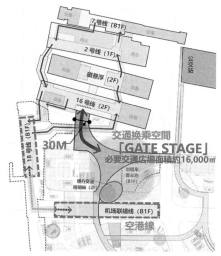

图 5.32　换乘流线及空间示意图
资料来源：《上海龙阳路交通枢纽综合开发项目总控研究》

环状的二层步道系统，增强商务办公人流换乘联系（如图5.32）。

最后，更新规划也考虑强化枢纽与机场线的连接。规划采取通道式衔接，与站厅公共区相连。设计总控要求下沉广场的宽度不应小于13m，连通通道的长度不应小于10m、宽度不应大于8m。上位规划中在01街坊预留20m通道，通向16号线南侧地块的地下空间。由于16号线南侧地块尚未有明确方案，故将口部进行预留；或先期实施连接通道，保证街坊人群可有效地衔接16号线（图5.33）。

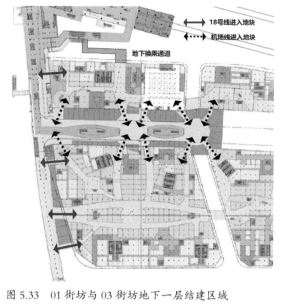

图5.33　01街坊与03街坊地下一层结建区域
资料来源：《上海龙阳路交通枢纽综合开发项目总控研究》

（2）立体步行系统

重点地区附加图则中提出，公共通道设计须结合轨交站点的位置和人流走向，规划控制地下一层、地面层及地上二层三个层次的步行系统。结合公共通道布局的经营性地块业态应体现公共性，提倡对社会公众开放。图示公共通道宽度均为下限值。图则中共五处可变连通道，集中在01、02、03、04四个街坊（图5.34）。

但对于轨交枢纽而言，从轨道交通出口步行5min才是较为合适的步行圈层，按步行速度60～100m/min推算，合理步行范围为300m～500m，该范围内地块价值最高。本项目中01、02、03、04街坊位于500m圈层内，07街坊位于600m圈层，步行时间约为6至10min。07、08和09街坊与轨交联系路程较远（如图5.35）。

本项目将不同标高人群通过多首层方式充分导入片区，最大限度提升地块价值。合理组织地上与地下的步行动线，01街坊、03街坊、04街坊、07街坊形成"L"形主动线，设分支与02街坊形成洄游动线；03街坊、04街坊、07街坊之间组成围绕中心绿轴的洄游动线；08街坊、09街坊以交通联系为主，建议合理设置跨街连廊，形成对目的性人流动线的引导。结合二层步道、

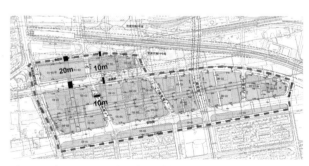

图5.34　控规附加图则可变通道梳理
图片来源：笔者自绘

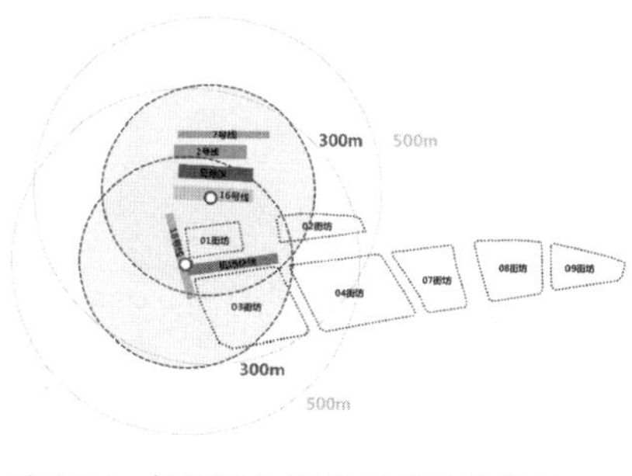

图5.35　控规附加图则可变通道梳理
图片来源：《上海龙阳路交通枢纽综合开发项目总控研究》

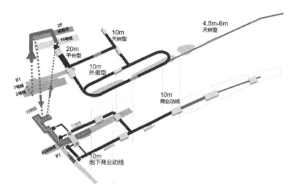

图 5.36 总控设计立体步行骨架系统

图片来源：《上海龙阳路交通枢纽综合开发项目总控研究》

下沉广场等交通节点，合理设置人行动线，以便于地铁人流的吸引与疏导，方便地上、地下人流的互动。

总控设计方案中，人们能够通过步行的方式遍历每一处公共空间。不仅将地块内外、建筑室内外、地上、地面、地下不同维度的公共空间系统全部连通，同时规划也考虑在不同的时间段内，各处公共空间能够吸引不间断的活动和人流，塑造全时段的活力（图5.36）。

5.1.4　管控机制

以城市设计总体目标为基础，总控工作共开展功能策划、公益性设施及市民服务设施、公共空间、立体步行空间、地下环路、轨道交通结建、能源、智慧城市以及市政专项等9大专项规划。由于片区控制性详细规划已编制完成，相关专项内容无法纳入控规，因此需要专项整合，形成一套基于9大专项规划的管控成果文件，用于后期使用。

（1）成果构成

在管控文件形式上，专项整合采用了开发建设导则＋开发建设图则的形式，其中开发建设导则是从要素维度对各专项研究结论进行详梳理整合，明确管控要素的具体内容及数量，各管控要素间的总体关系及落实原则、每项管控要素的管控强度及管控主体等，开发建设图则是从空间维度明确各开发单元要素管控要求，按照各开发单元分区，逐一明确各管控要素的空间落位，确定各开发单元分区的具体管控构成和管控要求，确定各分区的设计重点和各要素的管控强度，开发建设导则图则是在控规成果基础上，对控规成果的补充与深化，与控规成果的关系是平行互补的。

（2）管控体系

龙阳路项目管控体系之所以较清晰是得益于前期专项目标的清晰性，且9大专项由一家单位一个项目大团队进行研究，避免了相关内容之间冲突的问题。规划形成了城市风貌、功能业态、公共空间、交通组织和基础设施5个大类的管控体系（图5.37）。

（3）成果形式

首先，开发建设导则是总控研究项目最主要的成果。形成三级管控要素体系，分为5个大类，19个中类，39个小类。该体系是对整体要素的统一梳理，在分到各个开发单元时，以功能业态里面的功能构成、公共空间的连廊系统、地下交通系统作为联系7个街坊的主线，在4个开发单元中均为比较重要的内容，其他点上不同开发单元会体现出一定的差异性（图5.38）。

管控力度原则上作为7个街坊联系主线的功能构成、连廊系统，地下环路系统以及作为龙阳路片区建设支撑的基础设施系统以强控为主，其余内容以引导为主。表达方式上以图文并茂的方

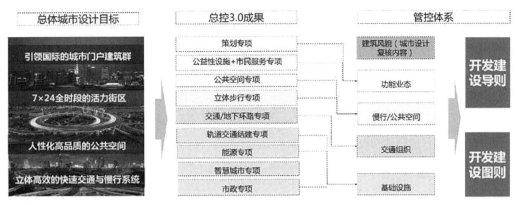

图 5.37　管控体系构建原则
图片来源：《上海龙阳路交通枢纽综合开发项目总控研究》

三级要素管控体系

建筑风貌	功能业态	慢行/公共空间	交通组织	基础设施
1、建筑组合	1、功能构成	1、空中连廊 · 路径 · 最小宽度/净空 · 配套设施 · 连接形式 · 开放时间/建设主体	2、垂直交通 · 分类空间分布 · 建筑形式/开放时间 4、地下公共空间	1、地下车库 2、地下连道 · 连通方式 · 地下环路 · 地下连通道	1、能源 2、智慧城市 3、轨道交通结建
2、立面风格	2、业态类型 · 商业 · 办公 · 文化	3、广场空间 · 门户广场 · 都市广场 · 商务广场 · 自然广场 · 商务广场	5、灰空间 · 建筑中庭空间 · 建筑边廊空间 · 屋顶绿化	3、地块出入口及坡道	· 轨道交通结建区 · 轨道交通接口及数量 · 轨道交通连接通道
3、标志性建筑			6、街道空间 · 分类 · 建筑界面 · 建筑退界空间 · 消防救援场地	4、对建筑的要求	4、市政管线

图 5.38　管控要素分级
图片来源：《上海龙阳路交通枢纽综合开发项目总控研究》

式对具体的每一项管控要素进行详细说明，明确每个要素的具体管控要求、管控方式、管控对象（图 5.39）。

其次，开发建设图则也是重要的成果之一，以引导后续实施建设。考虑到龙阳路项目作为一个 TOD 立体开发项目，涉及到的管控内容较为复杂，所以采取了分层图则的表达方式，将导则中重要的管控要素分层落实到具体空间位置上，每个开发单元形成 4 张图则（图 5.40），分别为地上二层图则、地上一层图则、地下一层图则、地下二三四层图则。

地上二层图则：明确空中连廊（路径、最小宽度、净空、配套设施、连接形式、开放时间、建设主体）、垂直交通（分类空间分布、建筑形式、开放时间）的重要管控要求；

地上一层图则：明确建筑风貌（建筑组合、立面风格、标志性建筑）、功能构成、广场空间、街道空间、地块车行出入口、基础设施（能源、智慧城市、轨道交通结建、竖向）的重要管控要求；

地下一层图则：明确轨道交通结建、市政管线、竖向的重要管控要求；

地下二三四层图则：明确地下环路、地下连通道的重要管控要求。

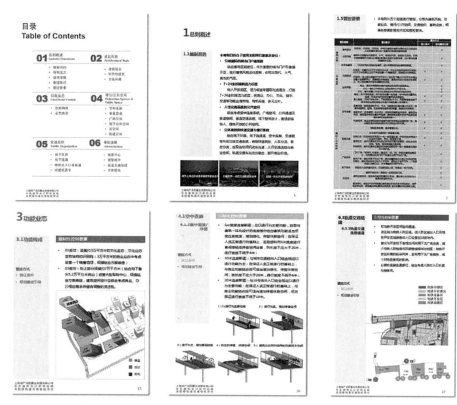

图5.39 开发建设导则——开发单元1

图片来源:《上海龙阳路交通枢纽综合开发项目总控研究》

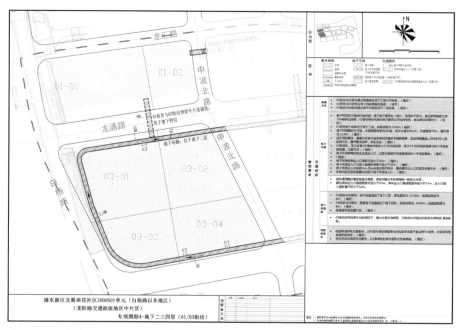

图5.40 开发建设图则——开发单元1

图片来源:《上海龙阳路交通枢纽综合开发项目总控研究》

5.2　上海火车站站

上海火车站轨道交通站点，位于中国上海市静安区，此轨道交通站点是上海申通地铁股份有限公司管辖的地铁车站，也是上海地铁 1 号线、上海地铁 3 号线和上海地铁 4 号线的换乘站。上海火车站轨道交通站点的建设，需配合上海火车站（后文简称上海站）和上海长途客运总站的运营。

2014 年 8 月，国务院办公厅发布了"关于支持铁路建设实施土地综合开发的意见"，包括"鼓励提高铁路用地节约、集约利用水平，利用铁路用地进行地上、地下空间开发，在符合规划的前提下，可兼容一定比例其他功能"等一系列具体政策，给铁路上海站地区的发展带来机遇。在跟铁路部门沟通的基础上，上海规土部门进行了前期研究。

在前期研究的基础上，上海市静安区规划与自然资源局于 2020 年 3 月委托华建集团华东建筑设计研究院有限公司的设计团队进行进一步的更新方案落地研究。项目组成员密切同相关业主、使用运营方、咨询方沟通以了解需求，对接工作；并经过 10 多次实地调研，利用多种研究方式收集第一手资料，形成文本报告。

5.2.1　背景介绍

现在的上海火车站诞生于 1987 年 12 月 28 日，是当时全国第一座现代化车站，它的前身可以追溯到清末中国第一条商业运营的铁路——吴淞铁路所设的上海火轮房。百余年来，上海站见证了这座城市的沧桑变迁。自 1987 年上海站开通运营以来，历经三十多年，不断向前发展。目前，上海站是中国铁路上海局集团有限公司管辖的一座特等站，是上海铁路枢纽的重要组成部分。途经线路有京沪铁路、沪昆铁路、沪宁城际铁路。

根据《2035 上海市城市总体规划报告》，上海市火车客运枢纽将形成"四主多辅"布局，其中四主为虹桥站、上海东站、上海站、上海南站，多辅是上海西站、松江南站、杨行站等；上海火车站是"四主多辅"中唯一位于中央活动区的"主城门户"（图 5.41）。上海火车站也是上海中心城区向北发展的重要节点，借助上海中央活动区，拥有上海枢纽最好的资源禀赋，是与中央活力区联系最紧密的枢纽（图 5.42、图 5.43）。

但是目前，我国枢纽车站周边区域的

图 5.41　上海和近沪地区综合交通协调图
资料来源：《2035 上海市城市总体规划报告》

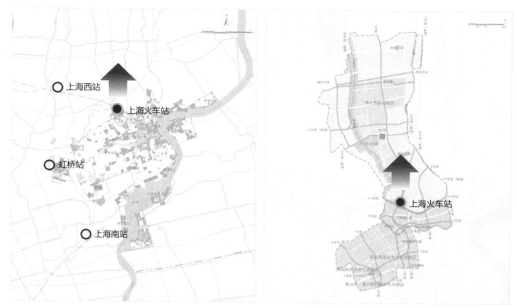

图 5.42、图 5.43　中央活动区用地布局、静安区战略指引
资料来源:《上海市城市总体规划 2017−2035 年》

开发建设尚处于探索阶段且一直没有较为成功的案例,这主要源于车站通常被当作重要的地标性
建筑来塑造,设计在突出建筑宏伟和独特的同时往往忽视了场站及其周边区域的同步更新。导致
车站的服务职能没有改进。因此,多数枢纽车站的交通站场区域基本都较为独立,与周边区域的
产业发展区域未能形成有机的联系,孤岛式的站场设计比比皆是。即使最具先进代表性的虹桥枢
纽、郑州东站等,也有着商业业态过于单一的弊端;站场及周围步行联通区域仅设有少量的便利
超市、餐饮和旅馆,旅客的多样化需求得不到满足。

　　上海火车站也存在类似的问题,由于其建成时间早,逐渐滞后于城市的发展需求,其庞大的
建筑体量、复杂的交通道路系统以及不合理的铁路基础设施遗存,给周边区域带来了日益明显的
负面效应。隔绝于周围环境的铁路车站、大量无法有效利用的待建设用地以及匮乏的城市功能,
使得该区域的未来发展陷入瓶颈。在这样的背景下,需要通过对城市功能的梳理与反思,使上海
火车站重新成为一个对外联系的交通节点。同时,提升上海火车站及其附属功能对于周边环境的
潜在价值,打破彼此孤立的状态,提升土地价值与利用率,提高生活设施的可达性,创造 24 小
时活力的复合街区,使之发展为城市内部的活力来源。

　　上位规划对于上海站定位为:长三角都市圈的中央活力车站枢纽,其不仅是城市重要的交通
枢纽,更是核心的公共活动中心。因此,上海站及其周边的城市更新需要以车站的更新激活周边
地块,提升城市中央核心区的区域价值;与周边区域协同发展,刺激并带动不夜城区域的整体城
市更新与发展;通过中央车站的南北联络轴,促进静安区向北方向更大区域的发展;以中央枢纽
空间的绿色营造,带动周边与苏州河沿岸的绿色生态发展(图 5.44)。

190

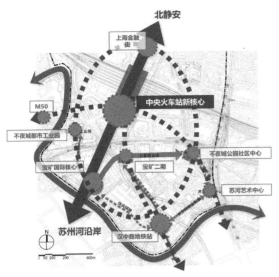

图 5.44　上海站发展愿景
资料来源:《南北广场城市更新设计》

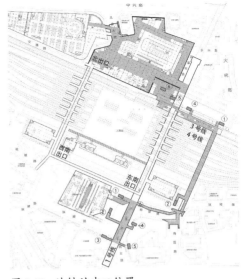

图 5.45　地铁站出口位置
资料来源：笔者自绘

5.2.2　现状概况

（1）站点内部换乘流线不便

1 号线位于南广场，轨道交通站台位于上海火车站南广场 B1 层，轨道位于 B2 层。目前，1 号线仅有 6 号口为地下出入口，通向 3、4 号线的连接通道，其余通道口均通往地面（图 5.45）。

3 号线、4 号线车站位于铁路站场的东北侧，轨道交通站台位于地面，轨道平行于铁路线。3、4 号线的地铁站厅可以通往北广场地下换乘空间。其余出入口与外部建筑的地下空间无任何联结。

为避免混淆，1 号线车站以上海火车站或上海火车站（南广场）为站名，3 号线、4 号线车站以上海站或上海火车站（北广场）为站名。

地铁站出口位置　　　　　　　　　　　　　　　　　表 5.3

地铁线路	出口序号	出口位置
上海地铁 1 号线	1 号口	铁路南广场
	2 号口	铁路南广场
	3 号口	秣陵路、民立路
	4 号口	秣陵路、民立路
	5 号口	民立路、天目西路
	6 号口	沈家宅路、太阳山路、交通路、铁路北广场、长途客运总站
上海地铁 3 号线 上海地铁 4 号线	1 号口	铁路北广场、大统路
	2 号口	铁路南广场、秣陵路
	4 号口	封闭
	5 号口	铁路北广场
	6 号口	铁路北广场、长途客运总站、恒丰北路

资料来源：笔者自制

由于上海火车站站内的换乘不仅包含1、3、4号线的换乘，也需要考虑上海火车站出站换乘地铁的流线，因为站内步行流线梳理复杂。目前，上海火车站站内换乘的问题也相对比较突出，存在的主要问题是站内换乘流线的不清晰和不便利。

除南北广场换乘流线复杂之外，站内3、4号线的同台换乘也存在一定的迷惑性。由于3、4号线为两线共线运营、同台乘车，乘客可以在原地等车，相当于真正的零换乘

图 5.46　上海站 3、4 号线站台
资料来源：笔者自摄

（图5.46）；但其缺点也较为明显，乘客必须仔细核对进站的车辆，以免上错车。而目前用于区分两线列车的主要途径是车身设计的不同，以及到站的广播提示。但往往由于广播声音被巨大的噪声覆盖，造成信息的忽略，上错车或是停留等待下一班车的情况经常出现。

同时，3、4号线与1号线之间的换乘受上海站的地形限制为站外换乘，乘客需要通过非付费区约350m长的地下联络通道（图5.47、图5.48），步行约7min进行换乘。换乘通道的中间，即1号线的6号口和3、4号线的2号口之间的路段，有两段楼梯，没有扶梯，仅有较陡的斜坡，某些力量小的乘客尤其是在带着大号的行李箱的情况下，出行较为困难（图5.49）。

火车站的站房建筑形式采用高进低出的方案，乘客为地上进站、地下出站。公交线路、汽车客运总站布设在地面层，轨道交通站厅、出租车布设在B1，社会车辆布设在B2层。但与此同时，火车站进出站人流和轨道交通换乘的流线交叉并未得到很好解决。

南广场兼具换乘和进入火车站安检的功能，因而人流易产生拥堵。受到火车站地下双通道行

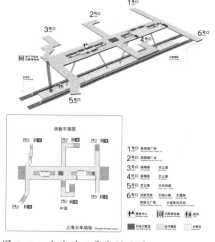

图 5.47　上海站 1 号线剖面图
资料来源：上海地铁

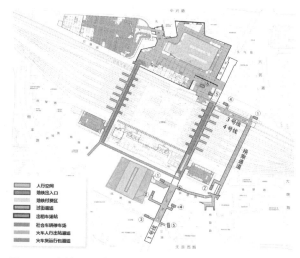

图 5.48　地铁站换乘通道
资料来源：笔者自绘

图 5.49　换乘通道楼梯
资料来源：笔者自摄

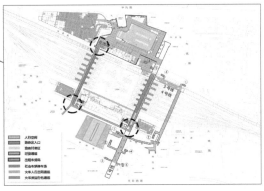

图 5.50　上海站 B1 层交通设施平面图
资料来源：笔者自绘

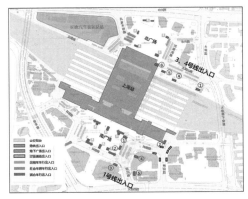

图 5.51　上海站地面层交通设施布局图
资料来源：笔者自绘

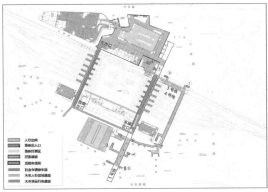

图 5.52　上海站 B1 层交通设施布局图
资料来源：笔者自绘

包房的限制，火车站的西南出口和东南出口被行包通道所打断。尽管轨道交通站厅、出租车车场设置在 B1 层，但乘客必须从火车站的地下出站厅到达地面南广场，然后通过南广场上的人行通道到达 B1 的出租车场地、地铁站厅层和 B2 层的社会停车场（图 5.50）。

　　北广场存在类似换乘流线不便捷的问题，需通过北广场路面空间完成轨道交通和车站出入口的连接。去往北广场和长途客运总站的到达乘客，仅可通过北出口到达。但由于 3、4 号线站厅建筑结构的阻隔，东侧出站通道无法到达北广场的地下空间。已经由东侧出站通道出站的乘客，根据火车站的指标标志，首先需要在竖向上移至地面层的火车站站台，再通过站台层由东侧移至西侧，最后向下到达 B1 层的北出站口（图 5.50）。

　　（2）周边步行连续性差

　　诸多站点的出入口并未与周边功能空间相连接，以 1 号线为例。1 号线共计 6 个出入口（图 5.51、图 5.52），1 号口至 5 号口联通地面，6 号口为地下出入口，通向 3、4 号线的连接通道。3 号口设置在人行道处；4 号口设置在建筑中间，进出站标志不明显；5 号口设置在 2 栋建筑中的货运通道处，行人进出安全无法保证（图 5.53- 图 5.57）。同时，1 号线的站台层和站厅层与南广场地下空间（B1 层的社会停车场和出租车车场）无直接联系，与周边的商业综合体的地下空

图 5.53- 图 5.57　上海站 1 号线各出入口步行环境

资料来源：笔者自摄

间也无任何联通。

　　位于城市核心区的上海火车站，其铁道线路割裂了两侧的城市肌理，造成了空间秩序的断裂。宽达 30m 的铁路轨道使得人流穿越困难，南北街区几乎没有交流与联系；同时咽喉区地块也无法达到，形成了狭长的城市孤岛，导致空间割裂。枢纽交通地块和周边区域被高架、地下通道、引桥等隔离，步行可达性与体验感均较差。然而目前为止周边区域的更新并未对于城市肌理割裂的现状予以改善，这也直接导致了交通枢纽周边区域的连续步行被严重压缩，行走不便，导致枢纽交通带动的周边区域严重受限。

　　（3）连通功能有待提升

　　首先，站内换乘及直接连通空间中，闲置空间较多，利用率极低，且功能匮乏。3、4 号线的地铁站厅通往北广场的地下换乘空间，包括火车站的北部地下出站口、出租车上客区、出租车下客区和长途客运总站的地下空间，整体空间十分空旷。目前火车站北部地下出站口、出租车上客区、出租车下客区都在使用中，但长途客运总站的地下空间未有实际功能，乘坐客运交通的人仍需到达客运站的地面出入口进行购票和乘车。同时北广场地下空间十分充裕，空间利用效率较低，除了作为建筑结构的支撑柱，基本没有任何功能性空间（图 5.58- 图 5.60）。

　　其次，现状配置的功能整体品质不高，难以匹配上海火车站高能级的城市定位。进入到 3、4 号线的连通道空间内，通道两侧为一些零散的小型零售，大部分为手机通信店铺，少部分为旅游小商品和食品。整体品质低下，且诸多店铺处于关门停业的状态（图 5.61）。作为换乘流线所直接相连的功能空间，是片区乃至城市的门户形象。因此，在后续更新工作中，功能的提升，特别是与换乘步行空间直接相连的功能空间应得到进一步升级生维。

　　站点周边区域的功能业态，相较于中心城区的其他活动中心，较为单一，缺少活力，且能级较低。区域内的业态以交通运输及其附属功能为主，商业、办公、居住等功能严重缺位，且不同功能之间呈现出彼此隔绝的状态，现状用地阻碍了铁路车站的触媒效应，枢纽交通带来的优势人流无法向场地渗透，未能带动周边区域的协同发展。枢纽交通站点及周边地块土地利用率较低，开发强度不足；即使南北广场集中了大量酒店、零售商业，但业态仍单一、品质低端。

（4）空间品质不高

枢纽站点及其周边区域的空间品质不高，主要表现在配套设施不足，使用不便的方面，广场等相邻公共空间缺乏精细化设计，与周边城市空间联动不足。

首先，基础服务设施的配置不完善，使用不方便。例如，1号线的无障碍电梯设置在民立路上，位于3号口的附近。无障碍电梯设置在一家名为星墅99的连锁酒店内，由于无障碍电梯连通的是站厅层地铁员工的工作区域，因此乘坐电梯必须通过通话按钮与工作人员联系，由工作人员进行开启，且站厅层的指示标志不清晰，因此在使用起来十分不便（图5.62-图5.65）。

其次，站前广场缺乏精细化城市设计，难以展现城市面貌和特色（图5.66-68）。整体而言，南北广场较为空旷，设施陈旧，且南北广场以硬质地面为主，绿地率不足10%，且缺乏公共绿地及公共空间的设计。因此，目前南北广场的空间使用率较低，空间活动较少，街区也呈现互相割裂、彼此孤立的状态。

第三，枢纽交通站点与周边区域缺乏空间联动，未能形成区域发展合力。特别是站点与南侧不夜城商圈联动不足、空间品质差异较大。

5.2.3 枢纽步行系统构建

（1）换乘流线优化

换乘流线的优化主要通过梳理地铁线路之间的换乘和铁路枢纽与轨道交通的换乘线路为主，通过优化换乘流线，减少因流线交叉、不易辨识等因素造成的人流拥堵等问题。具体换乘流线优

图 5.58- 图 5.60　上海站 3 号线、4 号线站厅层连通的地下空间

资料来源：笔者自摄

图 5.61　换乘通道图商业业态

资料来源：笔者自摄

图 5.62- 图 5.65 上海站 1 号线无障碍电梯地面及地下位置

资料来源：笔者自摄

图 5.66- 图 5.68 上海站周边景观及业态

资料来源：笔者自绘及自摄

图 5.69 人行联通改造示意图

资料来源：笔者自绘

化的策略详见图 5.69。

为解决站内流线的诸多换乘不便，规划将以"地铁通道贯通"为目的，着重打通东西 2 条南北向的连通道，1 号线地铁站和 3、4 号线的地铁站之间的站外换乘通道不再承担城市交通的功能，可设置为内部换乘通道；或在换乘客流量较小的情况下封闭，利用东侧的南北向地下通道进行站外换乘，缩短换乘距离。

通过"东西贯通"提高站内换乘的效率。以"高效、舒适、弹性"的原则，由原先地下到达，上地面，再下地下搭出租车/地铁的复杂绕行流线改为"同层换乘"。即在北广场地下打通出站与地铁的连接通道（原东北角有预留未启用），使换乘时间减少约 4 ~ 8min；在南广场地下增加联系出站口与出租车／地铁的东西向通道，实现了南广场地下空间东西贯通，使换乘时间减少约 5 ~ 10min。

通过"南北贯通"，利用步行通道贯通解决因轨道枢纽所造成的城市割裂问题，实现轨道南北两侧的贯通。通过在车站地下空间打通东西两条"出站通道开放"，提供给市民两条最便捷的连接南北广场的城市通道（原地铁换乘通道需向东绕行，新通道减少绕行距离约 500 ~ 800m），形成完整的"地下步行环"，从而实现"城市南北联通"。东侧出站通道与行李通道合并以达到出站与城市通道并流之后的疏散宽度的要求；在地下增设出站检票厅，预留人流缓冲区域；如遇高峰运量日，封闭单侧或双侧城市南北地下通道，仅供出站人流使用。

（2）广场流线优化

站域内快速疏散人流的另一个主要构成是枢纽站点南北两侧的广场空间。规划对南北两侧广场空间的人车流线也进行了优化，旨在人车流线分离，完善配套设施，提高广场的人流疏解效率，从而进一步优化站内及站域出行换乘速率。

首先，通过对部分车行路段步行化，将人行和车行流线进行物理空间上的区分，形成"人车分离"的交通组织模式。秣陵路南广场段由动车道改为步行街（保留消防应急车道功能），使周边车行交通形成"东进东出，西进西出"的两个车行环线，不仅可减少各交叉口的交通冲突，还使南广场整体步行空间范围向南延伸至秣陵路以南商业地段，实现城市功能的整合（图 5.70、图 5.71）。

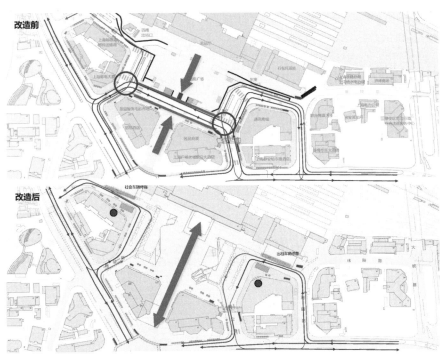

图 5.70、图 5.71　布局调整示意图
资料来源：笔者自绘

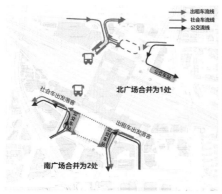

图 5.72、图 5.73　公交车站调整示意图
资料来源：《南北广场城市更新设计》

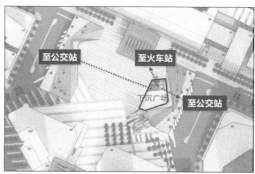

图 5.74、图 5.75　公交车站调整示意图
资料来源：《南北广场城市更新设计》

　　通过对于换乘设施的整合和更新，以优化"目的地"的方式，设计适宜步行的流线。规划通过合并集中南广场公交车站点，将南广场原本分散为 4 处的公交站台结合车行流线合并为东西各 1 处，并与其他的广场配套服务设施一起，避免人流多重分散，减少人流冲突点。南广场的 2 个公交车站"隐蔽"于东西两个坡地之下，草坡通过绿化铺装的设计，增加了南广场的公共活动区域，并使南广场的视觉景观形象更为开阔、美观、整洁（图 5.72、图 5.73）。

　　通过具有针对性地扩大公共空间节点，在易产生人流拥堵的空间进行适当的节点放大，提高空间容量，以应对可能的高峰人流。在南广场东侧设置下沉广场，增加出租车 / 地铁 / 社会车辆的行人疏散空间。并结合下沉广场布置商业空间，使其成为南广场地下空间的核心，引导和梳理地下旅客与地面之间的动线联系（图 5.74、图 5.75）。

5.2.4　区域步行系统设想

　　针对现状站点及其周边因铁路穿越带来的城市南北割裂问题，规划将以站域整合改造为契机，带动周边地块连锁式综合开发。其中步行系统的贯通，打通了物理层面的隔离，是实现区域联动，带动一体化区域城市更新的第一步。规划通过地上地下立体化连接南北，缝合被铁路割裂的城市空间。通过地下空间、地面空间以及城市二层平台的复合立体开发，构建一个北连金融街，东接不夜城，西连 M50，南接宝矿国际地块，与城市周边地块相联系的连续步行网络系统，使城市区域形成整体。针对该目标，目前规划研究了两套方案进行探讨。

方案 1：中央联通

思路一是以中央联通为触媒，在保留原站房结构骨架的基础上，局部拆除中部通道的桁架屋顶，加建商业空间与联系东西两侧候车厅的连廊，形成城市性的中央通廊；同时，结合候车厅屋顶打造城市公园，置入公共文化功能体量，将中央通廊空间立体化、功能综合化，形成南北联通、城站一体的中央车站，为城市及区域服务（图 5.76、图 5.77）。

方案 2：两侧联通

思路二保留轨道上盖原有候车厅不变，在站厅两侧打造贯通南北的通行道，并与之结合，将联通南北广场的站房扩建为站城一体的城市综合体，并容纳售票、安检等车站功能和餐饮零售、共享办公、共享会议、文化消费等配套功能。东西两侧通过在轨道上方加设城市平台连接城市南北，同时通过城市平台与周边公共设施如长途客车站、M50、宝矿国际地块、不夜城地区等连接，形成完整的城市二层步行系统（图 5.78）。

图 5.76、图 5.77　中央联通方案效果图

资料来源：《南北广场城市更新设计》

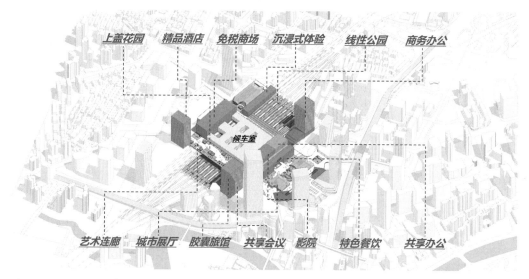

图 5.78　两侧联通方案效果图
资料来源:《南北广场城市更新设计》

5.2.5　空间品质优化

在实现步行系统联通的基础上,进一步通过提升城市生活质量和绿色生态的空间品质,丰富城市生活,以实现区域价值提升与城市再生。

规划首先通过打造绿色生态的公共空间与城市公园,以弥补区域绿地的不足,旨在进一步提升上海火车站地段的整体形象。通过在上海站南北广场、二层城市平台、跨线站房屋面及两侧塑造绿色宜人的城市公园,使上海站不仅成为市民公共活动的核心空间,更成为城市未来具有吸引力的区域地标。绿色生态的空间品质的提升在整体上进一步为城市及区域带来了活力(图 5.79、图 5.80)。

其次,通过丰富空间功能,在广场上植入城市生活,以重塑南广场的"中心性""市民性""功能性"。在 3 个覆顶空间中组织不同的活动内容,南侧覆顶空间结合周边商业组织市民生活;北侧覆顶空间组织进站安检等候,发挥站前广场进站交通的核心功能。东侧中间处的覆顶空间处打造"时间舞台",将市民活动的多样性与站前广场的高效性紧密融合。这些构筑物围绕火车站的中轴线形成均衡的构图,在合理安排动线的同时,成为广场中的活动节点。

最后,结合绿化空间的设计,打造公共活动空间的高潮点,为丰富多元的活动提供场所。绿坡的设计化整为零,层层平台组织活动空间,平台布局向两侧起坡,形成柔和的抛物线,划分动静不同的活动空间。面向广场侧组织动态活动,背对广场一侧组织静态活动,面向城市的车流景观,背后的绿坡形成良好的庇护。同时,绿坡的设计整合了东西两侧的地库坡道和公交站点,形成完整的城市界面,提供了休憩停留的场所,在举行音乐会,节日庆典等活动时也是天然的看台。坡地的景观不仅丰富了广场的空间与形象,也将绿色带给周边的城市空间。

图 5.79、图 5.80　间优化效果

资料来源：《南北广场城市更新设计》

5.3　南京东路站

地铁南京东路站位于上海市黄浦区南京东路与河南中路的交叉口，地处上海著名的南京路步行街的端部，位于上海外滩历史文化风貌区边缘，距离外滩滨江约 500m；是上海最传统商业中心、最繁忙地铁线的换乘车站，所处的城市核心区漫步区具有鲜明的历史文化特征，对其整体要求和步行空间环境品质要求很高。

2019 年为落实上海市委、市政府打响上海"四大品牌"要求，巩固和提升南京路"中华商业第一街"的标杆地位，对标世界一流商业街区，黄浦区积极推进南京东路步行街改造提升相关工作，开展南京路步行街东拓公共空间设计项目。

为进一步优化交通组织，释放步行空间，提高街道空间品质，满足各类人流对步行商业街区空间功能品质的需求，前期黄浦区建委牵头开展《南京东路步行街延伸交通评估和组织研究》，在此基础上黄浦区规划和自然资源局启动开展南京路步行街东拓公共空间设计工作。此次设计工作采取境内外知名设计单位联合设计的工作方式，整合设计资源优势，以华建集团华东建筑设计研究院有限公司作为设计总包，开展项目前期调研与设计方案审核落地工作，邀请两家主持过纽约时报广场及东京丸之内公共空间设计的知名境外设计公司参与公共空间方案设计。设计周期内，专家与市区部门全过程参与，确保方案后续可实施性。由区规划资源局牵头委托、组织各专业专家团队及相关部门全程参与。在总体框架上，通过"政府主导、专家领衔、公众参与、专业团队牵头、国际团队合作"，高标准、高质量地完成南京路步行街东拓工作，汇聚各方力量与智慧为东拓段更新改造提出了独特的见解和宝贵的意见，真正做到了开门做规划，让人民群众满意，也为全球消费者提供"最上海""最国际""最时尚"的优质商旅文综合体验。

5.3.1 背景介绍

历史上，南京东路是上海开埠最先建设的道路之一。随着商贸的繁荣，南京东路亦在城市发展中逐渐成为上海商业贸易和服务行业的中心之一。特别是 20 世纪初四大百货公司的建立，更是逐渐奠定了南京东路作为"中华第一商业街"的地位。直到今天，南京东路一直是上海市最重要的生活、工作的重点。

地铁南京东路站是轨道交通 2 号线和 10 号线的换乘站。其中 2 号线是上海轨道交通建设最先修建起来的线路之一，东西横贯整个上海市区，连接浦东国际机场和虹桥国际机场两大综合交通枢纽，并串联起上海最重要、最多元的东西城市发展轴和重点功能区域—— 张江科学城、陆家嘴、南京东路、南京西路、静安寺、中山公园、虹桥商务区等。10 号线则是上海东北 - 西南走向的重要干线，连接外高桥保税区与闵行七宝、虹桥临空产业发展地区，联系五角场副中心与中央活动区，并串联起同济大学、交通大学等重要高校以及豫园、中共一大会址等上海最重要的历史和文化地标。

因此，南京东路站无论是从其所在的城市中心区位，还是从其两条地铁线路的联系的功能区域而言，都是上海市最重要的地铁换乘车站之一，既要满足城市主要发展通道的通勤客流，还要承担观光商旅的主要客流。此外，许多游客踏足上海之后的重要游览目的地就是外滩，作为外滩区域唯一的轨道交通站点，南京东路站具有重要的门户意义。

5.3.2 现状概况

（1）轨交站点内部布局及流线
地铁南京东路站为 L 形布局换乘车站，两线车站站台均为中央岛式车站。作为市中心最繁忙的换乘站之一，L 形换乘通道布局紧凑，效率高效，特别是南京东路站 L 形站厅层，实现了与周边开发物业地下空间的全联通——乘客无需出地面即可进入商场或写字楼的地下一层，大大减少了大客流在进出站口的压力，提升了换乘通道的使用效率（图 5.81、图 5.82）。此外，南京东路站一共有 8 个出入口，分别位于南京东路与河南中路交叉口的两侧，其中，在河南中路以西的有 6 个出入口，除去一处最西侧出入口（4 号口）单独设置在人行道外，其余 5 个出入口均与两侧开发物业首层结合建设，与南京路步行街衔接紧密，方便游客与市民便捷进出站，并消隐出入口形成完整的建筑和街道界面，提升了城市观感（图 5.83- 图 5.85）。河南中路东侧靠近外滩方向，有 2 个出入口，其中一个与新世界大丸百货地下空间联通，可从地铁站站厅区直接通向百货商店。

　　鉴于地铁南京东路站建设在老城区，站厅和站台建设主要利用市政道路下方，站厅尺度总体比较紧凑，站厅功能也比较单一，以满足大客流人行交通为主；不过站厅在空间利用方面还是在相对较长的换乘通道中增加了展览展示功能，不定期举办各类墙面展示，甚至是与海内外博物馆合作举办的展览。整个站厅的商业功能仅在 10 号线站厅靠近大丸百货这一端局部设置了方便通勤市民和游客的便利店、咖啡馆若干，但考虑到站厅与周边开发物业地下空间实现了全联通，可以方便快速地将人流导入，整座车站站厅虽然客流量大，但在高峰期并没有形成明显人流量"栓塞"

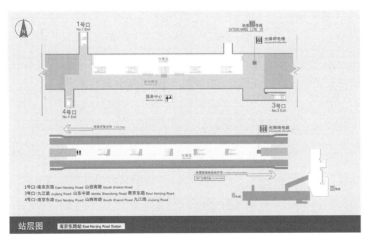 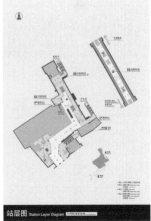

图 5.81　南京东路站 2 号线
来源：上海地铁

图 5.82　10 号线平面示意图
来源：上海地铁

图 5.83- 图 5.85　南京东路站出入口与建筑结合建设
来源：笔者自摄

图 5.86、图 5.87　站厅层与周边开发物业地下空间全联通

来源：笔者自摄

图 5.88　站厅层通道靠近开发物业一侧设置商业　　图 5.89　站厅层南京路步行街文化墙

来源：笔者自摄　　　　　　　　　　　　　　　来源：笔者自摄

的情况，总体体验较好（图 5.86- 图 5.88）。整座车站无论站台还是站厅装修风格均简洁、明亮，在 10 号线与 2 号线换乘通道设置了"中华第一街——南京路步行街"的文化墙，彰显地域文化特征（图 5.89）。

（2）区域步行环境

上海 2035 年总体规划擘画了建设卓越全球城市的美好蓝图，其中关于建筑与街区有一段生动的描绘："建筑是可阅读的，街区是适合漫步的，城市始终是有温度的。"作为中国东西方文化交流的中心之一，上海留下了许多历史建筑、街区和街道。其中，南京路步行街所在的南京东路作为上海最早建设的道路之一，不仅承载了城市历史记忆，更是海派风情的展现地，市民、游客精致生活的场所体验地。

地铁南京东路站就坐落在南京路步行街的端头，紧邻国家级外滩历史文化风貌区，距离上海最负盛名的旅游目的地——外滩约 500m。作为上海对外展示最鲜明的城市区域地标，外滩的规划设计秉承了历史文脉，总体呈现出小街区、窄路网的城市肌理环境，且街道界面完整，尺度宜人，非常适合漫步。因此，地铁南京东路站各个出入口与南京路步行街以及外滩街区的紧密衔接，营造了高舒适度的步行体验。

5.3.3 从街道到街区

2019 年 7 月，在南京路步行街开街 20 周年之际，为贯彻中共中央、国务院《关于完善促进消费体制机制、进一步激发居民消费潜力的若干意见精神》，落实市委、市政府《打响上海"四大品牌"》要求，以巩固和提升"中华商业第一街"为目标，对标世界一流商业街区。上海市积极推进南京路步行街改造提升相关工作，特别是联系了南京路步行街和外滩两个上海地标的河南中路至外滩路段，长期以来由于人流量巨大，交通组织压力大，无法满足市民、游客等的需求，街道空间品质亟需提升以适应新环境、迎合新需求。

（1）南京东路步行东拓

南京路步行街东拓段西起河南中路，与南京路步行街隔路相望，向东延伸至中山东一路（外滩滨江），全长约 450 余 m，连接了上海两个最重要的城市地标——南京路步行街与外滩历史建筑群，并朝向东面壮美的陆家嘴金融区天际线。此外东拓段还承接了地铁南京东路站前往外滩的客流，是众多游客、市民游览外滩的必经路段。早年金经昌教授就提出过将南京东路全段改建为步行街的构想，但限于当时交通条件和基础设施的制约，1999 年开街的南京路步行街东端止于河南中路，与外滩仅一步之遥。

南京路步行街东拓段的更新改造对象不仅是一条街道，而是以其为中心，向南北各拓展了一个街区，将沿线的里弄、支马路和建筑外部公共空间一起考虑，形成极具特色的漫步街区，拓展街道物理空间，延续街道活力氛围。同时注重公共空间的品质，系统性地考虑建筑、环境、道路、市政设施、灯光照明等设计要素；关注和引导围绕公共空间的各类业态，增加多种活动发生的可能性，构建具有可识别性、独特的城市空间意象等，体现时代特征，满足时代审美，进而创造空间功能完善、空间环境优美、业态多元混合以及形象独具特色的空间场所，激发区域的活力，满足人民对美好生活的向往。

"金色地带"（Golden Line，简称金带）的线性骨架构思是步行街的核心设计主题（图 5.90）。"金带"通过特色化铺装贯穿整条步行街，是步行街动静分区、设施布局及节点串联的重要设计手法，亦是南京路步行街最鲜明、最特色的城市意象，也为后续全国范围陆续开展的步行街改造提供了样板和借鉴，具有极高的设计价值，更成为上海重要的城市空间记忆。

（2）车行流线梳理

首先，通过梳理周边道路条件，结合机动车交通流量发现，既有东拓段对于区域交通具有很高的重要性。一方面，东拓段是外滩区域内唯一一条承接了自西向东，且可在外滩中山东一路左转向市区北部流线交通组织功能的道路（图 5.91）。许多公交车线路和观光巴士途经该路段，

图 5.90　南京路步行街"金带"
资料来源：笔者自绘

图 5.91 南京路步行街东拓段交通组织情况（更新前）
资料来源：南京路步行街东拓公共空间设计项目

或在此调头。此外，东拓段自西向东与市区南北向主干道河南中路以及临近的南北向道路江西中路、四川中路相交。步行化改造势必会对与东拓段相交的南北向道路交通组织产生影响（图 5.92）；另一方面，东拓段上有许多重要单位都开设了机动车出入口或者落客区，步行化改造亦会影响建筑机动车出入和酒店落客（图 5.93）。

其次，东拓段的工程实施条件复杂，系统复杂繁多。南京路步行街东拓段下方是轨道交通 2 号线，以及许多市政管线。沿线也有许多杆线和市政设施，如配电箱、消火栓以及各种监控设备等。作为上海市重要的城市名片，并从步行连续友好的舒适度和品质考虑，东拓段亦要考虑立体过街形式的可能性以及种植基层的设置，避免后续规划和工程建设留下遗憾。

通过充分的现状调研，对交通和工程实施条件进行了全面的梳理和规划，解决了上述两个挑战。首先在交通组织上，结合车流和人流分析，合理有序地将车流疏解到周边若干道路，特别是

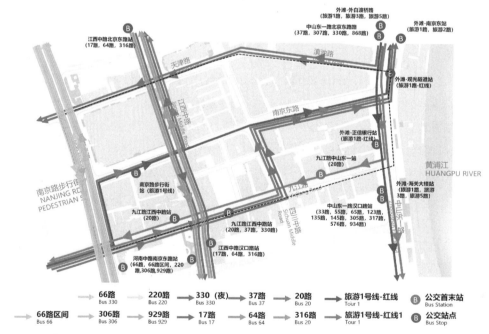

图 5.92 南京路步行街东拓段公交线路图（更新前）
资料来源：南京路步行街东拓公共空间设计项目

图 5.93　南京路步行街东拓段停车场出入口（更新前）
资料来源：南京路步行街东拓公共空间设计项目

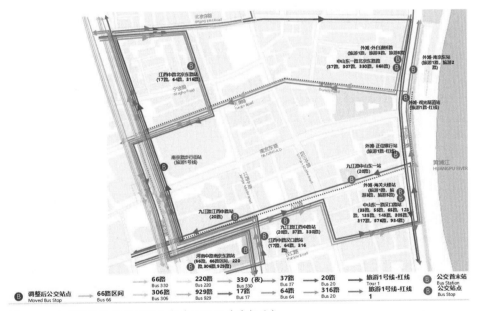

图 5.94　南京路步行街东拓段公交系统优化（更新后）
资料来源：南京路步行街东拓公共空间设计项目

增加了外滩区域东西向道路到外滩中山东一路允许左转的道路，补充并增强区域内道路向市区北部疏解的能力，并减缓了河南中路的交通压力（图 5.94- 图 5.97）。此外，借助计算机人流量模拟，明确整体步行化改造后步行舒适度有了明显提升（图 5.98、图 5.99）。同步优化信号灯配时方案，调整公交车站点及沿线单位的机动车出入口，对于和平饭店开放其滇池路入口作为未

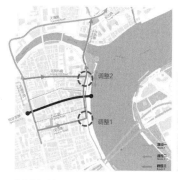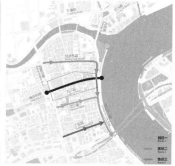

向北绕行路径:

路径一：河南中路-天潼路-长治路
路径二：汉口路-中山东一路
路径三：四川中路-北京东路-中山东一路

向南绕行路径:

路径一：河南中路-汉口路-中山东一路
路径二：河南中路-北京东路-中山东一路
路径三：河南中路-广东路-中山东一路

北侧来向绕行路径:

路径一：长治路-天潼路-河南中路
路径二：外白渡桥-南苏州路-四川中路-北京东路-河南中路
路径三：外白渡桥-中山东一路-北京东路-河南中路
路径四：外白渡桥-中山东一路-滇池路-河南中路

南侧来向绕行路径:

路径五：中山东一路-九江路-河南中路
路径六：中山东一路-福州路-河南中路
路径七：中山东一路-延安东路-河南中路

图 5.95－图 5.97　南京路步行街东拓段交通组织优化调整方案（更新后）
资料来源：南京路步行街东拓公共空间设计项目

图 5.98、图 5.99　南京路步行街东拓段人行热点模拟分布（更新后）
资料来源：南京路步行街东拓公共空间设计项目

来的酒店落客区，对于艾迪逊酒店则在江西中路路口南侧允许机动车落客和临时停放，完善酒店落客功能的同时，保障步行化改造后交通组织有序、合理。综合考虑东拓段及沿线地下空间可利用范围，梳理轨道交通 2 号线线位、埋深以及车站平面、通道，沿线单位地下空间平面、剖面以及道路下方的市政管线、设施、各类监控设备等，确立了东拓段的实施边界条件，尽可能将立体过街及与周边开发单元联系的可行性研究充分，避免留下建设遗憾。

5.3.4　功能业态优化

以公共空间更新为契机，从提升公共空间活力，构建丰富场景为出发点，改造之中政府又牵头全面梳理和优化东拓段两侧的功能业态，以"新零售""老字号""首店经济"和"夜经济"为导向，鼓励和支持沿线物业更新提质，对具备调整的沿街商业业态及空间界面进行了引导。结合既有业态和更新业态，东拓段整体自西向东，以江西中路、四川中路为界，划分为三个主题段。

西段街面较宽，且两侧是新世界大丸百货、华为全球旗舰店及艾迪逊酒店等知名高端商户，

图 5.100　南京路步行街东拓段中段效果图
资料来源：南京路步行街东拓公共空间设计项目

图 5.101　南京路步行街东拓段中段
摄影：庄哲

可成为一定规模的活动场地，满足城市各类商业及文化活动的需求。

中段街面最窄，但沿街均为开放式商业，其中北侧沿街的慈昌里外立面也进行了整体改造，建筑内部也去掉了夹层，恢复了原有的建筑层高；原有沿街业态也做了全面调整与提升，引入丰富的商业业态，如国际品牌首店、上海老字号新店等，成为多种业态经营的地段（图 5.100、图 5.101）。

东段街面也较为宽阔，沿街两侧是较为高大的历史保护建筑和风貌建筑，漫步于和平饭店等有故事、有特色、有观赏性的老建筑街区，依托历史文化建筑的优美立面以及中山东一路通向外滩的极佳视野，可将陆家嘴景观尽收眼底，一步一景，适合大众驻足拍照打卡，彰显独有的文化底蕴。

同时，在东拓段公共空间更新过程中，也对沿街建筑首层的通透率和标志标牌提出了引导性的要求，希望能让市民及游客体验到上海特色的橱窗文化。通过玻璃可以与室内精致的商品陈列、用餐环境等视觉上形成对话。

通过业态更新提升，相应的场景感也得以构建，进一步激发了步行街商业活力，提升市民和游客的精致生活体验，使东拓段成为上海购物、上海文化的重要承载地。

5.3.5　空间品质提升

（1）挖掘历史文化底蕴特征

南京路步行街东拓段位于外滩历史文化风貌区内。百余年来，外滩一直是上海的象征，也是外滩历史文化风貌区最重要的组成部分，拥有众多历史建筑和文物保护单位。2015 年 4 月，住建部、国家文物局对外公布了首批中国历史文化街区，外滩是上海市唯一入选的历史文化街区。南京路步行街东拓段特殊的地理位置与历史、文化背景，造就了其独特的精神内涵。因此，南京路步行街东拓段公共空间更新与一般街道更新不同，不能忽视其特定的历史环境。

回顾历史，南京路步行街东拓段与南京路步行街虽然都属于南京东路，但其历史文脉与基因却截然不同。其中南京路东拓段最早见证了上海开埠的历史。

1845 年随着上海开埠，英国人在上海县城以北划定了租界，南京路的建设由此拉开了帷幕。起初南京路是由麟瑞洋行大班霍克等人发起，修筑了一条从跑马场（现上海市人民广场）直通外滩的小路，最早名为花园弄（Park Lane）。彼时国人常看到外国人在路上骑马，故称其为马路，后又根据其发音习惯称其为派克弄，而河南中路则为彼时英租界的西侧界路。

1845 年的《土地章程》中条文"该处（即租界，作者注）本地居民，不得自相议租，亦不得再行建房、招租华商"，成为"华洋分居"的法条基础。在此背景下，南京路在河南中路东西两侧呈现出完全不同的道路风貌：东段多为西式建筑，西段为中式建筑。1848 年英租界西扩至西藏南路并于后续建立公共租界，河南中路以西的南京路由于属于建成区域，不同于后期法租界在相对荒野的城市郊区的建设和强有力的管控，这一区域里的华洋混居，形成了一种华洋融合的街道与建筑风貌。

随着 20 世纪初四大百货公司的建立，南京路在河南中路两侧逐渐也形成了不同的城市氛围与风貌特征。河南中路以西的南京路坐立四大百货、各类商号、餐厅、茶楼等，体现出繁荣商业的景象，成为市民生活、购物、休憩及交往的城市中心的同时，也成为当时中国的商业中心、时尚中心；而河南中路以东的南京路属于外滩地区，建筑多以银行、酒店、办公楼等功能为主，形成精致、时髦、西式风格的商业办公氛围。

直到今天，南京路步行街两侧建筑风貌依旧较为多元，呈现一种新旧并置，传统与现代交融，时代印记强烈的丰富风貌。而东拓段，特别是自江西中路至外滩滨江一段，自 20 世纪 30、40 年代之后，两侧建筑风貌已经基本定型，近百年来几乎不曾有过变化。许多建筑都是具有"身份"的文物保护单位以及优秀历史建筑，特色十分鲜明。河南中路至江西路段虽然在 1949 年后修建了华东电力调度大楼（现为 Edition 酒店）及大丸百货等建筑物，但其功能依旧以办公、酒店、综合商业为主。大丸百货作为新建筑，但其立面风格，建筑色调、风格样式也保持着较为精致的海派建筑风貌特征。Edition 酒店则为上海最早的后现代主义风格高层建筑之一，其抽象的符号造型语汇以及建筑形体重构，成为见证时代和代表上海建筑设计的经典作品，并入选新中国成立60 周年"中国建筑学会建筑创作大奖"，在中国现代建筑史中占有一席之地。

此外，南京路步行街东拓段上还有充满城市历史记忆的设施和故事。比如中国第一盏电力路灯就设置在东拓段上。1882 年 7 月 26 日，来自英国的立德尔等人创办上海电气公司，通过连接一台 16 马力（11.93 千瓦）蒸汽引擎发电机，在南京路与江西路西北转角处竖起上海第一盏弧光灯杆。当天晚 7 点，弧光灯在夜幕下亮起，明亮如月，吸引了成百上千双新奇的目光聚集围观。7 月 27 日，当时在华最具影响力的英文报纸《字林西报》报道了第一盏电灯发光事件。该报写道："这些电灯装在好几处地方，有一盏装在南京路江西路转角……以上这些都是上海电气公司第一次灯展取得卓越成果所产生的力量……"

而更为传奇的是曾经上海地产大亨，犹太富商哈同，于 1906 年出资 60 万银元，从印度采购 400 万块铁藜木，铺设于江西中路至外滩一段的南京路。哈同这一举动使得南京路成为上海最昂贵的马路，轰动一时并引得市民争相游览。采购的铁藜木，每块两寸见方，码成马路后，再喷涂一层柏油，十分精致和典雅。当时有儿歌："北京的蓬尘、伦敦的雾，南京路上的红木铺马路。"成为上海开埠之后的繁荣与精致盛景。

东拓段在街道肌理上也展现出独具特色的一面。相比较南京路步行街，东拓段的平均宽度更窄，路幅变化也更大。结合历史地图不难发现，东拓段呈现出一种截然不同于线性空间且充满变化与趣味，实现空间自由收放的街道空间形态。东拓段最窄的区域位于江西中路与四川中路之间，距离不到15m，是名副其实的蜂腰地段，但也形成了空间特征鲜明的交叉口空间感受。

东拓段独特的历史沿革、风貌，街道形态、材质特征及特定的历史事件，成就了东拓段独特的文脉基因与空间记忆。

（2）传承历史的精细化设计

①铺装分区遵循历史街道肌理

从历史地图中可以看到，南京东路东拓段沿街建筑边界定义了各异尺度的街道口袋空间。这些街道宽窄影响着不同"街道口袋"空间的体验。新旧叠置后，现有街道空间体现了街道尺度的延续，老街区的城市形态和沿街建筑定义了口袋式街道空间。同时，更新不仅仅是关注街道本身，街道也延伸至里弄，形成可以漫步的街区。未来随着慈昌里与中央商厦更新的开展与完成，街道将进一步延伸进里弄与建筑中。

结合步行街人流及两侧建筑、业态的关系，东拓段中央形成了以满足东西向主要步行人流步行需求功能的漫步区，靠近建筑界面且引导人流与两侧建筑联系的休闲区，以及结合景观种植、灯光照明、街道家具和建筑外摆的特色休憩区，营造可观、可游、可用、可感的丰富空间体验（图5.102）。

②铺装样式延续历史材质记忆

两寸见方的铁藜木虽已经不复存在，但通过现代演绎，采用近似模数单元的石材重新铺设，在漫步区、休闲区和特色休憩区形成了各具特色的铺装。铺装细节上，通过切入哑光面石材，营造材质细节的变化，调节路面节奏。具有反光效果的石材到了夜间可将南京路梦幻般的霓虹灯反射到路面，呈现光影斑驳的效果。除此之外，每块哑光面石材还可以通过表面拉槽来增加摩擦力，在雨雪天气可以起到一定的防滑作用。

③铺装色彩与历史建筑相和谐

石材色彩选择偏暖色调的"新疆卡麦金"，其米灰色调与东拓段沿线众多历史保护建筑外立面的黄、灰色调相和谐，与历史文化风貌区的建筑色彩相得益彰（图5.103-图5.106）。

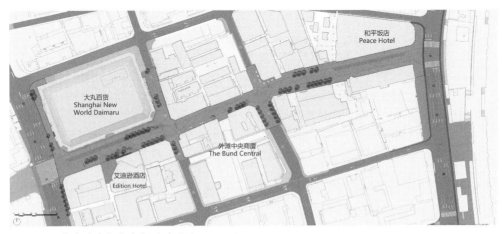

图 5.102　南京路步行街东拓段总平面
资料来源：南京路步行街东拓公共空间设计项目

211

■ 铺装分区 - 漫步区（东西向引导人流）

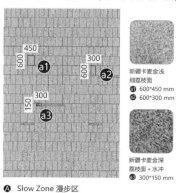

新疆卡麦金浅
细荔枝面
a1 600*450 mm
a2 600*300 mm

新疆卡麦金深
荔枝面 + 水冲
a3 300*150 mm

Ⓐ Slow Zone 漫步区
Type 1 样式一

Ⓑ Slow Zone 漫步区
Type 2 样式二

新疆卡麦金深
细荔枝面
b1 600*450 mm
b2 600*300 mm

雅典黄麻
剁斧面
b3 300*150 mm

图 5.103　南京路步行街东拓段漫步区铺装分区
资料来源：南京路步行街东拓公共空间设计项目

■ 铺装分区 - 特色休憩区（外摆 / 城市家具 / 绿化）

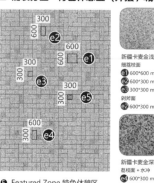

新疆卡麦金浅
细荔枝面
e1 600*600 mm
e2 600*300 mm
e3 300*300 mm
剁斧面
e2 600*300 mm

新疆卡麦金深
荔枝面 + 水冲
e4 600*300 mm
e5 300*300 mm

Ⓔ Featured Zone 特色休憩区
Type 5 样式五

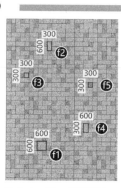

新疆卡麦金浅
细荔枝面
f1 600*600 mm
f2 600*300 mm
f3 300*300 mm

新疆卡麦金深
荔枝面 + 水冲
f4 600*300 mm
f5 300*300 mm

雅典黄麻
剁斧面
f5 300*300 mm

Ⓕ Featured Zone 特色休憩区
Type 6 样式六

图 5.104　南京路步行街东拓段特色休憩区铺装分区
资料来源：南京路步行街东拓公共空间设计项目

■ 铺装分区 - 休闲区（南北横向引导人流与两侧商业互动）

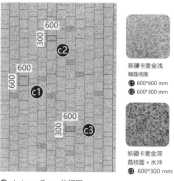

新疆卡麦金浅
细荔枝面
c1 600*600 mm
c2 600*300 mm

新疆卡麦金深
荔枝面 + 水冲
c3 600*300 mm

Ⓒ Leisure Zone 休闲区
Type 3 样式三

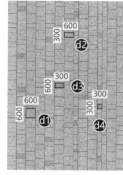

新疆卡麦金浅
细荔枝面
d1 600*600 mm
d2 600*300 mm

新疆卡麦金深
荔枝面 + 水冲
d3 600*300 mm
d4 300*300 mm

Ⓓ Leisure Zone 休闲区
Type 4 样式四

图 5.105　南京路步行街东拓段休闲区铺装分区
资料来源：南京路步行街东拓公共空间设计项目

图 5.106　南京路步行街东拓段
摄影：庄哲

图 5.107　南京路步行街东拓段
1882 广场鸟瞰
摄影：刘颖

④挖掘历史资源的 1882 广场

结合中国第一盏电力路灯，在江西中路的西北转角形成一处"1882 广场"，展示上海的城市记忆与中国走向现代的步伐。通过地面文字的镌刻设计及铜牌标志，提醒来往行人不忘历史，这盏路灯也成为东拓段公共空间中一个可识别的标志物，创造出属于东拓段自身的城市意象（图 5.107）。

⑤特色照明，延续经典

东拓段公共空间更新，既是更新，也是延续。通过东拓段中央的综合灯杆设置，以夜晚投射灯光的形式，向过往行人暗示南京路步行街的"金带"意象，完成与南京路步行街的时空对话，彰显了时代特征（图 5.108）。

灯光设计除了满足地面基础照明，还系统性地提升了两侧建筑照明与景观照明，并结合节庆设置了不同的灯光照明模式。不同于南京路步行街两侧立式招牌的霓虹闪烁，东拓段整体照明设计风格与外滩历史建筑群建筑照明相呼应，以突出历史建筑立面轮廓和局部细节为主。

（3）四维基面

此次东拓段公共空间更新，不仅关注地面铺地和景观的设计，还综合考虑交通、建筑、街道家具、市政设施等多种设计要素，并从地面、街道界面、顶面及端面四个维度作为整体进行设计构思。地面主要关注的是铺地、街道家具和灯杆，界面主要关注两侧建筑立面、建筑与街道的关系，顶面则关注树冠、灯光等，端面则是注重与两端——南京路步行街及陆家嘴金融区天际线的关系。包括以展现历史风貌，保护历史风貌为原则进行了沿线建筑的立面整改，与外滩第一立面共同考虑优化和增设了建筑照明，增设街道家具，规整市政管线和设施，全方位介入公共艺术设计，定制特色店招和标识标牌，公共空间的品质和建设标准得以全面提升。四个维度彼此兼顾，共同打造功能完善的公共空间，满足高品质公共空间的需求。

图 5.108　南京路步行街东拓段鸟瞰效果图　　　　图 5.109　南京路步行街东拓段特色标识
资料来源：南京路步行街东拓公共空间设计项目　　摄影：江雯瑜

（4）公共设施和配套设施

公共设施是空间环境与市民、游客互动环节中的重要组成部分，亦是公共空间品质的重要体现。东拓段公共空间更新一方面完善公共空间的基本功能，如增加街道家具、导识标志，增加种植绿化等，提供优质的公共空间体验；另一方面也通过精心设计、布局与艺术化处理，提升整个公共空间的品质，体现浓郁的人文氛围。

街道家具采用具有雕塑感的几何体块，同时从功能上也考虑到休息者立靠或闲坐的多种可能性，同时强调无论坐立，都可以方便休息者彼此交谈；种植绿化则对原来的行道树二球悬铃木进行了替换，增加了具有四季鲜明色相变化的美国红枫作为主要树木，并在重要节点上布置了紫薇，提供丰富具有层次的景观效果。导识标志（图 5.109）、市政设施及硬井盖，采用艺术化手法处理或遮蔽，将上海市花白玉兰及海派风格建筑形象元素纳入其中，展现南京路步行街东拓段独特的文化象征意义（图 5.110）。

5.4　凌兆新村站

上海地铁 8 号线凌兆新村站位于浦东新区三林滨江片区。8 号线是上海市第 6 条建成的地铁运营线路，是串联南北的核心线路。凌兆新村站是 8 号线的二期工程，整个二期工程随着浦东开发一路沿滨江向南，串联了市区（人民广场）到世博片区、前滩片区、三林滨江片区、芸溪小镇、

图 5.110 南京路步行街东拓段特色休憩区效果图
资料来源：南京路步行街东拓公共空间设计项目

浦江镇多个滨江宜居社区。

凌兆新村站所在三林滨江片区，总用地面积约 4.2km²，是上海市的八大楔形绿地之一，也是上海市区最大的城中村改造项目。早期的三林滨江基础设施落后，违章建筑遍地，人口成分复杂，外来人口超过 5 万，被称为"市民、农民、船民、游民"四民聚集之地，与上海的卓越全球城市目标极不匹配。这里经历 8 次动迁，被称作"上海最难动迁基地"，是中心城区的发展洼地，中心城区最需要城市更新的区域。在城市更新的时代背景下，由早期周边基本无重要建设功能，人烟稀少，少数从三林镇向市区方向有通勤需求的市民需要跨越南北高架快速路才能到达地铁。直至目前在规划中，凌兆新村站将成为三林滨江最主要的人员集散地，三林滨江的对外门户窗口，未来三线换乘核心站点。

三林滨江片区项目由上海地产集团平台公司组织开发建设，为体现成片区域开发的优势，项目依托规划实施平台，通过对动迁、设计、施工、投资、运营进行总控制、总协调；委托华建集团华东建筑设计研究院有限公司的设计团队作为总控单位，对整个片区的公共性、公益性设计要素进行梳理，并全程跟踪服务，确保好方案落实落地，相关成果最终形成。

5.4.1 背景介绍

凌兆新村站为上海轨交 8 号线二期岛式车站，于 2009 年 7 月启用。凌兆新村站站体面积不大，基本位于沿济阳路的防护绿地范围内。站体包含两个出入口，内部站厅层只有一个简单的线性空间，配有便利店和公厕（图 5.111）。凌兆新村站现状的大量人流来自济阳路东侧的三林镇居住区，2020 年以前 2 号出口可以通过天桥跨越济阳路。由于现状周边公共交通不便，大量人流通勤需要通过电瓶车到达站点，给本身就较为局促的站点周边地面空间，带来更大的压力（图 5.112）。随着济阳路快速化，增加高架之后天桥跨高架下方空间布置（图 5.113、图 5.114）。

图 5.111　凌兆新村站点内部情况
资料来源：笔者自摄

图 5.112　凌兆新村站点周边现状地面空间环境
资料来源：笔者自摄

图 5.113、图 5.114　凌兆新村站点步行过街天桥改造前后
资料来源：笔者自摄

随着规划道路的实施，高架也将逐步拆除，站点与东侧居住区的联系也会减弱。目前凌兆新村站除少量周边居民通勤外，日常人流量较少。待三林滨江片区建设完成，站点的服务对象将逐步向西偏移，站点链接的步行系统也将向滨江片区延伸。

5.4.2　现状概况

（1）步行流线与空间功能问题

对于从站点出来向四周的步行延伸，控规考虑的是一条 U 形公共生活主轴——凌兆西路两侧地块（06-07 和 08-02）的南北向公共通道和润林路、晴阁路构成的公共步道，将地铁人流向润林路和晴阁路引导，润林路南侧地以及晴阁路北侧地块，通过控制 5～8m 建筑退界宽度，形成宜人的社区商业公共步行通道和节点空间。沿着 U 形公共生活主轴，在 06-07 和 08-02地块内结合集中商业规划多个开放性广场，作为地铁客流和商业活动人群的重要活动空间，同时晴阁路南侧广场与社区中心结合形成社区客厅。沿晴阁路、润林路底层设置商业提升 U 形公共

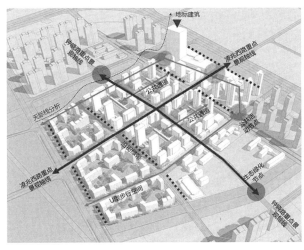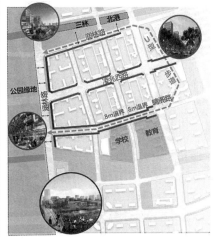

图 5.115、图 5.116　U 形公共生活主轴空间
资料来源：黄浦江南延伸段三林滨江南片地区设计总控

步道活力。其退界空间上，商业外摆区域设置在临道路一侧并结合设施带及绿化统筹设计，临商业界面设置不小于 3m 步行道，使步行流线接近零售商户展示橱窗，提升店面的可达性，以增加购物可能性。其界面形象上，底层商业与住宅界面保持一致，以形成规整有序的界面形象，沿北侧三林北港绿地通过高低错落的布局形成起伏变化的滨水天际线（图 5.115、图 5.116）。

　　但是，润林路底商由于沿三林北港绿地限制，只能形成单边商业，且北侧商业活力不足导致沿润林路商业价值不高，而沿晴阁路虽然为南侧底商，但是由于晴阁路南侧两个地块为中学和小学，导致两侧商业被打断，商业价值也不高。同时，由于 19 号线出入口主要分布于东育路上，且凌兆西路为三林滨江区域从东向西联系的最主要通道，地铁出入口人流直接进入 06-07 和 08-02 地块商业内街再行分流的可能性也较低，因此在后期与开发商的对接中发现，本区域最主要的人流及商业价值区域还是凌兆西路与东育路组成的十字街区。这导致后续实际出站人流步行流线与初期控规用地布局矛盾。

（2）站点实施问题

　　凌兆新村站是运行线路，既有的 8 号线每日客流量近百万，在三林滨江区域未建设完成阶段，此站点以过路人流为主。在上海"十四五"计划中，19 号线预计 2022 年启动建设，站点位于东育路，与既有 8 号线站点间隔一个街坊。未来远期规划 26 号线的站点位于凌兆西路，最终会和 8 号线、19 号线连通，形成 H 形的三线换乘站。其中 8 号线（已运营）为地下 2 层车站、19 号线为（规划预留线）地下 2 层车站、26 号线为（规划预留线）地下 3 层车站。凌兆新村站的三线换乘研究主要涉及 09 单元及周边道路防护绿地，具体包括 06-07、08-02、05-14、07-08、07-23、02-02 地块。规划在地铁站西侧 06-08 和 08-03 地块内，设置 4 条地下连通道。规划在地铁站点东侧地下一层设置 2 条横穿济阳路的连通道。为加强 06-07 地块与 08-02 地块之间的商业功能联系，规划在凌兆西路商办地块间地下设置一条连通道。在 06-08 地块设置 1 处下沉广场，联系连通道和 06-07 地块，形成较好的空间形象并疏解人流。在 08-02 地块和

217

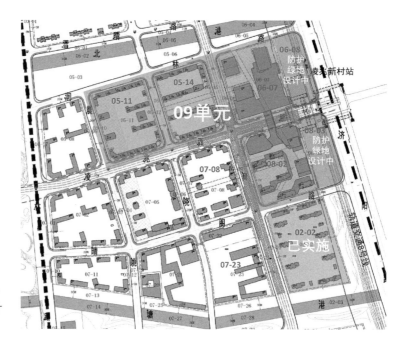

图 5.117　凌兆新村站点
周边用地编号图
资料来源：黄浦江南延伸
段三林滨江南片地区设计
总控

06-07 地块内设置 3 处广场，便于商业人流的集散（图 5.117）。为了充分发挥三线优势、提升凌兆新村站能级，在开发建设初期，规划实施平台对换乘站点的一系列内容进行了前置研究——是否站内换乘、是否一次性做到三线换乘、对于周边建设有哪些影响、对于周边环境有哪些影响以及如何通过扩大步行连续区域增加区域活力等，在这些内容研究和项目后续推进过程中，针对站点改造、周边区域环境提升等内容，遇到了以下实施问题。

①界面问题

站点及周边城市设计，在实施阶段都会遇到实施主体和实施界面问题。本项目如果按照正常建设流程，轨交、绿地、市政、建设地块各自为政，则站点建设阶段会遇到如下问题：站点需要借地实施，站点上方及换乘通道上方路面全部开挖，将影响周边地块施工及住宅小区使用；如周边地块先行实施，则换乘通道只能占用市政道路，就不能保证未来 26 号线站体建设需要的空间，26 号线站点有可能需要重新选址；如果换乘通道先行，则商业南北地块无法连通；8 号线作为运营线路本身没有改造诉求，因此凌兆西路无法与济阳路连通；三条轨道交通线路有大量出地面出入口及附属设施，街道空间品质难以保证。在本项目中，需要在实施前组织技术研究工作，将这一系列问题前置，明确站点及其周边建设目标、建设品质，涉及到连通、结建等问题及相关方的建设职责。

②条线问题

站点及其周边城市设计往往涉及到建筑、交通、景观、轨交、市政等多专业，也同时会报送建委、交委、绿化市容、轨交监护办、市政等多条线审批部门。在这个过程中各条线均有自身严守的界限和诉求，为了让各方达成一致需要投入大量时间成本和人力成本。例如 8 号线改造涉及到将出入口移入下沉广场，虽然下沉广场位置和面积在上位控规都已做预留，但是所在绿地项目审批不考虑控规图则，绿地用地在前期工可阶段并没有考虑下沉广场，这带来建设费用和绿地率指标均需调整。在多条线协调情况下，提升区域品质的诉求就很容易转变成规划天线的单方诉求，各个地块和其他审批部门并没有义务要配合。类似情况在实施过程中，迫于时间成本压力，造成一些长期无法决策的事项在实施过程中索性简化或者被取消。

③技术问题

在多界面、多条线情况下，技术难题往往不是纯技术攻关，而是强技术支撑下的各方协调和多方博弈问题。在凌兆新村站项目中，近期两线远期三线的实施方案达成一致后，关于临时换乘通道侵入地块空间的问题，同一家设计单位给了两个主体不同的答案。建设地块希望尽可能少占用建设用地地下空间，地铁公司希望为未来26号线建设预留充足条件。

④管理问题

站点及其周边城市设计落实后，多主体跨界面的城市空间必然带来管理衔接问题。截止至本站点研究形成阶段性成果，项目刚刚启动，尚未进入运营管理阶段，但是为形成连续的换乘界面、互联互通的地下空间、一体化建设的附属设施，未来必然需要设计和解决统一运营范围、统一运营时间、设施设备维护管理人员流线等问题。

5.4.3 打造站内步行系统

（1）站内换乘——近期两线远期三线

站内换乘主要解决过境客流，对所在区域活力带动较少，并且换乘通道主要位于凌兆西路下方、两侧地块为统一开发主体，过度强调换乘通道可能会影响南北两侧商业的地下空间连通。考虑到19号线建设即将与周边建设地块同步启动，首先需要研究19号线是否需要在付费区直接直达8号线。经调研上海市轨交换乘站点约60处，其中大部分为站内换乘，少数市政和周边地块极其复杂的情况下为站外换乘；根据调研与访谈，站外换乘普遍会引起使用者不满，尤其是换乘路径较长的站点。本站是新建城市片区内主要地铁站点，因此应考虑站内换乘。

其次便是是否预留26号线站体，一次性建设到位、形成三线换乘的基本构架问题。26号线为远期预控线路，尚无建设主体，还未有建设方案，站点最终是否在目前规划位置也还是未知数。一次性建设到位、形成三线换乘，对于降低总建设成本、地下空间集约利用有极大的好处，但是建设时序的差异也带来极大风险。因此我们确定在近期建设阶段先按照两线换乘，建设换乘通道，同时预留未来26号线站体建设空间（图5.118）。

（2）站内品质提升

凌兆新村站既有站点规模较小，内部空间灰暗，并且出地面设施位于规划凌兆西路与济阳路交口处路面上。为适应区域规划，提升区域品质，凌兆新村站既有站点将结合绿地下地下空间进行改造，将部分出地面出入口及附属设施纳入下沉广场（图5.119）。通过将站点出入口与商业空间结合，扩大地下站点步行空间。轨交站点一般有其建设标准，怎样结合区域特色形成具有识别性的站点，避免站点内外空间品质标准差异过大是下一步实施过程中需要考虑的问题。

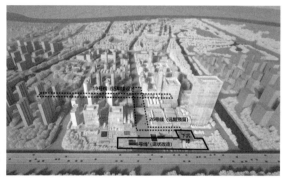

图 5.118　三线换乘站点位置示意　　　　　　图 5.119　站点改造下沉广场位置示意
资料来源：笔者自绘　　　　　　　　　　　　资料来源：模型照片改绘

5.4.4　营造区域步行环境

（1）站点功能优化

三林滨江项目沿站点"第一圈"以社区商业为主，兼顾区域范围商业功能，集聚公共空间与公服设施打造区域公共服务中心；"第二圈"是所在区域的核心功能，凌兆新村站点所在的东片区为公寓及居住，相对第一圈而言交通便利，闹中取静；"第三圈"为生态空间，为各类公园绿地和滨江亲水空间。由内向外，由动至静，由开放到私密，由功能集聚区到生态集聚区，形成从站点到社区到绿地的魅力最后一公里空间基底（图 5.120）。

凌兆新村站点的更新结合地下空间和上盖建筑功能，形成服务区域的商业综合体，规模约 6.7 万 m^2。商业综合体范围内，布局 10 万 m^2 办公空间、约 6 万 m^2 公寓。站点周边向外延伸是居住社区，在一公里范围内新建住宅约 1.2 万套，不考虑跨南北高架的人群，本站点至少服务 3.33 万人。居住社区之外，在 1 公里服务半径的边缘，便是城市森林、高架防护绿地等生态空间。凌兆新村站点内，规划近期两线换乘、远期三线站内换乘。由站点出发，200m 范围内设置有多组公交车站预留，最近的公交车站紧邻出站口，为最后一公里的远端提供步行便利。结合街道空间设计，进一步考虑共享单车停靠点，补充完善慢行系统（图 5.121）。

（2）站内外公共空间衔接

规划实施阶段为了提升地面街道环境，考虑将新建、改建出入口、附属设施纳入建设地块建筑内统一考虑（图 5.122、图 5.123）。除和地铁直接相关的建设内容，主要慢行通道品质提升也是最后一公里城市更新的重点。因此本项目在区域新建过程中，强调慢行主要通道不设置围墙，通过建筑落地、功能贴线，提升街区活力。建筑退界范围形成"建筑前区"，建筑前区空间与市政道路人行道一体化考虑，统筹布置步行通道、设施空间、商业外摆空间。建筑前区与沿街绿地、人行道景观协调设计。在市政道路自身的设计中，重点关注了各条道路的行道树、侧分带的绿化种植设计，在区域氛围中体现三林滨江地区建设品质，打造舒适宜人的轨交站点最后一公里步行环境（图 5.124）。

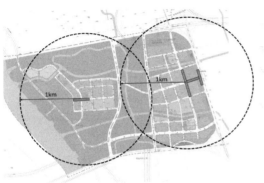

图 5.120　三林滨江轨交站点位置
资料来源：黄浦江南延伸段三林滨江南片地区设计总控

图 5.121　三林滨江轨交站点周边公交换乘
资料来源：黄浦江南延伸段三林滨江南片地区设计总控

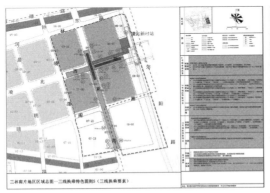

图 5.122、图 5.123　地铁附属设施纳入建筑的点位及示意
资料来源：黄浦江南延伸段三林滨江南片地区设计总控

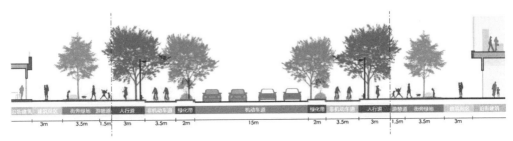

图 5.124　三林滨江轨交站点周边街道一体化设计（以东育路为例）
资料来源：黄浦江南延伸段三林滨江南片地区设计总控

（3）扩大步行空间、实现全域步行

依托站点的交通体系以步行为主，主要是游览和通勤两种目的。从凌兆新村站起始，为打造宜人的步行环境，将街道空间分为作为城市森林序曲的"生态大道、林荫大道"和以城市功能为主的活力街道（图 5.125）。规划跨地块公共通道将站点服务范围扩大，将配套服务功能结合步行流线，尤其是结合活力街道和内部公共通道，形成通行系统和功能网络。市政道路的人行道空间、

图 5.125　凌兆西路门户区域街道景观
资料来源：黄浦江南延伸段三林滨江南片地区设计总控

图 5.126　三林滨江轨交站点周边慢行系统
资料来源：黄浦江南延伸段三林滨江南片地区设计总控

绿地内的园区道路与开发地块内的公共通道，三类步行空间形成全域步行的步行空间系统，利用绿地资源和站点资源结合进一步提升步行舒适度，通过研究人流动线与人流分布，规划主要步行流线，精细化设置过街天桥与斑马线，让人不知不觉到达目的地，解决轨道交通站点到家的最后一公里通行便捷性、舒适性问题（图 5.126）。

5.4.5　管控机制

（1）规划实施平台

2021 年 7 月上海市规资局出台《关于开展建设项目规划实施平台管理工作的指导意见》（以下建成《意见》），寓意"提升城市精细化管理水平""推动建设项目高品质、高效能实施"，是上海市面对区域开发所做的重要规划实施与管理机制创新。三林滨江项目作为高建设标准、高复合功能、多主体、多界面、多专业的成片区域开发建设典范，成为《意见》出台后第一个审定的实践项目。其中"三线换乘"专题及与此站点相关的周边街道、绿地设计要点，经过前期的技术研究、专家论证，利用平台机制在市区两个层面先后组织多次协调，将最终专题成果纳入规划实施平台的成果文件里，成为后续设计建设的指导依据性文件。目前纳入成果文件的包括：近期两线远期三线的换乘目标及实施方式、需要纳入地块结建的出地面出入口及设备设施、8 号线改造的初步方案及实施方式。

（2）技术服务成果

依托《意见》明确的工作方式，三林滨江项目的实施平台技术服务的核心成果为地区总图及其管理手册，其中地区总图是经审批部门审定作为后续实施和方案审批的依据，管理手册作为地区总图的技术说明文件。在地区总图中，凌兆西路站体现为近期两线换乘及 8 号线改造完成后的最终成果形态，一方面作为研究成果，一方面作为审查依据。在管理手册中详细罗列此站点后续实施的要点，包括换乘通道位置、宽度、衔接原则、需结建的附属设施清单等。针对地面公共开放空间的设计标准，也在管理手册相应章节做了描述。

（3）实施保障机制

三林滨江项目的实施平台工作介于规划编制和建设实施之间，主要针对方案审批阶段工作进行技术服务。实施平台工作起到以下作用：在方案审批前以区域整体角度做了系统性的研究，并在平台范围内征询相关方意见，为未来简化审批流程埋下伏笔；以提升区域建设标准，形成各个子项相互协调的建设成果为目标，比规划阶段提出更高更细的设计建设条件，依托实施平台将深化细化的设计条件法定化，确保实施；排查边界条件问题、建设时序问题，通过全过程跟踪服务，保障项目有序推进。

规划实施平台工作，是面对多界面、多条线、高标准的区域城市建设工作重要机制创新，该创新在三林滨江项目中得到良好的实践验证。轨交最后一公里的城市设计及城市更新，将面对同样的复杂性、多样性和高品质的要求，凌兆新村站及其周边的建设实施，为此类项目提供了很好的参考。

6

更新机制展望

6.1 规划管控机制

6.1.1 匹配三级规划体系

上海 2010 年版的《上海市城乡规划条例》明确上海市城乡规划编制体系的总体框架为"两条大线,五个层次"。其中,五个层次为总体层次、分区层次、单元层次、控制性详细规划层次、实施层次。在实践中常将规划体系中的"分区层次"和"单元层次"合并,形成三级规划体系——总体层次、单元层次和控制性详细规划层次。

总体层次即在全市范围编制上海市城市总体规划。分区层次包括在中心城编制分区规划和在郊区编制区总体规划,主要落实城市总体规划对中心城区和郊区内的土地使用、人口分布、产业布局、基础设施和公共服务设施等提出的要求。

单元层次规划包含中心城的片区单元规划、新城新市镇的规划及特点区域单元规划,主要落实上位规划对编制控制性详细规划应确定的土地使用性质、建筑总量、基础设施和公共服务设施等内容提出实现要求。

控制性详细规划层次包含中心城控制性详细规划、新城新市镇控制性详细规划、特定区域控制性详细规划和村庄控制性详细规划,主要确定建设地块的土地使用性质和使用强度、控制指标、道路,以及工程管线和控制线位置,空间环境控制等内容。实施层次即建设项目审批、竣工验收及监督管理。

（1）对应总体规划层面

最后一公里城市更新,应明确城市更新顶层规划框架及宏观目标,厘清城市增量用地、长期保留的存量用地以及待更新的存量用地。因此,建议应首先明确城市持续更新将围绕城市重要节点展开,特别是围绕轨交站点周边的区域开展持续更新活动,锚固城市空间格局,并建议将重要轨交站点周边影响区划分为承载城市特色的特殊空间范围,强调空间的公共性,特别是公共空间及服务的系统性和整体性。并在城市总体层面予以宏观定位和资源调配,明确发展目标和预期,提出引导并强化最后一公里区域持续发展的方向。

（2）对应单元规划层面

应进一步明确并深化总体规划层面所对应的单元总体规划相关要求,根据单元片区特点,划分并明确单元范围内的交通枢纽重点区域;基于落实上位城市总体层面的相关要求之后,应根据单元自身特点,以定性引导、共识性设计规则,以及负面清单的方式,为下一阶段的最后一公里区域的规划设计提出目标,明确限制做法,并指导形成协同性的行动方案;对重要站点周边区域的更新予以分区分类引导,提出更新的顶层框架和逻辑,明确围绕最后一公里高密高强集约发展的更新导向。

（3）对应详细规划层面

在进一步落实单元规划的指导要求基础之上,针对近期实施建设阶段的街区或地块,特别是重要的最后一公里更新单元,建议制定符合当地发展现状和发展需求的导则;进一步细化最后一公里更新单元的各管控要素和指标体系，明确在地项目的物质空间要素及行为活动要素，并进行指标的分级弹性管控，基于底线原则和刚性要素的基础上，提出功能业态、交通组织、空间品质等多维度的提升品质型的指标要求及说明。

2021 年 9 月发布的《上海市城市更新条例》中提出城市更新中规划先行的基本原则，应制定城市更新指引、更新行动计划及更新方案，与三级规划体系进行对应。

城市更新指引应对国土空间规划所指定的区域整体开发目标和策略进行拆解，进一步明确区域整体开发的指导思想、总体目标、重点任务、实施策略、保障措施等。区人民政府根据城市更新指引，结合本辖区实际情况，对需要实施区域更新的最后一公里更新单元，编制更新行动计划；更新区域跨区的，由市人民政府指定的部门或者机构编制更新行动计划。更新行动计划应明确区域范围、目标定位、更新内容、统筹主体要求、时序安排、政策措施等。单元规划和控制性详细规划层面应依据区域更新行动计划，结合本单元或本区域的实际情况，进一步落实区域整体开发的具体要素、指标、运营管理。具体区域更新活动，由更新统筹主体结合现状情况、更新意愿、整合市场资源等，编制具体区域更新方案，以统筹推进更新项目的实施，并设计动态调整机制以强调区域整体开发规划实施的弹性。具体的区域更新方案应包括规划实施方案、项目组合开发、土地供应方案、资金统筹以及市政基础设施、公共服务设施建设、管理、运营要求等内容。

6.1.2 划定最后一公里更新单元

三级规划体系的总体层面从上至下引导单元式管控的原则和方向，详规层面制定具体更新单元的个案具体要素和管控要求，而中间层级——单元层面，应明确以轨交站点为核心的区域划分成最后一公里更新单元。最后一公里的概念并不是指一公里的物理空间数值单位，而更新单元是指围绕轨交站点周边，强调以步行为导向，以舒适、便利的时间空间距离为基础所划定的一个区域。

2015 年颁布的《上海城市更新办法》，采用"区域评估——城市更新单元意向方案——城市更新单元规划"的工作流程，目的是通过"分级分类"的方式确定不同更新单元的开发类型和价值导向，如立面整治和社区功能提升类（完善托老所、社区医院）的微更新以公共利益最大化为优先，片区整体开发类以公共利益和经济发展的综合目标为导向，历史文化保护区更新以遗产保护和功能活化为导向，地产开发类以土地经济价值最优（较高的投资收益率）兼顾其他要求为导向。《上海城市更新办法》中规定，需明确"城市更新单元内的具体项目，制定城市更新单元的建设方案，一个城市更新单元内可以有一个或多个城市更新项目；确定城市更新单元建设方案的实施要求，协商明晰单元的更新主体、权利义务、推进要求。"

2016 年《上海市控制性详细规划技术准则》修订版中明确了城市的五类三级重点区域，这五类区域根据地区功能类型和在城市中的重要程度分为公共活动中心区、历史风貌区、重要滨水与风景区、交通枢纽区和其他重点区。其中针对交通枢纽地区，提出在建筑形态、公共空间、道路交通、地下空间、生态环境等管控维度上，应予以在地化的特殊控制。

2021年《上海市新城规划设计导则》提出实施新城空间分区分类管控，优化新城重要建设项目的会审机制，提升重点区域的设计水平，并且建设重点地区的区域整体开发设计总控机制，优化新城重要区域、重要建设项目的会审机制，切实提高新城开发建设和运营水平。其中重点地区就包括轨道交通最后一公里区域，特别是"一城一枢纽"的重点最后一公里区域，提出应予以在地化的特殊控制，践行最新理念，形成引领示范，并应考虑新城与中心城区的发展特征差别，体现综合性节点城市的城市更新需求。

6.1.3 更新单元管控重点

最后一公里城市更新主要有三个方面的管控重点，首先是站内步行交通的高效疏导和站域步行交通的安全、便捷和连续。从人的需求出发，站内人流流线考虑合理的功能布局和各种可能性的便捷需求；一般站可快速出入，出入口设置合理；换乘站可最短距离换乘，付费区、非付费区流线分离；枢纽站设置交通核和大面积换乘空间，满足高人流量的交通快速疏散功能，同时考量地铁车站同路面建筑的相互配合以及衔接，满足地铁高峰时期的乘客升降设施等。轨交站点周边影响区的站域范围，首要管控内容就是交通的便捷可达，即接驳设施的便捷化、集约化布局，做好安全保障基础上注重站域周边交通组织的高效性，实现人流的快速集散，通过交通流线体系使人群在站域内能快速完成转换活动，并与周边其他公共交通、慢行系统衔接顺畅。同时遵循以人为本步行优先的原则，充分改善和优化步行环境以及逗留条件，促进城市空间特征和形态模式的演化。因此，应预先考虑接驳设施与过街通道、慢行系统的连接，完善各类服务设施，例如指引、无障碍衔接慢行系统，鼓励更多的人选择步行或骑行的方式出行，构建安全、舒适、愉悦的慢行体系。

其次，最后一公里城市更新的管控重点从交通功能扩展成为其他功能，如商业、办公、文化、娱乐等，涉及到各种功能的复合性和多样性，以及这些功能布置的合理性。强调多元功能围绕轨交站点根据人的社会需求和土地经济价值的圈层布局，并且根据不同能级站点进行不同程度的立体混合。同时注重管控最后一公里范围内慢行体系连接的各种公共功能，应分级、分服务范围、分服务对象，以服务市民、提升区域吸引力为目的。优先布置各类交通接驳设施和集散空间，优先考虑绿地广场、商业商务、旅馆酒店、文化休闲设施以及城际通勤人口的居住社区等。根据分级分区制定合理的梯级开发强度，提高轨交站点周边影响区的承载功能和开发强度；而在更外围的区域相应降低公共性功能的局部以及开发的强度，形成圈层化布局的城市片区格局。

最后，针对最后一公里城市更新的管控重点为品质管控。基础品控是丰富多样化的公共空间网络，将公共空间体系与业态复合发展相连接，通过街道系统、高架或地下步行网络以及休闲空间串联起的公共空间；合理利用城市闲置或剩余公共空间，如地下通道、建筑退后以及开放的建筑底层等，在不影响步行流线的情况下，创造更多商业空间，丰富多样又可体现在公共空间的多功能营造；在满足人流交通功能的同时，还可为其创造购物、休憩、聚会等多元化的活动机会（图6.1）。品质管控更加注重对人性化需求的考虑，注重空间的安全性、舒适性、愉悦性，是面向全年龄段、全时间周期的具有包容性的空间，兼具融入地域特色，打造在地化的特色品牌和地域性的公共空间秩序和意向，以及兼具低碳环保等更高要求，打造因地制宜且与自然环境共生的空间特质。

图 6.1　南京路步行街东拓段特色休憩区
摄影：庄哲

6.1.4　管控成果要求

2021 年 6 月《上海市建设项目规划实施平台管理工作规则》提出针对重点项目构建规划实施平台，确保落实国土空间规划要求，以推动实施为导向，以地区总图和建设项目设计方案审查为支撑，制定管理手册，出让地块编制综合约定，实现建设项目全生命周期管控的管理制度和工作机制。

最后一公里更新单元规划编制在匹配三级规划体系基础上，在单元层面即明确对最后一公里更新单元的分类分级分层管控，根据所处区域城市能级、站点交通属性等多种不同因素叠加，划分不同等级的最后一公里更新单元。其中针对重点最后一公里更新单元，如重要的城市节点、大型换乘枢纽周边区域，在借鉴管理规划实施平台的技术要求基础上，制定特殊管控要求，增补形成规划编制及管控的 7 条管控成果要求。

（1）项目实施库

加强对更新单元项目开发主体投资、建设、管理能力的评估，以"活力、高效、品质、低碳"为发展目标，汇总区域内市政道路、基础设施、公共配套、连通设施、公共空间等基础性、公益性、公共性项目，形成项目清单，纳入项目实施库管理。根据项目库对功能研究、项目策划、设计要求、开发条件进行梳理形成专项研究清单，开展针对性研究并形成专项研究成果，提出解决方案。

（2）问题清单

问题清单贯穿规划、设计、建设，是全过程滚动更新的工作清单。问题清单关注项目内、项目间的时序关联、设计冲突，将问题分类明确，并提出责任人、解决路径和解决时限。问题清单的价值在于问题预警，清单中的问题有一定的前瞻性，避免问题遗留到实施过程中，造成建设无法按照预定理念和目标落实。

（3）资源清单

城市持续活力离不开长期的运营，资源的挖掘，是城市区域全生命周期运行的关键环节。对于区域内公共性、公益性的空间和功能，能长期带动区域活力并有持续的运营价值的，纳入资源清单，形成城市运营的抓手。资源清单在规划设计阶段，形成正面清单和负面清单，正面清单带来城市运营的"利润"，经运营转化维护城市长期有序，负面清单一般是邻避设施；影响城市风貌和日常生活，但往往也是重要的基础设施，应保证功能高效，并考虑邻避消隐。

（4）地区总图

根据批准的控制性详细规划、部门管理要求、实施主体需求，编制更新单元区域总图，作为管理技术文件；总图应符合单元规划、控制性详细规划总体对更新单元的各项要求，应结合项目策划、功能研究情况，对区域内基础性、公益性、公共性要素进行统筹协调；具体应编制包括地上总平面图、地下总平面图等空间总图，也可包含市政配套管线、区域交通组织、项目运行维护等专项总图。

总图编制完成需组织专家委员会审议通过，提交市或区规划资源部门；符合相关管理要求的，市或区规划资源部门核发审核意见、审定更新单元总图。审定后总图和审核意见纳入规划资源信息系统规划实施深化图层，作为项目管理的重要依据。

（5）管理手册

针对建设周期较长或情况较为复杂的更新单元，应制定区域规划建设管理手册，作为地区总图说明文件，重点对分区分层功能、交通、空间等各细分要素进行全面引导，指导项目后续建设、运营、管理。

（6）综合约定

在土地出让前，开展项目策划研究，汇总相关管理部门设计条件、建设管控、功能定位、产业税收等要求，以及周边既有项目、市政设施等专业技术资料，以批准的控制性详细规划和地区总图为基础，编制各个地块出让综合约定草案，也可结合项目情况提出地块设计建议方案。

综合约定草案需提交市或区规划资源部门进行审定，后纳入土地出让合同。项目开发主体应服从更新单元整体再开发建设需要，按照综合约定要求开展深化设计，按照相同的基础性、公益性、公共性设施建设标准开展设计、建设、运营、管理。

（7）计划进度表

针对城市有机整体的分部分区域实施建设以及红线内外协同工作的需求，形成一张计划进度表，梳理形成区域的建设先后时序，一方面保证在既定时间内完成建设计划，更重要的是避免由于建设时序牵连带来的反复拆建、"翻烧饼"的现象。并且通过信息化建设，提升数字治理、科学决策水平；通过实施标准管控，确保区域开发整体性和开发品质；结合规划实施平台管理试行评估，优化完善规划实施平台管理工作。

6.2 区域开发运营机制

6.2.1 区域开发必然性

最后一公里更新单元区域开发机制是为实现对最后一公里更新单元内的动态管控和指标平衡

的目标。对最后一公里更新单元进行区域一体化开发，对接上位战略规划，制定符合当地发展现状和潜力的目标，拟定并更新技术框架，协调多方参与，承担全生命周期的开发建设运营等工作。

（1）有利于最后一公里价值最大化

围绕轨交站点高密高强开发是一个区域概念，往往单地块难以发挥实现价值的最大化。因此，区域一体化开发平台的搭建将会发挥其统筹区域、协调组织整体资源的优势，制定在地化的城市设计导则，对区域规划、交通、绿化、人防等进行协调考虑。

以绿地率的指标为例，单个地块的控制将形成零散的、分散的、不成体系的公共绿地，难以形成具有一定体系的绿化景观系统。而区域一体化开发平台的搭建将会以区域价值和品质最大化为发展目标，对最后一公里进行统一的绿化设计，将公共绿地纳入区域整体中进行平衡计算。在区域总体指标达标的前提下，明确各地块实际最低指标，予以弹性控制。

再以慢行系统的构建为例，将影响区范围内的单个地块进行逐一考虑，将会导致慢行系统的不连续不平整，而区域一体化开发平台将会在管控区域内，将慢行系统纳为统一管控要素，在区域内进行统一规划、统一设计、统一开发、统一建设、统一管理，将慢行系统的功能性和品质性达到最佳。

同样，在整体开发中进行人防统筹合建时，落实影响区导则的统一要求，对人防建设的标准、规模、位置等予以定性定量定点的明确，同时明确开发建设时许，以实现人防统一设计、施工，提高空间的利用率。

（2）有利于影响区品质提升

区域的整体为单地块间的空间连续创造了可能。为实现立体集约、人车分流的高品质空间，往往会采取地下步行道连通、地下车库一体化、地面景观一体化和二层步行平台连续等策略。区域一体化开发平台的构建将会对这些系统的搭建提供可能，通过对单地块方案的协调复核，以实现区域地块的品质提升。

例如龙阳项目02、04街坊，原设计中二层连廊的两根通道汇聚为一点，对于东侧人流洄游性差。同时，地下一层承接02街坊的20m宽公共通道关系不佳，不利于区域型人流引导。通过设计复核后，认为需从区域整体步行交通系统引导出发，保证区域人行系统洄游的便捷性。

（3）有利于整体更新目标的统一高质落实

区域价值的最大化以及品质的最优化，需要依赖区域一体化开发平台制定一套统一的设计原则，在保证各地块可以在统一的大框架下进行独立设计。

例如，在城市设计理念生成的过程中，对于建筑形态、高度的控制尺度很难把控。而在区域一体化开发的工作机制中，可以通过全局考虑制定统一性的规则，将区域形象做到在统一协调中寻求弹性和丰富。同时，也可通过导则对公共空间景观、建筑色彩材质、标识引导系统、灯光照明等区域系统进行统一控制和约束，引导并实现整体统一的区域形象。

（4）有利于项目可持续运营发展

更新单元发展的整体性、可实施性及可持续性需要依赖运营区域一体化开发机制的构建。需要结合当前的市场环境、发展趋势及自身基础条件，基于片区发展定位，在对片区内功能业态的统筹考虑下，根据社会及经济价值最大化的原则，对更新片区的全生命周期中的资产管理、运营维护、投资策略等方面进行考虑。

6.2.2　区域整体开发模式

2021年9月发布的《上海市城市更新条例》中明确规定了"更新区域内的城市更新活动，由更新统筹主体予以统筹开展"，且"更新区域内的城市更新活动，由更新统筹主体负责推动达成区域更新意愿、整合市场资源、编制区域更新方案以及统筹、推进更新项目的实施"。同时，2021年6月发布的《关于开展建设项目规划实施平台管理工作的指导意见（试行）》中也提出，针对城市开发和城市更新中重点地区的重点项目，建议实行"建设项目规划实施平台管理"。

在以上颁布的规划实施平台管理和城市更新条例指导下，借鉴《广州市城市更新条例》《深圳市城市更新条例》的经验，针对上海重点最后一公里更新单元的区域开发，提出区域整体开发模式，先确定统筹实施主体，再构建规划实施平台。

（1）确定更新单元统筹实施主体

针对重点更新单元需要确定一体化整体开发的实施主体，进行综合统筹开发。更新单元统筹实施主体应负责搭建规划实施同平台，组建专业服务团队和专业技术团队，落实资金保障，提升项目综合统筹能力，建立工作机制，做好工作协调和对接工作，持续推动项目实施，对项目的规划、建设、管理等要求落实情况进行监督。

市、区政府应进一步夯实更新单元统筹实施主体的工作责任，明确其工作责权，为其工作开展和实施赋能赋权，明确其作为更新单元的统筹实施主体应开展项目策划、功能研究、综合约定编制、方案技术校核等服务，并且应对具备条件的项目开展公示。同时，各市区政府应加强组织保障工作，积极组织要求住建、绿化、交通等各管理部门配合统筹实施主体，指导、协助、推动项目的有序高效实施。电力、燃气、给排水等专业机构，应积极配合，为实施主体提供技术支撑服务。市、区政府或管委会应对统筹实施主体的工作及责任落实情况进行全过程监督及反馈，以便于统筹实施主体对项目进行持续的跟踪，并及时对项目走向进行调整和优化。

更新单元统筹实施主体应负责精选、组建专业服务团队，这一般包括规划、建筑、景观、生态、交通、市政、商务、运营等各领域的专业团队。专业团队应全过程参与并服务设计研究、建设实施、运营管理等贯穿项目全生命周期，对处于不同阶段的设计任务予以及时的核对及指导。具体来说，专业团队应负责协调落实项目设计任务，汇总、梳理基础资料，组织编制更新单元规划实施平台的管理技术问题，有针对性地为项目提供技术咨询服务，可在遴选设计单位时提供参考意见。

市、区政府和更新单元统筹实施主体应聘请行业内具有较大影响力的专家，组建专家委员会，搭建多领域的专家工作框架，对阶段性成果提出引导性和专业性的建议和意见。特别是对于开展计划书、专项研究成果、单元总图、管理手册、项目设计方案组织召开专家评审会进行公开评审。专家评审工作应主要从城市公共性、空间品质、区域功能与活力、交通便捷高效等角度进行审议，并保障评审工作的透明与规范。对重大问题或决策应取得专业总师咨询与技术评判意见，供市或区政府决策参考。重大项目以及市、区规划资源部门认为需要重点研究的项目，应提交市规划委员会专家审议。

（2）构建更新单元规划实施平台

由更新单元统筹实施主体搭建的规划实施平台，介于政府主管部门和各建设子项之间的机构，以便于开展高效对接、沟通、总体协调、统筹解决各类问题。建议更新单元规划实施平台包括审批主体、统筹实施主体、技术团队、专家委员会。建议在设计方案、专项审批阶段与设计施工图审批阶段，前置区域一体化开发联合团队、开发复核流程，协助政府进行技术把关；区域一体化开发联合团队复核通过后，可作为各单项报批的前置条件。规划编制来说，在经由城市更新主管部门确认，通过编制"一张图"和"一份导则"等区域整体开发管控工具以对接"单元规划"和控规，全面落实关键指标如用地性质、建筑高度、用地边界、建筑容量等依规调整。

规划实施平台完成方案市区共同研究，专家评审或相关技术论证的项目，可简化方案市区会审流程。已开展行政协助征询的项目，相关部门回复意见可作为正式意见，规划资源部门审批方案时不再重复征询，减少单个项目审批时间、审批环节、审查材料。结合规划实施推进情况开展对更新单元规划实施平台试行的评估。特别是对更新单元内专家评审、项目实施库运行、区域总图制定和维护、工作备忘录执行、技术服务效率等工作情况以及规划实施执行度进行评估。评估的成果应报市规划资源局，根据实施情况不断优化完善规划实施平台管理工作。

6.2.3 投融资运营模式

建立多元化融资渠道，吸引广泛社会资本，拓宽融资渠道，鼓励"地铁＋物业"、沿线地块综合开发的模式，加快建立与完善所有权与使用权分离的公共产品投入机制，鼓励、引导与规范私人资本参与城市公共空间的生产、维护与管理，从而形成多元化的投资渠道与公私分工协作的良性关系。大型公共空间仍然以政府投入为主，中小型公共空间则主要交给私人资本建设与维护，同时政府要通过公众参与等手段对公共空间的运营进行有效监督。因此，应进一步优化创新投融资模式，目前实践较广的有如下4种模式。

首先是 BOT 土地综合开发模式，即建造－运营－移交，政府通过特许权协议授权项目公司承担轨道交通的融资、建设，并在特许权期内运营、维护，通过收费来收回投资并获利，期满移交政府。深圳地铁 4 号线二期由香港地铁公司负责建设，拥有整条 4 号线 30 年特许经营权，政府提供沿线若干地块由其开发，以提升项目投资回报。这种"地铁＋沿线物业综合发展经营"模式，自主经营、自负盈亏。

其次是 PPP 土地综合开发模式，即公私合作。"公私合作"模式，风险分配、责任分担更合理，通过给予项目的特许经营来吸引社会资本进行融资建设。北京地铁 4 号线是京投公司和香港地铁公司及北京首创集团组成的 PPP 项目公司，拥有 30 年特权经营权。其中公益性投资占 70%，是为政府财政投资；营利性投资占 30%，是为 PPP 社会投资，资金来源于自由资金和银行贷款，政府通过象征收取租赁价格和调整租金参与项目收益分配，收回部分政府投资。

第三是 BT 土地综合开发模式，即建设—移交。公开招标确定投资建设方，投资者负责融资、建设，竣工验收合格后政府回购，投资者从而获得项目的总投资与合理回报。北京地铁奥运支线是由北京地铁 10 号线投资有限公司负责投资、建设和运营（业主单位）；中标投资者组建"奥运支线项目公司"，股份比例不得低于 95%，负责 BT 项目的投融资、建设和移交。BT 模式有利于打破垄断，培育市场化投资建设主体；吸引社会资金进入轨道交通建设领域，缓解资金压力，工程造价节省 3.4 亿。

最后一种是 TOT 土地综合开发模式，即转让－经营－转让。政府将已投产运营的基础设施的经营权，在一定期限有偿转让给投资人经营，一次性从投资者处获得一笔资金用以新项目建设。将沿线地块土地综合开发权一并转移给项目公司，由项目公司进行综合开发、多元化经营。中国香港和日本很多城市均有大量实践，但在国内目前实践较少。

6.3 实施保障机制

6.3.1 权利主体的协同机制

首先构建针对最后一公里城市更新单元的统一管控小组，明确其总体统筹、组织管理、任务编制、审批管控的职责，应用主体落实编制具体方案、施工组织管理、监督检查等工作，以及专业技术团队的方案设计、技术咨询与托底等职责（图 6.2）。

其次，对各权利主体的参与能力要予以评估和统筹。项目开发的规划设计理念、后期运营及管理均需要专业技术和人员的能力支持；作为项目统筹，需要明确。第一步是需要确定项目参与的各技术主体以及参与各机构之间的高效协作；第二步需要评估相应主体技术能力和财政能力。评估各主体技术能力，特别是在制度建立、专业能力等方面；同时，评估能力团队的财政能力，以支持雇佣和保留必要的技术能力和人才。第三步需要制定对短板和薄弱环节的应对措施。从制度安排，各主体能力和问责制度等方面，明确短板和薄弱环节，以便对可能出现的短板做出应对

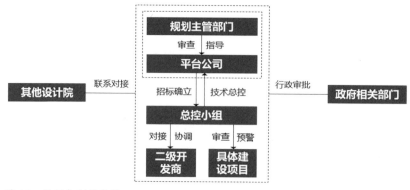

图 6.2　协同机制示意图
图片来源：笔者自绘

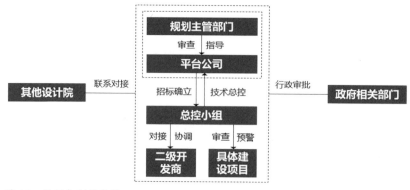

234

反应。第四步需要明确各阶段能力需求的优先级。根据项目进程和地区的需求，明确在项目开发建设的各阶段，不同能力的优先级，比如前期对于政策制度的构建能力，项目开展的整体统筹和策划能力；项目进行终期阶段，沟通各主体的组织协调能力等。最后需要制定计划以确保能力框架的可持续发展。明确预算并拟定五年计划，以确保项目推进的能力框架可持续运作，支持项目后期的不断完善和管理运营。

第三，建立多主体参与阶段计划。首先应确定完成项目所需任务，并进行任务分解，根据项目目标制定各相关任务的目标，例如，改善步行环境，提高换乘效率等。第二步应确定完成各任务的各阶段目标，明确各任务从开始到完成所必须的阶段，例如完成城市设计，开发建设导则，实施与监控等。明确各阶段资源需求的不同。第三步，确定时间框架并提前协调资源，对每个任务的每个阶段，确定所需时间、资源、预算等，确保为意外事件保留缓冲时间，以避免在后续阶段出现延迟或现金流等问题。第四步需确定项目分期调度，根据以下内容确定任务安排和阶段目标：优先级、资源考虑因素、风险。最后，应确定各阶段利益相关者的职责，明确在各阶段任务中各方参与的角色和职责，包括规划、实施和管理等，确定定期问责机制，以保证项目交付的时效性。

第四，权利主体的参与机制中最主要的部分为多主体的协商机制建立。地块开发主体、地铁建设主体，及其他相关部门的内部沟通协商机制，将会针对地铁建设所存在的相关时序问题等，进行共同探讨和商议。

第五，应建立项目评估框架。首先应制定检测和评估框架；第二步应确定数据需求和调查流程，以明确检测数据种类；第三步需要通过多渠道进行数据收集和资料汇总，在确定监测数据获取渠道的同时，进行定期数据回收；第四步，将回收的数据汇总至智慧数据平台并进行实施更新与监控，统一管理；第五步，需要定期从数据平台获取数据；分析获取的数据并进行评估和数据分析，汇总形成报告，以评估项目效益。

最后，应对多权利主体的合作机制构建予以全过程的关注。针对不同土地开发动态，应区分实施管理主体，多部门合作，合力完成。例如，针对已建区域，无法整体调整改造地区，且适于微更新地区，因而房管局、绿容局和其他市政交通城管部门均应参与编制实施项目。所以构建高效的合作机制将会提升项目的推进效率，提高项目落实质量。

6.3.2　公众共创的参与机制

城市更新中谁是主导者，谁是支持者，取决于项目在经济、社会、政治三个维度内涵的价值导向，不同类型项目中更新主体的参与动因，确定了改造过程中的角色关系分配，并继而决定重建后的最终利益分配。必须指出的是，更新项目主导者的主导权并不是绝对的，主导者具体是谁可能越来越难以一目了然，多个主体间的合作、复合主体的复合特性都可能导致主导权的复杂化。另外，更新项目的实施有许多环节，在每个环节中的主导权力都可以进一步讨论。政府主导、市场主导、产权主体主导三大类仅是大致的分类，代表的是更新项目涉及的公共利益、经济利益、产权利益，也对应着背后的政治、经济、社会三个方面，完善系统的城市协同治理结构创新需要在厘清更新主体的基础上多主体协同运作。

目前，步行空间开发建设的系统化及任务分解为更新的进度安排及责任主体确定提供了可能，同时也更易于实施措施地有效落实。不同等级的制度保障、多来源资金渠道的建立、多方参与合作平台的搭建则是保障公共空间基本规划实施体系顺利推进的坚实基础。

精细化的管理需要强有力的公众参与，来强化空间中的活动参与，并鼓励市民对改造过程的全过程参与，在本轮上海城市空间更新塑造过程中，公众参与在主体、广度、深度上都有了更大突破：参与主体上，通过统筹政府、社会、市民三大主体，引导全社会共建、共治、共享形成城市众筹新模式；参与深度上，城市公共空间的公众参与贯穿于规划实施全过程；参与广度上，公众参与形式更加多样。

尤其以公众参与为主导的空间营造上，国内以上海为例，正在推进形成一个以策划人、艺术家为创作主体、艺术委员会为评审主体、广大市民为评议主体、市区两级城市雕塑管理部门为推进主体的"四位一体"城雕建设运作机制。与此同时，还专门设立了城雕建设专项资金。当然城雕建设的费用主要还是要依靠社会筹集。上海当下最显著的空间营造是以"城市空间艺术季"留住城市公共空间魅力，自 2015 年起，每两年举办一次"上海城市空间艺术季"，以"文化兴市，艺术建城"为理念，以城市公共空间品质提升为长期固定主题，致力于打造具有国际性、公众性、实践性的城市空间艺术品牌活动。

6.3.3 政策奖励机制

通过政策奖励措施来吸引开发商和投资者对交通节点周边的开发，简化项目审批及实施流程，提高项目推进效率，提高开发的参与度和公平性，以发挥项目最大潜能：适当提高交通运输节点周边的开发密度和强度，同时根据市场需求，对提供公共服务设施和基础设施的开发商或私营机构予以适量的容积率奖励，将有利于发展，降低基础设施的扩建成本；通过精细化管理战略，明确激励措施，以促进土地开发商和投资者对项目的重视和投入，提供更好的规划和设计导则和指引，以发挥交通节点的最大效能，提高该区域的地区形象和吸引力；对提供技术创新和支持、设计思路及模式创新的开发商予以奖励，通过提高交通站点周边的项目质量，保证项目成果质量；鼓励混合紧凑发展，通过放宽高度限制和减少提供停车场的要求来予以奖励，奖励的限度根据站点地区的功能及发展需求来确定，以提高地区混合、紧凑发展；对于非常注重交通功能和使用的项目，可选择性奖励对项目流程性费用的相应减免，以提高项目推进效率；最后，对于平衡保障型住房提供社区配套服务，或召开公众参与活动的项目，予以容积率或资金上的支持和奖励，以提高项目的参与度、公平性，以及包容度。

（1）容积率奖励

明确容积率奖励实施办法，划定容积率转移区，明确开放空间公共设施计算标准，明确补偿及奖励标准；合理设定容积率控制上限，加强弹性适应，考虑最低环境容积率和最佳经济容积率；

建立容积率奖励交易平台，建立市区两级容积率奖励和转移交易平台，保证交易公平合法和稳定。

在针对容积率的问题上，首先应明确并合理设定容积率上限。基于环境承载力的考虑，应考虑最佳环境容积率及最低环境容积率。基于最低环境容积率得出容积率上限考虑范围的底线。除了环境承载力之外，还应考虑经济边际利益，具体探讨最低经济容积率和最佳经济容积率。所以，容积率上限的考虑范围是介于最佳经济容积率和最低环境容积率之间。

其次应制定一套保障容积率等规范突破审定的规范程序（原容积率上限叠加奖励容积率，若项目容积率仍高于限定容积率综合，称之为规范突破）。通过明确土地使用性质及兼容性等用地功能控制要求，容积率、建筑密度、建筑高度、绿地率等用地指标，基础设施、公共服务设施、公共安全设施的用地规模、范围及具体控制要求，地下管线控制要求，以及基础设施用地的控制线及控制要求，形成修改控规或导则提案。规划局组织专家，开展必要性专题研究，同时应向开发地块相关主体征求意见，修改并完善专题研究报告提交并开展专家评审，如果同意，则组织编制进行规划修改，如果不同意，则落实原控规和导则要求。

第三，建立市、区两级容积率奖励及转移交易平台，保证交易的公平性、合法性和稳定性。容积率奖励一般尺度较小，建议由第三方机构协调开展，如果第三方机构通过与各方协调支持有提升公共空间或开发商有提高容积率的意向，可直接向市里申报，两者协商后由开发商提出申请，交易平台协同第三方机构审核，同意后执行。对于容积率转移，由交易平台协同土地管理部门对转出区和转入区按照划定标准进行资格确认，明确转入和转出量，并在官方网站上公布。同时，这也有利于建立社会公众监督机制。公布交易平台上容积率奖励、转移的项目信息，发挥公众力量进行监督，设立专门的渠道吸收公众意见，并明确公众意见的反馈机制，确保公众权益的实现。

（2）资金奖励

简化建设审批流程，对由于增加公共停车位突破原规划核定的容积率、建筑高度等要求的，研究简化规划调整程序，可在最大程度上减免停车设施建设运营过程中涉及的行政事业性收费。

创新投融资模式，推进利用公共资源建设停车设施。允许在不改变土地用途和使用权人的前提下将部分建筑面积用作便民商业服务设施，收益用于弥补公共停车设施建设运营资金不足。

鼓励建设基础设施，对协助营建和完善街道基础设施方面的项目予以定向的资金补助，这将有利于构建一个活跃的街区环境。

鼓励特定区域建设停车位，鼓励存量建设用地改建项目，采用多种方式增加公共停车位，研究按照规划要求设置的公共停车位面积，可不计入经营性建筑面积，对于采取底层架空层设置停车位的，可不计入经营性建筑面积，不收取土地价款；纳入经营性建筑面积的，采取存量补地价方式办理用地手续。鼓励共享和场外停车，相邻场地之间的停车资源可以合并和共享；企事业单位、住宅小区利用自有土地、地上地下空间建设停车设施，允许对外开放并取得相应收益以增加容量，在不同用途之间共享，或与街道停车相结合，以提高效率。

建立资助项目，对城市空间微小项目，例如沿街界面商业店面的改善，构建城市公共资金资助项目，鼓励私人投资，构建活跃的步行环境。

6.3.4 可持续更新机制

　　首先构建可持续跟踪城市更新全过程的规划设计师制度，借鉴北京的责任规划师制度、深圳的总设计师制度以及全国的建筑师负责制，全程参与更新单元内的各项城市更新开发建设活动，包括排定计划、专业咨询、设计把控、实施协调、技术服务等。立足于区域内的多元利益主体的综合利益协调统筹，为更新单元内的建设项目或公共空间改造提供规划技术咨询；参与项目的规划、设计、实施方案的审查，独立出具书面意见；参与重点更新单元项目规划设计的专家评审，为区域总图、管理手册、综合预订等出具评审意见，作为专家评审意见的附件；按年度评估更新单元内的规划设计、开发建设执行情况，收集问题和意见建议，及时相关部门反馈，提出整改意见。

　　鼓励积极开展更新单元开发的相关科技创新，以保障更新单元开发的前瞻性和可持续性。鼓励城市优质产业资源与更新单元的再开发项目联动发展，共同探讨城市资源联动的可能性，为更新单元的再开发打造良好的技术和产业支持。探讨并研发更新单元项目动态监测与评估平台及系统，创建项目动态监测平台，对更新单元再开发的经济、社会、生态等综合效益进行实施监测和动态评估，通过监测和评估对项目的开展进行持续性的修正，以鼓励项目渐进式发展。积极探讨万物互联的智慧工作生活空间，探讨智能闭环的可能及应用，打造万物互联的智慧生态圈，并探讨进一步提高更新单元项目的效率，提高更新单元生活办公环境的便利性和舒适度。最后，鼓励打造健康可持续的 WELL 或 LEED 社区，后疫情时代，对于社区健康和可持续发展的重视，将会持续引领更新单元的再开发，向着更有韧性更可持续的方向推进。

　　持续提升技术能力，保障对外交流途径的通畅。首先，拓展更新单元项目与城市其他项目的跨区联动，并鼓励与国内其他最后一公里城市更新项目发展较成熟的城市，就项目的开发建设及相关领域开展交流和合作。第二，可按照区域一体化的发展要求，推动区域联动的项目开发机制，建立协作机制和有组织、可操作的专项议事制度，共同推动更新单元开发项目的有序高效进行。第三，鼓励围绕更新单元的综合开发、环境保护与建设、资源利用等专项议题，就资金、技术、人才、管理等方面积极开展国际交流和合作，鼓励各专业专家对更新单元的建设建言献策。最后，鼓励积极引进、推广国外的先进技术和项目管理经验，各级政府可将更新单元相关开发项目，纳入招商引资范围，积极鼓励外商参与有关项目的合资合作。

　　构建项目检测评估框架和平台。鼓励积极探讨研发智慧规划和决策辅助平台，通过定义预期、指标、基准及时间框架，对项目开发进行检测，评估运行结果，反思规划流程，对项目开展进行实时反思和修正。同时，鼓励构建明确的项目评估流程框架，鼓励优先制定检测和评估框架；确定检测数据的需求和数据的种类；明确监测数据获取渠道，并进行定期回收；将多渠道回收的数据汇总至智慧数据平台，并进行统一管理，实时更新与监控；定期从数据平台获取需求数据；最后对回收的数据进行分析、评估并形成检测报告，以明确更新单元的实施效益。通过评估框架的搭建及流程的规范化，保障项目监管评估的顺利实施。

附录A

各站点调研表格
以陆家嘴站为例

			低	中	高
功能业态	综合属性	非居住功能用地混合程度		√	
			低	中	高
		公共功能积聚程度		√	
		是否做到强度差异化分区：是否离地铁站距离越近，开发强度越高	是	否	
			√		
	购物中心门店各业态占比 %	餐饮	24.58%		
		服装 / 精品 / 其他零售	59.45%		
		儿童亲子	7.35%		
		文体娱	2.52%		
		生活服务	5.67%		
		百货 / 超市 / 专业卖场	0.42%		
	地价 / 租金等房地产情况	二手房交易均价（元 /m²）	—		
		房屋租金均价	—		
	商业配套（个）	购物中心	2		
		餐饮	234		
		便利店	18		
		酒店	7		
		休闲娱乐场所	11		
		已开业购物中心商业面积（万 m²）	35.3		
		未来 3 年内开业购物中心数量（个）	—		
		未来 3 年内开业购物中心商业面积（万 m²）	—		
	教育配套	幼儿园	—		
		小学	—		
		中学	—		
	周边其他配套	周边住宅总数	—		
		周边写字楼总数	28		
		周边教育机构总数	—		
交通组织	交通配套	周边主干路数量	10		
		停车场（个）	52		
		过街方式	空中廊桥	地下通道	斑马线
			√	√	√
		公交站点（个）	33		
		公交接驳	考虑立体化接驳，或设置无缝接驳的公交站·	未考虑公交的便捷接驳	
			√		

续表

		陆家嘴					
交通组织	交通配套	非机动车停车设施	是	√	否		
		非机动车道宽度	1.5 ~ 2.5m				
		步行道宽度（m）	2 ~ 10m				
		地下通道宽度（m）	4 ~ 6m				
		空中廊桥宽度（m）	6 ~ 10m（给范围）				
		停车设施	地下	立体	地面	共享	P+R
			√			√	
	轨交枢纽站点相关属性	站点出入口数量（个）	4（数量较少）				
		站点出入口数量是否足够	足够			不足够	
						√	
		站点出入口设置位置				全部结合周边物业	
	步行优先设置	是否打造步行优先区	没有 适合打造局部的步行优先区，例如站点南侧震旦、国金周边，现状大量车行道车流量极少，而步道的宽度却不够，且步行环境比较单一和无聊，可研讨步行化后，特别是建筑首层空间开放及功能的活化，与步行街道的共同进化				
		步行路权保障	没有				
		连续步行长度（m）					
		连续步行比例%					
		连续步行地块数					
		连续步行地块面积比例%					
		地上地面地下步行道开放条件	基本开放，特别是空中廊桥，但是地下由于穿越物业，廊道并不能完全开放				
空间设计 四维基面		下列关于空间的问题，如果分为三栏的按照三个等级来描述，可给予适当描述性语言	没有考虑	有/基本有，但仅考虑基础舒适安全等		有，考虑美观及特色等	
	界面	建筑退界		考虑建筑退界，但片区退界层次不明，无明显退界关系			
		积极的城市界面	基本没有具有多元活力的商业、公共服务及具有活力的开敞空间，吸引人群在此界面通行/活动				
		户外商业设施		部分有，且仅限于下沉广场			

			陆家嘴		
空间设计 四维基面	界面	建筑立面设计			大多数建筑的立面经过设计，呈现出丰富的立面效果
		建筑风貌		建筑风貌有一定的考虑，但是整体片区风貌并未统一协调	
		建筑色彩		单体建筑经过设计，但是片区色彩过多，个别饱和度过高，且整体不够协调	
		商业界面连续度		局部商业界面连续，但未能形成一定规模，未能激发更具有活力的城市公共活动	
		建筑底层通透率		少数建筑底层做通透考虑，但是建筑首层整体通透率较低，街道空间活力较低	
		建筑透视率（与外界有视觉联系）			建筑透视率较高，较多采用玻璃材质的立面，室内外视线和活动可以产生丰富的沟通
		建筑界面遮阴设施		部分考虑遮阴设施，但缺乏连续性	
	地面	建筑前区		部分考虑建筑前区设计，局部形成下沉广场或其他广场空间，但整体前区空间公共性和开放性有所欠缺	
		下沉广场设计			国金中心下沉广场，结合业态，丰富，商业外摆
		地面步行铺装是否为防滑可渗透式铺装	是	否	
				√	
		街道家具（路灯、座椅、标识牌、景观小品等）		有但是并不齐全，街道空间相对单调	
		绿化种植		有，但未形成一定规模	
		市政设施是否集约设置		局部有	
	顶面	地下步行道采光		部分地下廊道具有采光，其他基本依靠空间内照明	
		地下步行道净高	2.5 ~ 3m 左右		
		地下空间照明			地下照明全覆盖，且局部灯光设计具有本地特色
		建筑天际线		天际线局部考虑,但因地处 CBD 区,故天际线起伏较大，美感欠缺	

		陆家嘴			
空间设计 四维基面	顶面	街道照明		有，但是廊桥上照明局部欠缺	
		绿穹	未能形成绿穹，有行道树，但由于周边建筑尺度较大，街道较宽，故绿植稍显不足		
	端面	视觉通廊景观		有明确的视觉通廊，但因尺度较大，轴线感不强	
		地标或城市形象/特征展示			有明确且具有特色的地标性建筑

参 考 文 献

[1] Bibri S E . Compact City Planning and Development: Emerging Practices and Strategies for Achieving the Goals of Sustainability[J]. Developments in the Built Environment，2020: 100021.

[2] 第一太平戴维斯，ECADI 华建集团华东建筑设计研究总院. 中国高密度核心区城市更新白皮书 [R/OL]，2021，http: // www.doc88.com/p-23547163420447.html.

[3] 中国共产党新闻网，中国共产党上海市第十一届委员会第九次全体会议举行，李克强讲话（2021-6-24）http: //cpc. people.com.cn/n1/2020/0624/c64094-31758231.html.

[4] 徐存福. 如何实现上海城市精细化管理 https: //mp.weixin. qq.com/s/cQgJD56 XRSp5Yvs2x8fCIQ.

[5] 韩志明. 规模驱动的精细化管理——超大城市生命体的治理转型之路 [J]. 山西大学学报（哲学社会科学版),2021,44（03）: 113-121.

[6] 上海发布. 沪启动第二轮城市管理精细化三年行动计划！减少马路反复开挖、再建 300 个"美丽街区"，2021，https: // mp.weixin.qq.com/s/ZF115LL_E9yDOH05aPMXrw.

[7] 刘浩. 城市更新背景下北京轨道交通站点空间一体化规划策略研究 [J]. 北京规划建设，2018（04）: 111-115.

[8] 周玲娟. 上海 TOD 综合开发的实践路径与设计演进 [J]. 建筑技艺，2020，26（09）: 62-65.

[9] 王腾，曹新建. 轨道交通站点地区的城市更新策略——基于中外大城市实践的横向比较 [J]. 城市轨道交通研究，2011，14

（11）: 33-39+56.

[10] 中华人民共和国中央人民政府 . 国务院关于城市优先发展公共交通的指导意见 http: //www.gov.cn/zwgk/2013-01/05/content_2304962.htm.

[11] 中华人民共和国中央人民政府 . 国务院办公厅关于支持铁路建设实施土地综合开发的意见 http: //www.gov.cn/zhengce/content/2014-08/11/content_8971.htm.

[12] 中华人民共和国中央人民政府 . 国务院关于创新重点领域投融资机制鼓励社会投资的指导意见 http: //www.gov.cn/zhengce/content/2014-11/26/content_9260.htm.

[13] 中华人民共和国中央人民政府 . 国务院办公厅关于进一步加强城市轨道交通规划建设管理的意见 http: //www.gov.cn/zhengce/content/2018-07/13/content_5306202.htm.

[14] 贺元明，秦丹尼 . 上海人民广场地铁站空间形态及其人流交通组织的调查与研究 [J]. 华中建筑，2010，28（12）: 74-76.

[15] 徐房集团 . 魅力衡复 [Z]. http: //m.xufang.cn/，2018.

[16] 资料来源: 潘维怡，张少森 . 关于商业开发与地铁站整合模式的案例研究 [J]. 建筑结构，2013，43（S2）: 156-160.

[17] 范文莉 . 当代城市地下空间发展趋势——从附属使用到城市地下、地上空间一体化 [J]. 国际城市规划，2007，22（6）: 53-57.

[18] 马雪 . 城市地下空间导向标识系统设计 [D]. 天津大学，2009.

[19] 韩冬青 . 城市 . 建筑一体化设计 [M]. 南京: 东南大学出版社，1999.

后
记

    中国的第一个地铁系统是 1971 年开始运营的北京地铁。根据中国城市轨道交通协会发布的《2021 年上半年中国内地城轨交通线路概况》，截至 2021 年 6 月 30 日，中国内地累计有 40 个城市开通地铁线路，累计运营线路长度 6641.73km。

    地铁给我国大城市发展带来巨大变化，集中体现就是 TOD 的发展模式和发展理念。Transit-Oriented Development（TOD）是以公共交通为导向的发展模式，随着城市轨道交通的发展，目前的 TOD 更多表现为一种以轨道交通站点为导向的城市发展模式。表现出鼓励提高站点周边土地资源利用效率带来的紧凑用地布局；围绕地铁站点的复合土地利用，布置满足居住、就业、购物及其他活动的混合用地以激发区域活力；围绕站点集中布置多重无缝对接形成的轨交 + 慢行公共交通出行方式；通过扩大步行范围舒适的步行体验，街区设计中优先考虑步行等慢行出行的需求，营造适合于行人心理感受的宜人的街道和舒适的公共空间。

    然而，由于中国城市发展特征是城市化和机动化高潮同时到来，中国城市的地铁建设及 TOD 发展模式类比欧美与日本更加复杂，新建与更新并存。作为目前全世界运营长度最长城市的上海，从无到有，从有到新经历了近 30 年的发展时期。1990 年 1 月国务院批准上海地铁 1 号线正式开工建设，1993 年 5 月 28 日地铁 1 号线锦江乐园至徐家汇站率先建成通车，上海人民圆了"地铁梦"。随着上海轨道交通 14 号线、18 号线一期北段 2021 年 12 月 30 日首班车开通初期运营。上海轨道交通全网络运营里程将增至 831km，线路增至 20 条，运营车站增至 508 座，换乘车站增至 83 座，网络规模领跑全球。

上海轨道交通及其站点周边的开发成为影响城市总体布局、激发城市活力、促进城市更新的重要因素和场所。轨道交通及其站点对城市人民生活影响巨大，特别是从轨道交通及其站点向外的最后一公里，体现了最后的舒适性与幸福感。由于地处区位、能级的不同，可以分为中心城区、近郊及远郊，中心城区轨道交通站点密集地方的最后一公里通常是步行系统，近郊站点的最后一公里通常是自行车系统，远郊站点的最后一公里是公共汽车系统。各类站点的最后一公里都应该体现便捷、安全、舒适的特点，特别是步行系统，从而使城市的出行以绿色交通为主导，既方便又快捷。最后一公里的步行系统包含了站点层——站内步行流线，系统层——步行可达范围，功能层——步行连接功能，空间层——步行范围空间品质。最后一公里设计中，站点及其进出口设置、站点及周边的功能配置和建筑设计、与末端交通方式的衔接换乘设计是提高轨道交通系统服务水平的关键。每个站点要多设出口以便更紧密地与用地结合，根据城市实际做好最后一公里交通方式的无缝衔接是提高轨道交通系统效率和安全性的关键。目前上海大多轨道交通站点的最后一公里比起国内大多城市，还是非常领先的，但是面对如日本东京、大阪等周边开发成熟、最后一公里步行系统完善的轨道交通站点，还有很多不足。如上海轨道交通站点出入口最多的人民广场站，仅有 20 个出入口。相比较日本的新宿综合交通枢纽，在大约 2km² 的范围里，设有 100 多个地铁出口轨道交通的末端，88% 的交通方式为步行。

上海轨道交通站点最初运行到现在也已经有 30 年历史，这些轨道交通站点对于改善人民生活促进城市发展起到了很好的作用，但是随着城市发展，很多轨道交通站点周边功能、空间以及交通组织已经不再适合当前人民需求，需要进一步更新与调整。同时随着一些新轨道线路开发及站点建设，给一些换乘站和一些已有车站带来了更新需求，这些都促使我们的城市需要进一步的更新，特别是轨道交通站点的最后一公里，以步行系统为载体的时间与空间的范围，这些区域是城市中最具有活力，也是与民生最为相关的空间场所，它们的更新既显示了城市对人民的关怀，也体现了城市的先进性，成为上海建设国际卓越城市的针灸点。上海轨道交通最后一公里的城市更新研究及实践迫在眉睫，但是机遇与挑战并存。

首先，最后一公里的城市更新未来更新的动力何在？面向未来的上海轨道交通建设及站点周边开发，是从轨道交通站点带来周边更新到轨道交通站点及周边自身更新，这些给我们的城市发展带来了更多的复杂与挑战——有无容积率或者空地作为开发经济资本？但是近期建设趋势中越来越倾向于高密度高强度聚集、多台多线的超级站点、超级街区成为一种共识与追求。这种过强过密的开发给未来城市更新以及城市发展带来隐患。日本的很多站点包括新宿、涩谷、品川都是经过多轮更新才形成当前高强高密的一种空间形态，这是一种由实际需求带动更新的结果。而我国这种人为的高强高密目标性开发，给未来需求调整带来了很多风险。通过预留一些公共空间供给、增加白地预留、调整区域开发时序，确保轨道交通站点周边用地开发为未来更新留有潜力可能是一种更好的方式。

其次，最后一公里的城市更新是对传统开发模式和管理方式的挑战。一般而言轨道交通站点的最后一公里具有高强高密特征，这类城市空间需要更多共享服务、设施与空间，共享服务、设施与空间带来的是对现有城市管理挑战，对传统开发模式的挑战，对传统土地出让及以往房地产开发的挑战。精细化设计，精细化管理提出，代表城市发展走向精细化；增量发展走向存量发展、土地管理模式走向空间管理模式，代表从开发转向运营。

最后，这些年上海的城市更新，各类更新方式并存，区域整体更新、微更新等都带来了城市发展，以轨道交通站点为中心的最后一公里城市更新，代表的是城市更新的重点，而不是一种类型；它应该是多种模式并存，并且长期持续更新。但是针对轨道交通站点为中心的最后一公里城市更新应该有创新的机制，可以借鉴上海的规划实施平台，包括划定最后一公里更新单元、构建更新平台、确定实施与运营主体、伴随式设计与咨询等。

从独立走向共享，从建设走向运营，这一切都给上海城市的发展带来了新一轮的机遇，给我们的城市建设者以及城市人民带来期望。

查君

2022 年 10 月